Mertens · Der Gral

Volker Mertens

Der Gral

Mythos und Literatur

Mit 16 Abbildungen

Philipp Reclam jun. Stuttgart

Umschlagabbildung:

Die Erlangung des Heiligen Grals.
Tapisserie von Edward Burne-Jones (1895/96)

Universal-Bibliothek Nr. 18261

Gesamtherstellung: Reclam, Ditzingen. Printed in Germany 2007

ISBN 978-3-15-018261-1

www.reclam.de

Inhalt

Vorwort

Die Gralliteratur des Mittelalters gleicht einem schwer überschaubaren Kontinent. Seit der Gral mit Chrétiens Roman um 1190 literarisch wurde, hat er die Phantasie vieler Autoren angeregt; vor allem im romanischen Raum, wo ein dominierendes Werk wie das Wolframs von Eschenbach fehlte, schrieb man den unvollendeten Chrétien bis zum Vielfachen des originalen Umfangs fort, fand Gegen- und Parallelentwürfe und baute Gralepisoden in andere Werke, wie in bestimmte Fassungen des *Prosa-Tristan*, ein. Dem kann hier nur im Fall der wichtigsten und einflussreichsten Romane nachgegangen werden. So war es nicht möglich, den kriegerischen und düsteren Prosaroman *Perlevaus* einzubeziehen, in dem am Ende des 12. Jahrhunderts dem Adel die Ritterschaft und der heilige Krieg als Weg zum Heil gewiesen werden. Die Gestalt Merlins hat im Deutschen nicht die Faszination ausgeübt, wie in England oder Frankreich (wo Guillaume Apollinaire ihn im Grabe zeigt), auf sie konnte deshalb nur am Rande eingegangen werden. Vergleichbares gilt für die schwer zu überblickende Gralliteratur des 19. und frühen 20. Jahrhunderts. Auch hier musste eine auf die deutschen Texte konzentrierte Auswahl getroffen werden, wobei manches zwar Charakteristische, aber ästhetisch heute schwer Genießbare (wie z. B. Albrecht Schaeffers etwa 22000 Verse langer *Parcival* von 1922) oder eher Triviales und auch Nacherzählendes (wie Emil Engelmanns *Parzival [...] für das deutsche Haus* von 1888) ausgeschlossen werden musste. Die Darstellung konzentriert sich auf das Herausragende, Folgenreiche und Typische. Im Zentrum stehen daher die Werke Chrétiens und Wolframs, der *Prosa-Lancelot* und Wagners *Parsifal*. Um die charakteristische Erzählweise der mittelalterlichen Texte und ihre bunte Inhaltsfülle zu vermitteln, wird die Handlung ausführlich referiert. Die Bibliographie beschränkt sich auf wenige grundlegende oder einführende Titel, im Fall der mittelalterlichen Textausgaben wurden Übersetzungen (bzw. zweisprachige Ausgaben) bevorzugt angegeben.

Robert de Boron leitet den Namen des Grals von *agreer* ›angenehm sein‹ her. Möge also dieses Gralbuch den Lesern gefallen!

1. Kapitel

Christliches Heilssymbol oder keltischer Herrschaftsmythos?

»Wer ist der Gral? – Das sagt sich nicht.« So heißt es in Richard Wagners *Parsifal.* Man könnte zweihundert Bücher über ihn schreiben, meint der mittelalterliche Erzähler Robert von Boron, dem der wichtigste moderne Gralautor, Richard Wagner, wesentliche Momente seiner Gralkonzeption verdankt. Die Vorstellung vom christlichen Gral als Abendmahlsschale Jesu, wie sie beide vertreten, wird in der gängigen Meinung überlagert von seiner magischen Qualität – ein unerreichbares Ziel der Vollkommenheit, ja des Heils, das ist der Gral. Allerdings ist er in der heutigen Rede nicht mehr wie bis in das 20. Jahrhundert hinein das objektiv Kostbare, die Erfüllung schlechthin, sondern ein konservatives Symbol: »Gralhüter« sind bornierte Wächter, griesgrämige Wahrer abgelebter Konventionen. Die Transzendenz, die im Gral aufscheint, ist verblasst. Doch der Gral ist nicht tot, er ist sehr lebendig: es gibt Gralromane (Adolf Muschg), Graltheater (Tankred Dorst, Peter Handke), zahllose Gralbücher von der Trivialerzählung bis zur Esoterik, Gralfilme und Gralbilder. Seher und Grübler beschäftigen sich mit dem Gral, und Wagners Graloper wird immer wieder neu auf die Bühne gestellt und gedeutet.

Was ist der Gral? Der heutige Gralsucher fragt weniger unwissend als Parsifal, aber auch der moderne Forscher kann keine eindeutige Antwort geben. »Ein Ding« sei der Gral, sagt Wolfram von Eschenbach, und erzählt, ein Stein sei es, aus dem Himmel gekommen oder schon immer da, einst von Engeln gehütet, Schale, Stein, Kleinod – die Erscheinungsformen des Grals in seinen verschiedenen literarischen Gestaltungsformen sind mannigfach und die

Herkunft dieser Vorstellung bleibt geheimnisumhüllt. Mit den Thesen dazu beschäftigt sich ein einleitendes Kapitel, ein Gang durch die Geschichte der Gralepen und -romane bis zur Gegenwart soll von der Strahlkraft dieses mythischen »Dinges« detailliert berichten und auch die trivialen Mythen der Moderne einbeziehen.

Wie ist der Gral? So sollte die Frage wohl besser lauten. Der Gral ist ein Ritual, das vorgegeben ist, aber neu gefunden werden muss. Finden kann es nur der Erwählte, aber die Suche ist eine persönliche Leistung. Das Ritual kann sich auf die Suche beschränken (wie im *Prosa-Lancelot*), es kann einen Rachevollzug einschließen (wie im *Peredur* oder, im Sinn einer Korrektur, bei Wagner) oder in einer Frage bestehen, die nach dem magischen Gegenstand und seinem Zweck (Chrétien) oder nach dem Leid des Gralhüters (Wolfram) gestellt werden muss. In der Frage können sich die Familienzugehörigkeit, die Rachebereitschaft, eine ethische Haltung offenbaren. Der Gral als Objekt spiegelt nur die magische Aura des Rituals, er ist eine unterschiedlich zu füllende Leerstelle. Daher kann er auch einmal fehlen, wie bei Peter Handke oder nur noch als Souvenirgegenstand vorkommen wie im Film *The Fisher King*. Und bei Wagner ist der Gegenstand der Suche nicht der Gral, sondern der Speer, damit heilt Parsifal den kranken König. Dennoch geht von dem Gegenstand, der heiligen (oder auch nicht heiligen) Schale eine besondere Faszination aus, gerade wegen ihrer Rätselhaftigkeit und Unbestimmtheit.

Das Mittelalter kennt drei sprichwörtlich gewordene Dingsymbole: den Nibelungenhort, den Liebestrank, den Gral. Ersterer steht für politische Macht, der Trank für die Liebe und – der Gral? Mehr als er selbst hat die Suche danach fasziniert, die Suche nach der Herrschaft, nach dem Selbst, nach dem Göttlichen. *Das Spiel vom Fragen* nennt Peter Handke sein Drama: Fragen heißt Suchen. – Beginnen wir unsere Suche in sehr ferner Vergangenheit.

Das erste literarische Zeugnis vom Gral stammt vom Ende des 12. Jahrhunderts: Es ist die »Erzählung vom Graal«, der *Perceval* des Chrétien de Troyes. Was ihm vorherging ist Gegenstand von Rekonstruktionen, Mutmaßungen und Spekulationen. Diese sind abhängig von den Bedingungen der Zeit, in der sie unternommen wurden. Die älteste These nimmt einen christlichen Ursprung an. Sie stützt sich auf die spätmittelalterlichen Gralerzählungen, auf den hochmittelalterlichen Prosaroman und geht letztlich zurück auf Robert von Boron. Die Romantik favorisierte die christliche Interpretation, war sie doch fasziniert von der Kirche als Möglichkeit zur Einigung eines zersplitterten Europas, als Vision einer befriedeten Gesellschaft: *Die Christenheit oder Europa* nannte Novalis seine Denkschrift »zum ewigen Frieden«. Aber die Mythensehnsucht der Romantiker führte bald zu einer Perspektivierung durch die christliche Erscheinungsform des Grals hindurch auf Älteres, auf Urmythen. Joseph Görres fand sie schon im Jahre 1813 in indischer, persischer, altägyptischer und altgriechischer Überlieferung: Der Urmythos der Menschheit von Fruchtbarkeit, von Speise und Trank, vom gemeinsamen Mahl sei im christlichen Gralmythos in eigener Weise in Erscheinung getreten. Die These einer Grundlegung in Mythen der fernsten indoeuropäischen Vergangenheit wird seither immer wieder vertreten, bis hin zur gegenwärtigen Forschung. Aber die Bezüge sind ganz allgemeiner Art und daher wenig aussagekräftig.

Jünger ist die keltische These: Der Gralmythos gehe zurück auf Mythen, wie sie in der irischen und dann auch in der kymrischen (walisischen) Literatur zutage treten. Von den Kelten als längst vergangenem Volk, das heute nur noch in Ethnien am Rande Europas überlebt hat, begann im 19. Jahrhundert vor allem in England und Frankreich eine eigene Faszination auszugehen. Bei der Suche nach den Wurzeln des eigenen Volkes stieß man auf keltische

Urgründe, auf die Briten bzw. die Gallier. Man übersetzte keltische Texte, man eignete sich keltische Kunstformen und keltische Themen an. In Irland, aber auch in England gab es am Ende des 19. Jahrhunderts ein vornehmlich kunsthandwerklich produktives *Celtic revival*. Es strahlte auf die Wissenschaft aus, und so suchte man den Grund der Gralgeschichte auch im Keltischen.

Während die indoeuropäische These hauptsächlich auf Fruchtbarkeits- und Gemeinschaftsriten abhebt, bezieht sich die keltische These auf die Herrschaftsübertragung an einen neuen König. Die Herrschaft wird durch eine magische Handlung und durch einen magischen Gegenstand übergeben, ein Initiationsritual, wie es in der irischen Erzählliteratur zu finden ist. Als Beleg dafür dient eine altirische Erzählung: *Baile in scáil* (*Die Verzückung des Phantoms*) aus dem sog. *Irischen Königszyklus* (*Historischer Zyklus*), entstanden vermutlich zu Beginn des 11. Jahrhunderts auf der Basis von mündlichen Traditionen. Der sagenhafte König Corn wird in die Anderswelt entrückt, in eine Ebene mit einem goldenen Baum. In einer Halle erwartet ihn die in einem Mädchen mit goldener Krone personifizierte »Herrschaft über Irland«. Der Herrscher über das Jenseits (das Phantom), der Gott Lug (dem in anderen Erzählungen eine feurige Lanze zugeordnet wird), wird von ihr gefragt, wen sie mit ihrem goldenen Becher bedienen soll (und zwar mit »rotem Bier«, *dergflaith*, ein Wortspiel mit »Trank« und »Herrschaft«). Lug nennt Corn und seine Nachkommen, die damit zum Herrscheramt bestimmt werden. Derartige Geschlechterlisten aus der Rückschau dienen der Legitimierung und Aufwertung der herrschenden Dynastie bzw. der Vergewisserung einer großen Vergangenheit nach der anglonormannischen Invasion von 1169. Wichtig in unserem Zusammenhang ist das Initiationsritual mit dem Becher und der Frage (die im *Perceval* genauso angesprochen wird: wen man mit dem Gral bediene, V. 3245). Dem künftigen König wird ein magisches Ge-

Ein keltisches Kultgefäß: Ursprung des Grals?

fäß präsentiert, und er selbst fragt: »Wen bedient man mit diesem Gefäß?« Die Antwort lautet: »Dich.« Die Frage ist also die Leistung des zukünftigen Königs, und mit ihr wird ihm die Herrschaft übertragen, das Gefäß bleibt sekundär. Der keltische Herrschaftsmythos kann also lediglich für den Frage-Aspekt des Grals namhaft gemacht werden.

Doch nicht nur keltische Wurzeln hat man erschließen wollen, der Ursprung des Gralmythos wurde auch in Vorderasien gesucht. Hier ist es vor allem die Verwundung des Königs und die daraus resultierende Unfruchtbarkeit des Landes, die man vergleicht; es geht also um ein Fruchtbarkeits- und nicht um ein Herrschaftsritual. So hat man den Attis- und Adoniskult sowie Mithrasriten herangezogen. Immer geht es dort um Verwundung, Zerstörung von Fruchtbarkeit und die Erweckung neuen Lebens, die

Bezüge bleiben jedoch sehr allgemeiner Art. Auch die christliche Komponente, wie sie erstmals in konsequenter Form bei Robert von Boron erscheint, ist wohl kaum der Ausgangspunkt der Gralvorstellung, sondern eine spätere Überformung, die schon bei Chrétien einsetzt und unterschiedlich stark ausgeprägt wird – z. B. im »Antigralroman« Heinrichs von dem Türlin, *Diu Crône*, völlig fehlt bzw. allenfalls parodistisch präsent ist.

Die Schwierigkeit, Vorstufen von Chrétiens Gralroman zu erschließen, liegen in der Eigenart mittelalterlicher volkssprachlicher Literatur begründet, in ihrem Status zwischen Mündlichkeit und Schriftlichkeit, zwischen mündlichem Erzählen und gelehrter Schriftkultur. Diese verwandelt sich die mündlichen Stoffe und Erzähltraditionen an und verändert sie dabei, gestaltet sie mitunter im Rahmen einer mündlichen Poetik, benutzt andererseits mündliche Erzählungen nur als passend einzubauendes Material für Werke im Stil der lateinisch geprägten schriftlichen Literatur. Die Symbiose der Schrifttexte mit mündlicher Vortragskunst dauert das ganze Mittelalter an, wobei der Anteil der Mündlichkeit je nach Gattung allerdings abnimmt. Doch können aus dieser Sphäre immer wieder neue Impulse inhaltlicher und poetologischer Art die Schriftlichkeit beeinflussen: Auch ein spätes Werk kann noch auf mündliche Überlieferung zurückgreifen, nur darf man diese nicht (wie die Romantiker) als besonders alt verstehen, denn mehr noch als die Schriftlichkeit ist die mündliche Literatur dem Wandel, der Anpassung an aktuelle Bedürfnisse ausgeliefert. Andererseits können im Medium der Mündlichkeit mit seiner größeren Bandbreite und seinem geringeren Konformitätsdruck Elemente überdauern, die in der Schriftliteratur verloren gegangen sind. So muss also in jedem einzelnen Fall neu abgewogen werden, doch Rekonstruktionen von »alten« Fassungen aus jüngerer Überlieferung sind grundsätzlich mit Skepsis zu betrachten.

Das betrifft besonders die keltische Literatur. Hier dominierte die Mündlichkeit länger als in Deutschland, England und Frankreich, die ältesten dazu herangezogenen Texte der irischen Literatur sind im 11., die der walisischen erst im 13. Jahrhundert überliefert. Stofflich sind sie zumeist älter, aber in ihrer überlieferten Gestalt vom schriftlichen Medium geprägt und von der jeweiligen Situation, in der die Schrifttexte geschaffen wurden – eine lediglich konservierende Aufzeichnung dichterischer Texte war dem Mittelalter fremd. Jede Geschichte arbeitet mit dem Mythos in je eigener, den aktuellen Bedürfnissen entspringender Weise, einen »reinen« ursprünglichen Mythos herauszulösen, kann nicht gelingen. Die heutige Forschung ist daher meist sehr vorsichtig mit solchen Rekonstruktionen. Dass mythische Motive aus der mündlichen Tradition noch lange in schriftliterarische Gestaltungen eingehen konnten, ist wahrscheinlich, nur darf man diese Texte deshalb nicht unbefragt als »alt« ansehen. Die Motive werden vielmehr von den Autoren bewusst im Sinn einer neuen mythischen »Bedeutungsaufladung« zur Erzeugung von Geheimnis und Faszination genutzt.

So ist es wahrscheinlich, dass es schon vor Chrétien mündliche Erzählungen von einem mysteriösen Gefäß gab, das Bezug zu einer wunderbaren Speisung hatte. Das ist ein fundamentaler Ritus vieler Religionen, so auch der christlichen. Die Speise ist Geheimnis des Lebens, der Lebenserneuerung, und diese Gabe steht in Beziehung zum Göttlichen. Schon vor Chrétien war eine Erzählung vom Speisegefäß vermutlich mit einer Frage verbunden, die, im oben dargestellten Sinn, die Übertragung von Herrschaft symbolisierte. So wäre dieser archaische keltische Mythos in den christlichen Legendenraum gebracht worden und hätte neben seiner alten Funktion eine neue bekommen, den (zunächst nur undeutlichen) Verweis auf christliches Heilsgeschehen.

Von christlichen Dimensionen völlig frei hält sich die walisische Prosaerzählung *Historia Peredur ab Evrauc*

(*Peredur, Sohn des Evrauc*), die im Rahmen eines Zyklus von elf Geschichten überliefert ist, der seit seiner Veröffentlichung im Jahre 1838 *Mabinogion* (*Jugendgeschichten von Helden*) genannt wird. Er ist vollständig nur in zwei Handschriften, dem *Roten Buch von Hergest* und einem früheren fragmentarischen Manuskript (*Das weiße Buch von Rhydderch*, um 1300) überliefert. Zusammen mit zwei weiteren Texten, der *Dame von der Quelle* (*Owein*) und dem *Gereint*, behandelt der *Peredur* Stoffe, die Chrétien de Troyes im *Perceval*, im *Yvain* und in *Erec et Enide* bearbeitet hat. Die Zusammenhänge sind umstritten: während *Owein* und *Gereint* deutliche französische Einflüsse aufweisen und als Anpassungen der Chrétienschen Romane an die walisische Erzähltradition verstanden werden dürfen, ist der *Peredur* von der motivlichen und stilistischen Gestalt her »keltischer«, so dass man nicht an direkten Einfluss Chrétiens, sondern an eine gemeinsame (oder verwandte) Quelle gedacht hat. Ob die Eigenarten der Orthographie der Handschrift tatsächlich eine Textvorlage des frühen 12. Jahrhunderts (und damit lange vor Chrétien) bezeugen, ist mangels Vergleichsmaterials nicht sicher zu sagen. Wahrscheinlicher aber als eine solche Quelle ist die Annahme einer starken Überformung der französischen Vorlage (Chrétien) durch die in diesem Bereich besonders präsente heimische Tradition, die in mündlichen Erzählungen kursierte, wie sie auch Chrétien bekannt waren.

Die Probleme beginnen schon beim Namen des Titelhelden. Ein Peredur (keltischer Name oder von lateinisch Praetorius?) wird in den *Annales Cambriae* von 955 genannt und sein Tod für das Jahr 580 berichtet, dort verbindet sich jedoch keine Erzählung mit ihm. Der Name Perceval erscheint erstmals in Chrétiens *Erec et Enide* von etwa 1170 (V. 1506) für einen Waliser, ebenso in seinem *Cligès* (V. 4774 u. ö.). Eine Deutung des Namens gibt Chrétien nicht, Wolfram von Eschenbach aber interpretiert ihn als *rehte enmitten durch* (140,17): ›Mittendurch‹ im Sinn einer existentiellen (und emotionalen) Radikalität; spätere französische Autoren deuten ihn als *perce val* ›Dring durchs Tal‹. Ob nun eine ursprüngliche Gestalt Peredur französisiert wurde oder ein französischer Held lediglich den in der walisischen Tradition vorgegebenen Namen erhalten hat, ist kaum zu klären. Wahrscheinlich verbindet sich mit dem Namen ein keltischer Hintergrund.

Der *Peredur* weist vor allem zu Beginn große Ähnlichkeiten mit Chrétiens Gralroman auf, später auch bedeutende Unterschiede, wie beim vergleichenden Blick auf den Inhalt sichtbar wird.

Das Thema des in der Fremde, vor allem unter Hirten unerkannt aufgewachsenen Herrscherjünglings, der sein Reich gewinnt und damit seine Qualifikation zum König erweist, ist zwar ein im indoeuropäischen Raum verbreitetes literarisches Initiationsmuster, die Ähnlichkeiten des *Peredur* mit Chrétiens *Perceval* sind jedoch in Bezug auf die Ausgestaltung dieses Motivs so groß, dass eine sehr enge Verwandtschaft angenommen werden muss.

Peredur wächst, wie Perceval, im Wald bei seiner verwitweten Mutter und einer kleinen Gefolgschaft auf. Er wird absichtlich in Unkenntnis der Ritterwelt gehalten, jedoch die Begegnung mit einer Gruppe von Rittern zieht ihn schließlich an den Artushof. Die Mutter gibt ihm vor dem Aufbruch gute Ratschläge, denen er wörtlich folgt, so küsst er (mit deren Einwilligung) ein Mädchen in einem Zelt und erhält ihren Ring. Am Artushof provoziert ein Ritter (der hier kein Roter Ritter ist) den König, indem er die Königin heftig schlägt. Kei, der Seneschall des Königs, gibt Peredur den Auftrag zum Kampf mit dem Beleidiger, aber als ein Zwergenpaar, das nicht sprechen wollte, ehe es den größten Ritter sähe, zu reden beginnt, wird es von Kei gezüchtigt. Peredur besiegt den Provokateur, Owein hilft dem jungen Ritter bei der Entkleidung der Leiche und dem Anlegen der Rüstung.

Bei aller Ähnlichkeit zeigt der keltische Roman eine höhere Vorbildlichkeit seines Helden: Er übt keine Gewalt an dem Zeltfräulein, seine Tötung des Provokateurs ist durch dessen aggressives Auftreten gerechtfertigt, und sein Sieg wird durch die Hilfe Oweins, eines anerkannten Ritters, bestätigt. Chrétien aber hat ein entscheidendes Motiv, das dem *Peredur* fehlt: Bei ihm hat der Held eine Sünde begangen, die ihm später die Gralfrage »auf der Zunge abschneidet«, denn er hat seine Mutter beim Ausritt umsinken sehen und ihr, in seinem Drang zur Ritterwelt befangen, nicht geholfen, sich also unterlassener Hilfeleistung schuldig gemacht.

Im *Peredur* folgt ein Abenteuer, das es bei Chrétien nicht gibt: der Held besiegt einen Feind des Königs Artus und schickt ihn zum Hof mit der Botschaft, er werde die Beleidigung des Zwergenpaares durch Kei rächen. Er überwindet dann noch sechzehn weitere Ritter ehe er eine kämpferische Ausbildung erhalten hat: Peredur ist schon von Natur aus ein gewandter Held, muss es nicht erst werden wie Perceval.

In den nächsten beiden Szenen sind die Bezüge auf Chrétien deutlicher: Peredur kommt zu einem grauhaarigen Mann, der anscheinend eine Lähmung hat, denn er humpelt. Er lernt von dessen Söhnen den Schwertkampf, indem er sie beim Fechten mit Stöcken beobachtet, später besiegt er sie. Der Grauhaarige, der sich als Peredurs Mutterbruder herausstellt, rät ihm, nicht nach Seltsamem zu fragen, wenn nicht ein anderer vorher davon gesprochen hat. Er reitet weiter und kommt zu einem zweiten Grauhaarigen. Dort durchschlägt er dreimal die eiserne Säule der Burghalle, wobei sein Schwert zerbricht. Zweimal gelingt es ihm, es zusammenzufügen, beim dritten Mal bleibt er erfolglos: ein Zeichen dafür, dass er erst Zweidrittel seiner Stärke erreicht hat. Der Gastgeber gibt sich als sein Onkel (ein zweiter Mutterbruder) zu erkennen. Während er sich mit ihm unterhält, kommen zwei junge

Männer (die der erste Onkel beim Fischen beobachtet hatte), die einen riesigen Speer tragen, von dem drei Ströme Blutes herablaufen; die Gesellschaft bricht in lautes Klagen aus, der Onkel aber und Perceval schweigen. Darauf treten zwei Mädchen ein, die eine Schüssel bringen, in der ein abgeschlagener Kopf in Blut schwimmt. Es gibt weitere Klagen, aber weder Peredur noch sein Onkel sagen ein Wort.

Ist dies die ursprüngliche Form der Gralprozession? Offensichtlich ist der Tod eines Geköpften Anlass zur Klage, es handelt sich um ein Gedächtnisritual von Tod (und von Erneuerung?), vielleicht auch eine Aufforderung zur Rache. Für den ersten Fall denkt man an den Kopf des getöteten Meeresgottes Brân aus der zweiten Erzählung der *Mabinogion*. Einen Bezug zum Heilung suchenden Gralherrn sieht man in folgender Verbindung: Gemäß der Überzeugung der Kelten entsteht das Sperma im Kopf und erreicht die Genitalien durch das Rückenmark; der abgeschlagene Kopf entspräche also der impotent machenden Wunde des Gralkönigs in der kontinentalen Tradition. Der Besucher soll die Wende bringen, aber wodurch das geschehen soll (eine Frage?), geht aus dem *Peredur* nicht hervor. Die Aufforderung zur Rache für den Geköpften (einen Verwandten?) und ihr Vollzug bedeuten einen Herrschaftsübergabe-Ritus entsprechend der heilenden Gralfrage. Insgesamt macht die Szene (nicht nur für Peredur, sondern auch für den Interpreten) den Eindruck eines Rätsels, wie die Initiation sich zu vollziehen habe: für eine Frage spricht die Warnung des ersten Onkels vor dem Sprechen (die der junge Mann zu überwinden hat), für die Rache der Kopf in der Blutschüssel und die allgemeine Klage. Man hat den Eindruck, als wären zwei Traditionsstränge miteinander verkettet worden, weil der Erzähler beide aufnehmen wollte, um das mündlich Überlieferte vollständig zu repräsentieren, wie es bei der Verschriftlichung häufiger vorkommt. Zeitgenössische Hörer/Leser konnten dann den eigentlichen Sinn beider Motive, des Frageverbots und der Blutschüssel, aus ihrem Wissen hinzugeben.

Der Held verlässt, ähnlich wie bei Chrétien, im Weitergang der Erzählung die Burg und trifft auf das Braunhaarige Fräulein, das ihn anklagt, am Tode seiner Mutter schuld zu sein – davon war bisher nicht die Rede. Sie ist seine Pflegeschwester und betrauert ihren Gemahl; Peredur rächt ihn an dem Ritter, der ihn getötet hat und schickt ihn an den Artushof, als Sühneleistung muss dieser das Fräulein zur Frau nehmen. Die Ehe erscheint hier, völlig unhöfisch, lediglich unter dem Gesichtswinkel der sozialen Versorgung. In der nächsten Abenteuersequenz kommt Peredur zu einer belagerten Burg, in der eine sehr schöne Jungfrau regiert. Ihre neunzehn Ziehbrüder zwingen sie, sich dem Helden anzubieten, um seine Hilfe bei der Verteidigung zu erlangen. In drei Tagen besiegt er die Feinde, die das eroberte Land zurückgeben müssen. Er ordnet das Reich und zieht weiter, nicht ohne die Landesverteidigung zu versprechen. Darauf begegnet er wieder dem Zeltfräulein und bezeugt ihre Ehre durch einen Zweikampf mit ihrem Freund, dem ›Stolzen von der Lichtung‹. Als nächstes befreit er eine Burgherrin von den neun Hexen von Gloucester, von denen er im Verlauf von drei Wochen im Gebrauch der Waffen unterrichtet wird und Pferd und Waffen erhält. Beim Weiterreiten trifft er auf eine von einem Falken erlegte Ente: die Blutstropfen auf dem Schnee erinnern ihn an seine Geliebte, und er bleibt, tief in Gedanken, stehen. Zwei Artusritter, darunter Kei, greifen ihn an, ohne dass Peredur aus seinem Nachsinnen erwacht; Gwalchmei (frz. Gauvain) gelingt es dann, ihn durch ein Gespräch aus der Trance zu lösen – dem entspricht die Blutstropfenszene bei Chrétien. Nunmehr folgen Abenteuer, die im *Perceval* nicht erscheinen. Peredur ist ein unbekümmerter Held, bei dem Kampferfolg und Liebesgewinn zur heroischen Existenz gehören.

Nach vierzehn Jahren kommt Peredur wieder zum Artushof, wo das Schwarze Mädchen erscheint und ihn wegen seines Versagens auf der Burg des lahmen Königs anklagt. Angesichts der blutenden Lanze habe er versäumt, nach Ursache und Bedeutung zu fragen: hätte er es getan, wäre der König geheilt und sein Reich befriedet worden. Hier wird zum ersten Mal das Frageversäumnis als Verfehlung angesprochen; das Braunhaarige Fräulein hatte ihn nur der Schuld am Tode seiner Mutter bezichtigt. (Bei Chrétien klagt die Blutsverwandte Cousine, die ihr entspricht, ihn auch des Gralversagens an.) Das Schwarze Mädchen bezichtigt außerdem Gwalchmei, ihren Herren verräterisch erschlagen zu haben, und verkündet dann noch ein Abenteuer: wer die Herrin von der Stolzen Burg befreien wird, erlangt den höchsten Ruhm der Welt. Gwalchmei will dieses Abenteuer bestehen und bricht mit Peredur auf, der die Bedeutung der Lanze erfahren will. Gwalchmei erlebt auf seinem Weg zur Burg ein Abenteuer (das der Escavalon-Episode bei Chrétien entspricht) mit der Tochter des Mannes, den er erschlagen haben soll: er verteidigt sich mit einem der in der keltischen Literatur häufigen (magischen) Schachbretter. Anschließend werden nur noch Abenteuer Peredurs berichtet: am Karfreitag trifft er auf einen Priester, der ihn bekehrt und bei dem er drei Tage bleibt, dann aber bricht er zur Burg der Wunder auf. Auf dem Weg dorthin erlebt er Abenteuer, die z. T. in die Chrétien-Fortsetzungen aufgenommen sind, wie das Spiel an einem magischen Schachbrett. Schließlich erreicht er eine Burg mit einem gelähmten Grauhaarigen (dem ersten Onkel?), wo sich nun auch Gwalchmei eingefunden hat. Ein blonder Jüngling behauptet, Peredurs Vetter zu sein, der ihn in Gestalt des Schwarzen Mädchens begleitet habe, auch die Lanze und die Schüssel mit dem blutigen Haupt habe er getragen: der Kopf sei der von Peredurs Vetter (anscheinend ein zweiter Cousin), der von den Hexen von Gloucester getötet wurde. Peredur, so ist prophezeit, werde ihn rächen, mit Hilfe von König Artus werden die Hexen dann auch getötet. Damit schließt die Erzählung. Peredur scheint also auf die »Gralburg« zurückgekehrt zu sein, aber eine erneute Begegnung mit den mythischen Requisiten findet nicht statt, sie werden lediglich in Erinnerung gerufen. Von den beiden konkurrierenden Motiven, Frage und Rache, ist nur Letzteres noch präsent, eine mit der Rache an den Hexen verbundene Herrschaftsübertragung wird allerdings nicht ausdrücklich vorgenommen, stattdessen wird der anfängliche Bezug des Helden zum Artushof bekräftigt; dafür dient ein Motiv aus der walisischen Tradition, wo Artus als Bekämpfer von Hexen vorkommt.

Der *Peredur* behandelt also zwei Integrationsprozesse: einmal findet der Held, der in der Einsamkeit aufgewachsen ist, zu seiner Verwandtschaft. Das wird durch die Übernahme der Rache (die durch die Prophezeiung vorbestimmt ist) als kämpferische Leistung Peredurs vollzogen; daneben steht die Integration in den Artushof, an den der Held zurückkehrt und mit dessen Hilfe er das finale Racheabenteuer besteht. Der »Gral« (der hier *dysgl* heißt), offensichtlich eine weite Schale und kein Trinkgefäß (wie in der irischen Tradition), ist hier Symbol für die Familienintegration durch Übernahme der Racheverpflichtung, mitverstanden scheint die (nicht ausgeführte) Herrschaftsübertragung; die Fragethematik spielt hingegen nur eine Nebenrolle. Das Bedeutungspotential des »Grals« bleibt größer und offener als die vielschichtige und motivreiche, teils reihende, teils ähnlich wie bei Chrétien strukturierte erzählerische Verwirklichung. Sie hat ein Problem des Kriegeradels zum Thema: die Verbindung von aus der Abstammung übertragener Herrschaft und kämpferischer Qualifikation.

In Wales war, wie in den mittelalterlichen Herrschaftsverhältnissen allgemein, die Zugehörigkeit zur Königsfamilie von herausragender Bedeutung, weshalb Genealogien in der keltischen Literatur besonders wichtig sind. Das Königtum wurde patrilinear vererbt, aber nicht unbedingt an den erstgeborenen Sohn, auch der Neffe väterlicherseits oder der Bruder konnten (vom Amtsinhaber) bestimmt werden. Dass im *Peredur* die beiden Onkel Mutterbrüder des Helden sind, muss nicht ein Reflex archaischer matrilinearer Herrschaftsvererbung sein, sondern geht wahrscheinlich auf Chrétien zurück. Die Darstellung von Herrschaftssicherung und -folge überschreitet die enge Zeit- und Ortsgebundenheit, sie ist nicht auf die aktuelle Situation der politisch unterdrückten Waliser bezogen, wie auch in der Racheaufforderung von konkreten politischen Zielen (etwa dem Kampf gegen die Engländer) nicht die Rede ist. Zwar wird die Gralthematik durch ihre Wiederkehr am Schluss herausgehoben, aber die Vielzahl anderer mythischer und folkloristischer Motive, die z.T. im Zeitrafferstil eingebracht werden, ist einer stringenten Erzählstruktur abträglich. So ist der *Peredur* eine Geschichte mit viel Zauber, aber nur brüchig konstruiertem Bau geworden, was nicht als Reflexion von »Mündlichkeit« missverstanden werden darf. Die Struktur scheint dem Autor weniger wichtig zu sein als der narrative Reiz der Fülle walisisch-nationalen und internationalen Erzählguts, das z. T. aus dem Französischen (Chrétien und seinen Fortsetzungen) übernommen, aber mit Heimischem kaum trennbar vermischt wurde, so dass Fragen nach der »Ursprünglichkeit« schwer beantwortbar sind. Der *Peredur* ist eine »Modernisierung« einer älteren walisischen Erzählung mit Hilfe der französischen Romane, darin wird zur Entstehungszeit ein besonderer Reiz gelegen haben.

Eine solche einsträngige mündliche Geschichte könnte sowohl Chrétiens *Perceval* wie dem *Peredur* vorausgehen: Ein Königssohn wächst in der Einöde auf, er zeigt jedoch, obwohl kämpferisch unausgebildet, seine Fähigkeiten und kommt zu seinen Verwandten. Er muss eine symbolisch gestellte Aufgabe lösen, um die vorbestimmte Herrschaftsfolge antreten zu dürfen: die Verwandtenrache. Dazu gehört auch die Lösung eines gestellten mythischen Rätsels. Ob er schon einen Reifeprozess im Umgang mit Kampf und Begierde durchmachen muss, ehe er die Aufgabe lösen kann, oder ob Chrétien dieses erst eingeführt hat, bleibt offen. Die Grundstruktur mag also folgendermaßen ausgesehen haben: Aufwachsen in der Einöde – erste Probe(n) – Begegnung mit dem Onkel und »Racherätsel« – weitere Kampf- und Liebesproben – Wiederbegegnung mit dem Onkel und Lösung des Rätsels – Rachevollzug und Herrschaftsübernahme. Die erste Verwandtenbegegnung ist wohl kein »Versagen« gewesen, diese Gewichtung (mit Einführung der Muttersünde) scheint Chrétiens Leistung zu sein. Doch das große Thema der Gralerzählungen, dass der Weg zur Herrschaft die Beherrschung der eigenen anarchischen Impulse von Gewalt und Begierde einschließt und damit letztlich ein Weg der Selbsterfahrung ist, wird auch hier symbolisch gestaltet: im *Peredur* sind die Mächte, an denen der Held Rache üben muss, anderweltliche Gestalten, Hexen. Von eben diesen Hexen aber hat er seine Kriegskunst gelernt. Peredur muss in den Hexen einen Teil von sich selbst besiegen.

2. Kapitel

Den Gral erzählen: Chrétien de Troyes

Ein junger Mann, ein Unerfahrener in der Welt (*nice* nennt das Chrétien, *tump* Wolfram) wird einer Probe unterzogen, ohne dass er es weiß; er soll nach zwei seltsamen Gegenständen, einem Speer und einer Schüssel fragen: wen man damit bedient oder was sie bedeuten. Er stellt die Frage nicht, versagt, lässt damit einen Kranken weiter leidend zurück. Als er erfährt, was er angerichtet hat, bemüht er sich mit aller Kraft um Wiedergutmachung, die ihm – so Wolfram – schließlich auch gelingt: Er spricht die erlösende Frage aus und wird selbst König als Nachfolger des nunmehr Geheilten. Das ist in äußerst komprimierter Form die »Erzählung vom Graal«, wie Chrétien de Troyes seinen *Perceval* nennt (V. 66). Ihn interessiert nicht die Geschichte des geheimnisvollen Gegenstandes, des Graals, die bleibt absichtsvoll im Dunklen, sondern das, was der junge Mann aus dem Graal macht und was dieser aus dem jungen Mann macht.

Chrétiens *Perceval* ist ein Artusroman, der fünfte und letzte in dem vom Autor neu begründeten Gattungstyp. Dieser erzählt von einem Ritter am Artushof, der nach einem anfänglichen Erfolg in einem besonderen Abenteuer dann in eine Krise gerät, sich auf einem Prüfungsweg erneut bewähren muss, um schließlich als gerechter Friedensherrscher sein Land zu regieren. Material für zumindest drei dieser Romane, *Erec und Enide*, den *Karrenritter* und *Yvain*, fand Chrétien bei mündlichen Erzählungen, die die berufsmäßigen Geschichtenerzähler vor ihrem Publikum von »Königen und Grafen zu zerreißen und zu verderben pflegen« (*Erec*, V. 20f.), wohingegen er aus einer »gestaltlosen Abenteuergeschichte eine wohlkomponierte Erzählung« gemacht habe.

Die Erzählstoffe, die Chrétien als Material benutzt, stammen zur Hauptsache aus dem keltischen Sagenfundus, man denkt sie sich durch bretonische mündliche Erzähler (wir haben sogar einen mehrmals bezeugten Namen *Bleheris/Breri/Blihis*) vermittelt.

Während Chrétien für den *Erec* jedoch ausdrücklich auf Folkloristisches zurückgreift, sagt er im Prolog zum *Perceval* das Gegenteil: Ein Buch vom Graal, ihm vom Auftraggeber Graf Philipp von Elsass übergeben, sei die Vorlage, und er spricht auch weiterhin (V. 2723, 2807) von einer schriftlichen Quelle. Eine solche (lateinische?) hat sich nicht nachweisen lassen, was nicht bedeutet, dass sie nicht existiert hat. Chrétien wollte mit dieser Behauptung seiner Erzählung einen besonderen Status und eine eigene Würde geben und nicht auf die Herkunft seines Stoffes aus dem gelehrten Raum verweisen. Er preist zu Beginn seinen Mäzen als den vorbildlichsten Mann im Römischen Reich, der selbst den hochgepriesenen Alexander den Großen überragt. Damit befindet er sich in Übereinstimmung mit seinen Zeitgenossen, die den Herrscher von Reichs- und Kronflandern, den Berater des zukünftigen Königs von Frankreich, Philipp August, den Jerusalempilger (1177) und Kreuzfahrer als Verkörperung des zeitgenössischen Ritterideals betrachteten. In Graf Philipp verbinden sich Gerechtigkeitsliebe, Aufrichtigkeit und Frömmigkeit: Wenn Chrétien in seinem Auftrag den *Perceval* verfasst, so geht es um die Erneuerung und Bestätigung dieses in ihm verkörperten Adelsideals. Bei aller Bindung an die Gebote der Kirche sei es doch das »gute Herz« (V. 55), das eingibt, das Rechte zu tun; damit wird eine eigene ethische Kompetenz des Laienadels propagiert. Da die transzendente Dimension im *Perceval* gegenüber den früheren Artusromanen eine entscheidende Bedeutung gewinnt, kann Chrétien nicht mehr mit folkloristischem Material zufrieden sein, sondern braucht »das Buch« als Fundament der Religiosität. Chrétien zitiert im *Perceval* mehrfach die Bibel (sogar im Prolog) und kommentiert sie, stellt seinen Roman damit gleich in die Nähe geistlicher Literatur. Da er ausdrücklich behauptet, das Buch vom Grafen erhalten zu haben, kann es kaum ein erfundenes Buch gewesen sein. Ob es sich jedoch um eine Erzählung von einem Toren und seinem Welt- und Gottweise-Werden handelte, ist umstritten; denkbar bleibt auch, dass es vor allem um das im Prolog entworfene Ritterideal in der Kombination weltlicher und geistlicher Tugenden ging, wie es im Roman entfaltet wird. Die Quelle enthielt also womöglich eine Sinngebung des Ritterstandes in der Art von Bernhards von Clairvaux *De laude novae militiae* von 1128, einer Schrift zum Lob des Templerordens und zur Problematik des gerechten Krieges. Sie wurde wieder aktuell im Zusammenhang mit dem dritten Kreuzzug, zu dem Philipp von Elsass im Jahre 1190 aufgebrochen war, und auf dem er am 1. Juni 1191 vor Akkon gestorben ist. Oder ging es bei dem Buch um elsässische Hausüberlieferung im Zusammenhang mit der Reliquie von einigen Tropfen des Blutes Christi, aufgefangen angeblich von Joseph von Arimathia, die Philipps Vater im Jahre 1150 vom zweiten Kreuzzug mitgebracht hatte? Da der *Perceval* unvollendet geblieben ist, wissen wir nicht, ob Chrétien am Schluss noch die Verbindung der geheimnisvollen Gralgegenstände mit der Passionsreliquie herstellen wollte, die dann von Robert de Boron zum Thema seiner *Geschichte des Graals* gemacht wurde. Ausschließen kann man ein Buch in der Art des *Peredur*, so etwas wäre ungeeignet gewesen, den spirituellen Mehrwert der Erzählung zu fundieren. Wenn es sich denn beim Graalritual um die Verarbeitung keltischen Sagenmaterials handelt, kann es Chrétien nur mündlich zugekommen sein, seine spezielle Leistung war – wie in den vorhergehenden Romanen – die Strukturierung und Sinngebung. Der letzte Vers des Prologs zeigt den Stolz darauf: »Hört nun, wie er [der Autor] seine Aufgabe erfüllt« (V. 68).

Chrétien hatte in seinen vier vorhergehenden Romanen das oben kurz charakterisierte »arthurische« Thema jedesmal erfindungsreich abgewandelt. Während im *Erec* das sinngebende Zentrum durch den Artushof gebildet wird, problematisieren die folgenden Erzählungen eben diese Instanz, bauen ein zweites Zentrum ein wie das Quellenreich im *Yvain*, wo das arthurische Ideal weder das innerweltliche Glück noch die Herrschaft des Helden garantieren kann. Das wird im *Perceval* übernommen und weitergeführt: Neben den eigentlichen Helden tritt ein zweiter, neben den neuen (und tumben) Ritter der arrivierte und erfahrene Gauvain, wobei der Hörer/Leser in die erzählerische Entfaltung und Problematisierung traditioneller ritterlicher Werte sowie ihre Überhöhung durch die Orientierung an der Transzendenz einbezogen wird und die in Erzählung verwandelte Wertediskussion nachvollzieht.

Chrétiens *Perceval* bricht nach mehr als 9000 Versen kurz vor dem mutmaßlichen Abschluss der Gauvain-Handlung ab, wahrscheinlich veranlasst durch den Tod des Auftraggebers oder des Autors selbst, wie einer der Fortsetzer, Gerbert de Montreuil, behauptet. Diese Unabgeschlossenheit wirkte literarisch sehr produktiv, rief insgesamt vier lediglich erzählerisch stark erweiternde und nicht programmatisch vorgehende Fortsetzungen mit (je nach Handschrift) bis zu 60000 Versen und zwei Prologe hervor. Sie führte ferner zur Einbindung in den großen Lancelot-Graal-Zyklus des frühen 13. Jahrhunderts, der dann über Sir Thomas Malorys *Morte d'Arthur* die neuzeitlichen Graladaptionen im angelsächsischen Raum begründet hat. Von den fünfzehn Handschriften des *Perceval* (elf des 13., vier des 14. Jahrhunderts) enthalten zwölf eine oder mehrere der Fortsetzungen, denn die mittelalterlichen Leser wollten eine abgeschlossene Geschichte. Die Überlieferung zeigt, dass die Versromane nach einem anfänglich großen Erfolg unmodern und durch die großen Prosazyklen verdrängt wurden. Mit Bildern versehen sind nur fünf der Manuskripte und lediglich zwei von ihnen zeigen die Graalprozession, doch nicht wie Chrétien sie schildert, sondern bereits in späterer christlicher Überformung, sie sagen damit nichts über seine Graalkonzeption.

Chrétien beginnt, anders als in seinen anderen Artusromanen, in denen (mit Ausnahme von *Cligès*) die Helden gleich als voll ausgebildete Ritter in Erscheinung treten, mit der Jugendgeschichte seines Helden. Dieses Erzählmuster kommt aus der Heldenepik (*Enfance*) und der Legendendichtung (*Vita*), es zielt auf die Darstellung des Werdens dieses Helden, nicht auf sein heldisches Handeln. Damit wird das Interesse auf den Initiationsprozess verlagert: Ein junger Held erhebt Anspruch auf alten Besitz, muss sich beweisen und ihn erarbeiten, um die Funktion des Vaters zu übernehmen. Der Rechtsanspruch des Geblüts wird mit einer Leistung verbunden, es geht um die Bestätigung und Erneuerung eines Herrschergeschlechts. Das Problem des Helden »von außen« besteht in der Erkenntnis seiner Zugehörigkeit zu dieser Familie, also darin, das Wissen »von innen« zu erlangen. Der mythische Archetyp dieses Prozesses ist der antike Ödipus, es handelt sich allerdings um ein weit verbreitetes erzählerisches Muster.

Chrétien begründet die Ausschließung seines Helden von Herrschaft und höfischem Leben zunächst nicht, sondern zeigt den jungen »Sohn der Witwe«, wie er an einem Frühlingsmorgen fünf Rittern begegnet, die er wegen ihres strahlenden Aussehens zunächst für Engel, ja für Gott selbst hält. Dann aber erfährt er, wie man mit Waffen umgeht und dass König Artus Ritterschaft verleiht. Dorthin will er und erklärt dies seiner Mutter. Sie begründet nun ihren Rückzug in den Wald mit dem schlimmen Zustand der Welt nach dem Tod von Utherpendragon, dem Vater des Königs Artus: Die Tüchtigen und Ehrenhaften kamen um, der Vater wurde zum Krüppel und musste in die Einöde fliehen, der Verlust der älteren Söhne führt zu seinem

Tod und daher wollte die Mutter den Jüngsten fern der Verlockungen und Gefahren der Ritterschaft erziehen. Einer der Prologe, der *Bliocadran* (800 Verse), begründet diesen Entschluss noch stärker: der Vater Percevals, Bliocadran, hat hier elf Brüder, die alle im Kampf umkommen, er selbst wird wenige Tage vor der Geburt seines einzigen Sohnes im Turnier getötet. Vielleicht hat Wolfram von Eschenbach den wohl zwischen 1205 und 1212 entstandenen Prolog benutzt; die Konstellation im *Parzival* ist jedenfalls vergleichbar (s. S. 54 ff.).

Der erste Teil des Romans zeigt Percevals Unerfahrenheit und Torenhaftigkeit sowie seinen inneren Drang zum Rittertum, der ihn sogar in Sünde fallen lässt. Die Mutter resigniert angesichts der ritterlichen Wünsche ihres Sohnes, versorgt ihn mit ärmlicher Kleidung, warnt ihn vor seinem erwartbaren Ungeschick im Kampf und gibt ihm gute Ratschläge: wie er sich Damen gegenüber verhalten, dass er die Gesellschaft rechtschaffener und lebenserfahrener Männer suchen und an einer Kirche nicht ohne zu beten vorbeiziehen soll, schließlich lehrt sie ihn die simpelsten religiösen Dinge. Er springt auf sein Pferd; als er zurückblickt, sieht er seine Mutter tot zu Boden fallen, hält aber nicht an: diese Lieblosigkeit ist, wie er später erfahren wird, seine erste große Sünde. Seine Mutter aber hatte ein Unrecht an ihm begangen, ihn um die standesgemäße Erziehung und seinen Platz in der Gesellschaft betrogen. Sobald er spürt, was ihm zusteht, dringt er folglich auf Einlösung seiner Ansprüche, die Mutter selber bekräftigt sie durch die Erzählung von seiner adligen Herkunft, seinem Vater und seinen Brüdern. Die nächsten Ereignisse zeigen das Handicap des Helden: da er *nice* (von lat. *nescius* ›unwissend‹) ist, begeht er Handlungen, die er später wieder gutmachen muss. Er trifft auf eine schöne Frau in einem Zelt, küsst sie (anders als es die Mutter geraten hatte, gegen ihren Willen) und nimmt ihren Ring; der zurückkehrende Freund, überzeugt, dass sie sich ihm hingegeben hat, zwingt sie, ihn auf der Rachefahrt zu begleiten, ohne die Kleider wechseln oder ihr Pferd versorgen zu dürfen. Der junge Held wird von einem Köhler zum Artushof nach Carduel geschickt. Dort trifft er einen rot gekleideten Ritter und will dessen Waffen vom König erhalten, um dadurch Ritter zu werden. Der Rote Ritter schickt ihn mit einer hochfahrenden Botschaft zu Artus: Er hat seine Trinkschale mit Wein geraubt und beansprucht, mit dieser rechtssymbolischen Geste, die Herrschaft. Die Artusritter treiben ihre Scherze, nur der König ist bedrückt und in Gedanken. Als Perceval sich von ihm die Waffen des Roten Ritters erbittet, hat Artus Bedenken, dass der junge Mann dem Kampf nicht gewachsen sein könnte, jedoch lässt er Perceval den Ritter angreifen. Der Artushof ist offensichtlich im Zustand großer Unordnung, unfähig auf die Provokation zu reagieren, er entspricht dem von der Mutter beklagten Zustand der Welt. Der junge Held aber wird trotz seiner mangelnden Erziehung zum Heilsbringer: Dies wird durch das prophetische Lachen eines Fräuleins kundgetan, das seit Jahren nicht mehr gelacht hat und ihm nun eine Zukunft als bester Ritter der Welt vorhersagt. Perceval tötet den Roten Ritter mit einem Wurfspieß und bemächtigt sich der Waffen sowie der Rüstung des Erschlagenen mit Hilfe eines Knappen. Die Kleider aber, die ihm seine Mutter gegeben hat, trägt er unter der Rüstung weiter: so bleibt auch seine Torenhaftigkeit trotz der Rüstung vorerst noch erhalten. Er glaubt, durch den Totschlag am Roten Ritter (mit einem unritterlichen Wurfspieß) nunmehr selbst Ritter zu sein – Chrétiens Zuhörer aber wussten, dass man so nicht Ritter werden kann. Bei seinem ersten Auszug in die Welt hat der junge Mann in den beiden Bereichen ritterlicher Bewährung, in der Liebe und im Kampf, durch seine ungezügelte naive Aggressivität unwissend Unheil gestiftet. Dass das Problem des Artushofs nur durch einen unritterlichen Kampf gelöst werden konnte, wirft ein zweifelhaftes Licht auf ihn. Als Perceval den Knappen mit dem eroberten Becher zum König schickt, beklagt Artus lediglich die Unerfahrenheit des jungen Mannes und bedauert sein weiteres Schicksal; er fällt somit in den Passivzustand zurück, in dem ihn der Erzähler zuvor gezeigt hatte. Ganz offensichtlich ist also der Artushof nicht mehr der Maßstab der Bewährung, der Zuhörer bleibt in Spannung.

Wie ein echter Ritter reitet Perceval auf Abenteuerfahrt und kommt zu einer Burg, deren Herr Gornemant de Goort ihn freundlich aufnimmt. Schnell erkennt dieser die Unerfahrenheit seines Gastes und bietet ihm Belehrung an. Der junge Mann eignet sich den richtigen Gebrauch der Waffen an: wie man eine Lanze hält und einem Pferd die Sporen gibt und schließlich mit dem Schwert kämpft. Perceval lernt schnell und will bald weiter, um seine Mutter zu suchen. Er hat das Bild ihres Hinfallens vor Augen, und das bedrückt ihn; er scheint sich seiner Sünde in unklarer, unreflektierter Weise bewusst. Zum Abschied legt der Burgherr ihm Sporen und Schwert an, wie es Brauch bei der Ritterweihe ist, und Perceval erhält auch die entsprechenden Belehrungen: Er soll den Unterlegenen schonen, Witwen und Waisen helfen und ein christliches Leben in Gottesfurcht führen. Unter den Verhaltensregeln wird eine besonders wichtig: nicht zu viel zu sprechen. Dass der junge Mann seine ritterliche Ausbildung abgeschlossen und seine Torenhaftigkeit hinter sich gelassen hat, zeigt sich daran, dass er widerspruchslos die Kleider, die ihm seine Mutter gegeben hat, liegen lässt und auch in Zukunft nicht mehr von ihr als seiner Lehrerin spricht, sondern nunmehr von Gornemant, der ihn zum Ritter ausgebildet hat: eine Vaterfigur ersetzt die Autorität der Mutter. Der Erzähler nennt ihn daher den »neuen Ritter« (V. 1699). Seine nächste Begegnung wird ihn zum Erfolg in der Liebe führen. Chrétien benutzt hier ein stereotypes Schema; die Befreiung einer bedrängten Frau und die anschließende Heirat mit ihr. Parzival kommt zu einer Stadt am Meer, deren Umgebung vom Krieg verheert ist, die Häuser sind verwüstet, die Bewohner halb verhungert. Die Herrin Blancheflor, eine Nichte des Gornemant, wird belagert von Engyngeron, dem Seneschall des Clamadeu, der sie zur Frau begehrt und sich auf diese Weise die Landesherrschaft aneignen will. Sie aber lehnt ihn ab. Perceval begrüßt bei seiner Ankunft die schöne junge Frau, bleibt dann aber, dem Rat Gornemants folgend, stumm. Chrétien zeigt damit seine Befangenheit in den erlernten Regeln. So spricht die Herrin als erste. Da sie in ihm ihre letzte Rettung erblickt, kommt sie nachts nur mit einem Hemd und einem Seidenmantel bekleidet in sein Schlafgemach, weckt ihn mit Tränen und klagt ihm ihr Leid. Perceval versichert sie seiner Hilfe, lädt sie ein, das Lager mit ihm zu teilen. Sie tauschen Küsse und schlafen, einander in den Armen haltend, Mund an Mund. In Chrétiens Beschreibung ist absichtlich unklar, in welchem Maße Perceval seine sexuelle Unerfahrenheit schon jetzt überwindet. Am nächsten Morgen erbittet er für seine Hilfe ihre Liebe als Lohn. Blancheflor möchte ihn nicht als unerfahrenen Kämpfer in den sicheren Tod schicken, aber, so kommentiert der Erzähler, was sie hier ablehnt, will sie in Wirklichkeit, und ihr Verhalten zeigt die gewünschte Wirkung: Perceval beharrt auf dem Kampf, besiegt zuerst Engyngeron, dann Clamadeu und schickt beide als Gefangene an den Artushof. Dort herrscht große Freude über den Erfolg Percevals. An das Mädchen, das seinetwegen gezüchtigt worden war, lasst er durch Clamadeu eine Botschaft übermitteln; sie ist in ihrem Lachen bestätigt. Perceval führt ein glückliches Leben an der Seite seiner Freundin, tritt aber die Landesherrschaft nicht an, sondern verlässt sie, um weiter nach seiner Mutter zu suchen.

Dieser erste Teil der Erzählung entspricht dem Prototyp des Artusromans, wie er im *Erec* entfaltet ist: Ein Ritter überwindet ein Handicap und gewinnt Frau und Land. Percevals Mangel ist die fehlende ritterliche Erziehung und Ausbildung. Waffen erwirbt er sich durch den Sieg über den Roten Ritter, ihre Handhabung lernt er bei Gornemant, und der große ritterliche Erfolg ist die Befreiung Blancheflors, die klassische Liebe- und Land-Aventiure, die vom Artushof bestätigt wird. Dem Erzählschema des Artusromans entsprechend folgt nun die eigentliche Verfehlung des Helden, sein Sturz von der erreichten Höhe. Perceval reitet einen Tag lang durch den Wald und kommt zu einem reißenden Fluss. Dieser sieht wie ein unüberwindliches Hindernis aus; er markiert traditionell die Schwelle zu einem anderweltlichen Bereich, von nun an gehorchen daher die Ereignisse anderen Gesetzen. Ein Fischer auf einem Boot lädt den jungen Ritter in seine Burg ein. Er folgt dem angegebenen Weg und sieht zuerst nichts, doch auf einmal erscheint ein Turm, dann die ganze Burg. Ausführlich wird die Halle beschrieben mit Säulen und einem Kamin, in dem ein Feuer brennt. Auf einem Bett liegt sein Gastgeber: Es ist der Fischer, auf geheimnisvolle Weise vor ihm dort hingelangt. Er kann sich wegen einer Krankheit nicht erheben, um den Gast zu begrüßen, lässt ihm aber ein schönes Schwert übergeben, das eine Klinge hat, die nie brechen wird – außer in einer Gefahr, die nur der Schmied kennt, der es geschmiedet hat. Der Gastgeber hängt Perceval das Schwert um, es ist die Szene einer Herrschaftsinvestitur, die der Held nicht versteht, die die Zuhörer jedoch als Zeichen der Erwählung erkennen. Wird schon hierdurch eine geheimnisvolle Atmosphäre erzeugt, so erscheint die folgende Prozession erst recht als Mysterium: Ein Knappe betritt den Saal, er trägt eine Lanze, von deren Spitze ein Blutstropfen herabrinnt. Perceval schaut dieses Wunder und erinnert sich an das Gebot Gornemants, der ihn aufgefordert hatte, nicht zu viel zu reden, und schweigt. Dann kommen zwei Knappen mit Leuchtern und hinter ihnen ein Edelfräulein mit »einem Graal«. Chrétien benutzt hier das Wort ›Graal‹ nicht als Eigenname, sondern als Sachbezeichnung für eine weite Schale: diese ist aus Gold und mit vielen Edelsteinen besetzt. Anschließend folgt ein zweites Fräulein mit einer silbernen Platte. Der Graal wird vorübergetragen und in einen anderen Raum gebracht; Perceval sieht ihn vorbeiziehen, wagt jedoch nicht zu fragen, wen man mit dem Graal bediene. Während des Essens wird bei jedem Gang der Graal vorübergetragen. Der ursprüngliche Frageimpuls des Helden wird in Erinnerung an das Gelernte unterdrückt. Der Antrieb für seine Frage wäre allerdings Neugier gewesen, nicht Mitleid mit dem Schicksal des kranken Burgherrn. Der Erzähler macht nunmehr darauf aufmerksam, dass das schlimme Folgen haben wird und hebt damit die Bedeutung der Szene hervor. Perceval verbringt die Nacht in der Burg; am anderen Morgen trifft er niemanden, muss sein Pferd selbst holen und allein die Waffen anlegen. Er reitet über die Zugbrücke, die hinter ihm rasch in die Höhe gezogen wird: offenbar hat er irgend etwas falsch gemacht.

Chrétien schildert hier eine Szene, die er absichtlich im Bereich des Mysteriösen lässt, dabei hat der Graal selber weniger Geheimnisvolles (das Wort ›Graal‹ stammt vom lateinischen *gradale* und bezeichnet eine große Schüssel), eher die blutende Lanze. Die Prozession zeigt Züge kirchlicher Riten, obwohl bei diesen, anders als hier, Frauen keine heiligen Gegenstände tragen durften. Die blutende Lanze könnte die Longinuslanze sein, mit der Jesus am Kreuz durchstochen worden ist, aber der Erzähler vermeidet jeden Hinweis darauf, denn sie gehört bekanntermaßen zu den Reichskleinodien und konnte daher nicht gut auf eine andersweltliche Burg versetzt werden. Das reiche Mahl in Verbindung mit der Erscheinungsform des Graals als Speiseschüssel und sein Erscheinen bei jedem Gang lässt an eine Tischlein-deck-dich-Funktion denken, allerdings wird vermieden, die erlesenen Speisen in direkten Zusammenhang mit dem Graal zu bringen. Es scheint, als ob der Erzähler bewusst ein Konglomerat aus keltischen Sagen, christlichen Assoziationen und allgemein Märchenhaftem geschaffen hat. Durch die Schwertgabe vor der Graalprozession wird der ursprüngliche Charakter der keltischen Sage als Herrschaftsübertragung für die Zuhörer verdeutlicht. Was aber der Held falsch macht, bleibt unerklärt, für den Protagonisten ebenso wie für den Zuhörer. Perceval hat nunmehr zwei ungelöste Probleme: die Rückkehr zu seiner Mutter und das Rätsel des Graals; beide hängen auf geheimnisvolle Weise zusammen, denn es geht beide Male um seine Integration in die Familie und damit um die Übernahme von Herrschaft.

Auf seinem Weiterritt trifft Perceval ein Fräulein unter einem Baum. Sie hält ihren toten Freund, dem der Kopf abgeschlagen wurde, auf den Knien und fragt den jungen Ritter, woher er komme; auf seine Antwort hin erzählt sie ihm vom Fischerkönig, der in einem Kampf durch einen Wurfspeer an beiden Oberschenkeln verwundet wurde. Sie tadelt ihn, weil er nicht gefragt hat, warum die Lanze blutet und wohin die Graalprozession ging, und möchte seinen Namen wissen, der bis jetzt noch nicht gefallen ist. Der junge Mann errät seinen Namen: Perceval, der Waliser. Dies bedeutet, dass er erst durch das Versagen seine Identität gefunden hat und sein Fehl- bzw. Nichthandeln etwas mit seiner in der Familie gegründeten Identität zu tun hat. Die Gralburg ist der ihm bestimmte Ort, im Versagen und (wie Chrétien nicht mehr gestaltet hat) im Erfolg. Percevals Identität wird gleich von außen bestätigt. Das Mädchen redet ihn nunmehr mit »Du« an, denn sie ist seine blutsverwandte Cousine, und sie kennt auch den Grund seines Versagens vor dem Graal: es ist die Folge der Sünde, die er an seiner Mutter begangen hat, denn aus Gram über ihn ist sie gestorben. Sie weiß ferner, dass das Schwert, das der Burgherr ihm gegeben hat, im Kampf zerbrechen wird und nur durch den Schmied Trebuchet wieder zusammengefügt werden kann. Dieses Motiv wird von Chrétien nicht weiter ausgeführt, aber in Ergänzungen und den Fortsetzungen verwertet. Es handelt sich vermutlich um ein ursprüngliches Rachemotiv: Die Tötung eines Verwandten muss (ähnlich wie im *Peredur*) gerächt werden, um die Herrschaftsfolge antreten zu können. Darauf trifft Perceval ein zweites unglückliches Fräulein; es ist die junge Dame aus dem Zelt, die in jämmerlichem Aufzug ihrem rachsüchtigen Freund folgt, Percevals erstem Opfer. In einem Zweikampf besiegt er den Eifersüchtigen, zwingt ihn, die Unschuld seiner Freundin anzuerkennen und schickt ihn als Gefangenen zum Artushof. Am Hof ist nunmehr Gauvain eingetroffen, und man entschließt sich, den jungen Helden zu suchen. Die Anerkennung des Königs gilt allerdings, ohne dass er es weiß, einem Ritter, der seine eigentliche Probe auf der Graalburg nicht bestanden hat. Es folgt eine der einprägsamsten Szenen des Romans, die sog. Blutstropfenszene: Perceval reitet durch einen verschneiten Wald und erblickt auf dem Schnee drei Blutstropfen. Eine Wildgans ist von einem Falken verletzt worden, Rot und Weiß erinnern ihn an seine Freundin Blancheflor, und er verfällt in träumerische Trance. Die Artusritter entdecken den Entrückten und wollen ihn mit Gewalt ins Lager holen. Zweien misslingt es, Sagremor und Kei, nur Gauvain vermag, in taktvollem Gespräch Percevals Liebesverfallenheit zu lösen und ihn an den Hof zu führen, wo er triumphal willkommen geheißen wird. Alle kehren nach Carlion zurück, dort feiert man Percevals Aufnahme in die Tafelrunde.

Die verwendete Symbolik von rot und weiß gehört zur klassischen Frauenschönheit und wurde schon bei der Vorstellung Blancheflors benutzt; auch die Liebestrance ist ein Motiv, das Chrétien bereits in anderen Romanen, vor allem im Lancelot, verwendet hat. Sie zeigt nach dem Versagen auf der Graalburg Percevals Gefühlsstärke: Er ist kein gefühlloses Monster, den die Leiden des Burgherrn kalt gelassen haben. Die Blutsymbolik aber spielt auch auf die blutende Lanze auf der Burg an, die rote Farbe auf den von Perceval getöteten Roten Ritter – Dimensionen, die der Held nicht erkennt. Vor seiner Aufnahme in die Tafelrunde sind die so wenig integrierten Stationen seines bisherigen Lebens symbolisch präsent. Für die erzählerische Struktur ist die Begegnung mit Gauvain bedeutsam; der beste aller Artusritter tröstet den, der der beste Ritter der Welt werden wird. Beide werden von nun an Protagonisten des Romans.

Am dritten Tag des Artusfestes anlässlich der Eingliederung Percevals in die Tafelrunde erscheint eine Botin von phantastischer Hässlichkeit: Sie verflucht Perceval und sein Schweigen vor dem Graal, das nie wieder gutzumachen sei. Er erklärt darauf, er werde nie zweimal unter einem Dache schlafen und niemals Ruhe finden, bis er nicht die Geheimnisse der blutenden Lanze und des Graals erfahren habe. Doch das Hässliche Fräulein stellt der Runde noch weitere ritterliche Aufgaben: die Damen im Chastel Orgueilleux zu befreien und das belagerte Fräulein von Montesclair, das dem Sieger das Schwert mit dem seltsamen Wehrgehenk einbringt. Drei Ritter, unter ihnen Gauvain, wollen diese Abenteuer bestehen. Der bislang unbewegliche Artushof wird durch das Hässliche Fräulein in Bewegung gesetzt, alle Ritter wollen zu Abenteuern aufbrechen, jedoch ist dasjenige Percevals ein besonderes, ein anderes als die üblichen Ritterbewährungen. Sein Ziel ist nicht Kampf oder Befreiung, sondern die Erkenntnis; er will wissen, was der Grund für das Bluten der Lanze ist und was der Graal bedeutet. Anlässlich des äußeren Triumphs seiner bisherigen Laufbahn, der Aufnahme in die Tafelrunde, wird er vor dem ganzen Hof, der ihn eben noch gefeiert hat, mit Schande bedeckt, ist er auf einem Tiefpunkt. Erzählerisch entspricht dies der Krise des Helden in den arthurischen Romanen, die Sinngebung aber ist deutlich anders: Perceval hat aus den allerbesten Motiven in einer geheimnisvollen undurchschaubaren Aventiure versagt, er hat sich nur an den guten Rat seines Lehrers

Gornemant gehalten. Das kann und darf kein Verstoß sein, wenn nicht die geltenden höfischen Anstandsregeln diskreditiert werden sollen. Deshalb liefert Chrétien eine eigentliche, theologisch motivierte Ursache: die Sünde der Lieblosigkeit gegenüber der Mutter, unterlassene Hilfeleistung. Perceval aber ist kein rücksichtsloser Charakter, er hat ja seine Mutter keinesfalls vergessen, sondern sucht sie eigentlich die ganze Zeit. Doch im Sinn mittelalterlicher Schuldvorstellungen ist er verantwortlich für seine Tat. So erscheint hier ein vorgegebenes Motiv, das Frageversäumnis, vom Autor einen Sinn zu erhalten, der zwar der ursprünglichen Bedeutung, nämlich der Reifeprobe für die Herrschaft, entspricht, aber eine neue Dimension erhält. Chrétiens Interpretation des Versagens als Folge der Sünde rationalisiert das Motiv des Frageversäumnisses und verchristlicht es zugleich. Es ist ein der Moraltheologie geläufiger Gedanke, dass eine schwere Sünde das Folgehandeln des Sünders beeinflusst und ihn zum wahrhaft Guten unfähig macht. Der defiziente Zustand des Helden wird als Blindheit gefasst: blind ist Perceval auf der Graalburg für das Handeln, das die Situation erfordert, weil er an seiner Mutter in vergleichbarer Weise gesündigt hat. Ebenso wie er es unterließ, ihr zu helfen, hilft er auch dem kranken König nicht. Die Motive sind freilich beide Male unterschiedlich: Im Fall der Mutter hat ihn der unbewusste Drang zum ihm zustehenden Rittertum in die Sünde geführt, auf der Graalburg hingegen handelt er bewusst formal korrekt, denn er hält sich an die höfischen Verhaltensregeln. Weil er aber einmal gesündigt hat, fehlt ihm die Einsicht, dass am wunderbaren Ort höfische Regeln nicht gelten. Er begeht erneut die gleiche Sünde der Hilfeunterlassung und wird zu Recht für sie verflucht. So interpretiert Chrétien den Grund des Frageversäumnisses, um das übernommene Motiv mit den höfischen Lehren vereinbar zu machen; dabei kommt ihm seine Kenntnis der zeitgenössischen Theologie zu Hilfe. Wolfram von Eschenbach scheint er allerdings mit seiner Neuinterpretation nicht überzeugt zu haben, denn dieser verzichtet auf die theologische Begründung des Frageversäumnisses.

Im allgemeinen Aufbruch der Artusritter erhält Gauvain eine besondere Rolle zugewiesen: Ein Ritter Guingambresil bezichtigt ihn, seinen Herrn unritterlich erschlagen zu haben; dafür soll er sich vor dem Sohn des Ermordeten, dem jungen König von Escavalon, rechtfertigen. Damit beginnt die Doppelhandlung mit zwei Helden unterschiedlichen Zuschnitts, neben Perceval tritt jetzt Gauvain. Gauvain gehört zu den ältesten und beliebtesten Gestalten um König Artus und man rechnet mit einer umfangreichen mündlichen Tradition von seinen Abenteuern. Chrétien hat Gauvain in seinen Romanen einen immer wichtigeren Platz eingeräumt und ihn zum Maßstab für die eigentlichen Helden der Erzählungen gemacht. Er ist der stets vollkommene, der statische Held, der sich nicht entwickelt, und er bildet daher die Kontrastfolie, auf der sich der eigentliche Held abhebt. Während Perceval seine Identität finden muss, hat Gauvain sie längst; doch auch das kann, wie hier gezeigt wird, problematisch für ihn sein, denn er muss sich wegen einer angeblichen Fehlhandlung in der Vergangenheit verantworten. Zunächst kommt er nach Tintaguel, wo er auf die klassische Verbindung von Liebesgewinn durch Waffendienst stösst, die aber gestört erscheint: Die älteste Tochter des Burgherren will dem Ritter Meliant de Liz ihre Liebe nur schenken, wenn er in einem großen Turnier siegt. Die jüngere Schwester, das Mädchen mit den kleinen Ärmeln (*Pucele au manches petites*) gewinnt Gauvain zu ihrem Ritter, und dieser besiegt Meliant, versöhnt ihn dann mit seiner Freundin. Das Verhältnis zwischen Gauvain und dem kleinen Mädchen ist ganz nach dem Muster des höfischen Ritterdienstes gestaltet, eine parodistische Dimension bleibt dabei unverkennbar; Chrétien kritisiert so die höfische Dienst-Lohn-Konzeption in der Liebe. Gauvain, in souveräner Distanz dazu, kann die zwei verfeindeten Geliebten wieder miteinander versöhnen. Bevor er nach Escavalon kommt, spielt sich eine signifikante Episode ab: Gauvain sieht eine weiße Hirschkuh, das traditionelle Leittier in die Anderswelt. Er verfolgt sie, aber es gelingt ihm nicht, sie zu erjagen, denn sein Pferd verliert ein Hufeisen. Gauvain, so zeigt sich, ist nicht der richtige Held für ein andersweltliches Abenteuer, sondern er bleibt in der höfischen Welt. In Escavalon ist er in eben der Burg, deren Herren er ohne Fehdeansage erschlagen haben soll, jedoch erkennt ihn niemand. Die schöne Schwester des Königs empfängt ihn liebenswürdig, und Gauvain versteht sich so gut auf höfischen Umgang, dass beide bald einander näherkommen und zärtliche Worte und Küsse tauschen. Jemand kommt herein, der Gauvain erkennt und die Bevölkerung gegen den vermeintlichen Königsmörder mobilisiert. Mit Hilfe der schönen Prinzessin verteidigt sich Gauvain, bis Guingambresil und dann der junge König die Gemüter beruhigen. Man einigt sich, dass Gauvain in einem Jahr zum Zweikampf antreten und in der Zwischenzeit auf die Suche nach der blutenden Lanze gehen soll. Das jedoch ist Percevals Abenteuer, der es aus freien Stücken übernommen hat, anders als Gauvain, der dazu gezwungen wird, dieses Ziel allerdings (wie die Hirschkuh-Episode zeigte) nicht erreichen kann. Mit dieser Herbeizitierung der blutenden Lanze (deren Kenntnis erstaunlicherweise weit verbreitet scheint) ist das Signal für den Wiederauftritt Percevals gegeben. Fünf Jahre sind vergangen, er hat die Graalburg nicht gefunden, wohl aber sechzig hervorragende Ritter besiegt; allerdings hat er Gott völlig vergessen, keine Kirche mehr betreten. Am Karfreitag begegnet er einer Gruppe von Büßern, zehn Damen und drei Rittern. Sie kommen von einem Einsiedler, bei dem sie gebeichtet haben, und sind voll Erstaunen über Perceval, der an einem solchen Tag in voller Waffenrüstung reitet. Er begibt sich zu dem Eremiten, der gerade mit Priestern und Ministranten die Karfreitagsliturgie beginnen will. Dieser fordert ihn auf, zu beichten und erläutert ihm sein Versagen auf der Graalburg: »Die Sünde schnitt dir die Zunge ab.« – Sünde war sein Verhalten gegenüber der Mutter. Er klärt Perceval über die verwandtschaftlichen Zusammenhänge auf: Der Fischerkönig ist sein Vetter, er selbst sein Mutterbruder und mit dem Graal bedient man den Vater des Fischerkönigs, Percevals zweiten Mutterbruder, der seit fünfzehn Jahren von der Hostie lebt, die ihm vom Graal überbracht wird. Zwei Tage, bis zum Osterfest, an dem er die heilige Kommunion empfängt, teilt Perceval das Leben des Einsiedlers.

Diese Szenenfolge korrespondiert mit der Anfangssituation der Erzählung: Zu Beginn ist der Held Rittern begegnet und dadurch auf seine eigene ritterliche Laufbahn gebracht worden, jetzt, als vollendeter Kämpfer, muss er in der Begegnung mit den Büßern erkennen, dass er den Ratschlägen seiner Mutter und seines Lehrers, gottesfürchtig zu sein und die Kirchen zu besuchen, nicht gefolgt ist. Hier muss er zur Einsicht kommen, dass sein Weg, den Graal zu erringen, nicht der richtige war. Denn nicht an Kampfesfähigkeit, die er bisher erprobt hat, hat es ihm gefehlt, sondern ihm fehlte die Menschen- und Gottesliebe; er war ein Sünder. Er begegnet in der Einsamkeit seinem Verwandten mütterlicherseits und erfährt, dass er auch auf der Graalburg mit der Muttersippe konfrontiert wurde. Aufgrund der Beichte, die Percevals Sündenbewusstsein zeigt, kann ihm der Einsiedler sagen, wen man mit dem Graal bedient: seinen Mutterbruder, und was der Graal enthält: eine Hostie. Die Graalfrage kann nun nicht mehr heißen: »Wen bedient man mit dem Graal?«, denn das weiß er jetzt, sondern sie muss sich auf die blutende Lanze und damit auf die Verwundung des Fischerkönigs beziehen. In der (vom Erzähler nicht mehr ausgeführten) neuen Frage wären Neugier und Mitleid vereint.

Mit einem Zeitsprung wendet sich die Erzählung fünf Jahre zurück und damit wieder Gauvain zu (Percevals Abenteuer werden nicht mehr aufgenommen, da der Roman unvollendet ist). Gauvain trifft auf den verwundeten Ritter Greorias, der ihn warnt, das Land Galvoie zu betreten; als echter Abenteuerritter hält sich Gauvain natürlich nicht daran. Er findet im Hof einer Burg ein »böses Fräulein«, Orgueilleuse de Logres, der er den Wunsch erfüllt, ihr das Pferd aus dem Garten zu holen. Das ist eine Mutprobe, die er besteht; sie aber dankt es ihm mit Schmähworten und droht, ihm überall hin zu folgen. Gauvain versorgt den verwundeten Greorias, der, geheilt, Gauvain seines Pferdes beraubt, denn er ist ein alter Feind; Gauvain muss den Spott des Fräuleins ertragen. Später gewinnt er durch einen Sieg über Greorias sein Pferd zurück; was vor einem Schloss geschieht, aus dessen Fenster schöne Damen blicken. Gauvain erfährt, dass das Wunderschloss durch Zauberei vor allen schlechten Rittern geschützt ist und nur der vollkommenste den Zauber brechen kann; das ist das passende Abenteuer für ihn, er betritt also sofort die Burg. Die Wunderburg gehört zu den besonders ritualisierten Abenteuern, den sog. *costumes.* Sie hat andersweltliche Züge, aber nicht in dem Maße wie die Graalburg, deren Pendant sie ist. Was für Perceval das Bestehen des Graalabenteuers bedeutet, ist für Gauvain die Wunderburg. Er besteht zuerst die Probe des Wunderbetts: Er muss Pfeile und Schleudern erdulden, gegen einen Unhold und einen Löwen kämpfen, dann sind die auf der Burg gefangenen Damen befreit. Doch Gauvain genü gen diese Taten noch nicht. Er verlässt, als seine Kampfeswunden geheilt sind, nach einem Tag das Schloss und besiegt den Begleiter des Bösen Fräuleins. Sie führt ihn zur Gefährlichen Furt, die Gauvain auf seinem Pferd Gringalet überspringt. Dort trifft er auf Guiromelant, den schönen Ritter, der ihm genauere Kunde vom Wunderschloss gibt: Dort leben Ygerne, die Mutter des Königs Artus, und Gauvains eigene Mutter sowie seine Schwester Clarissanz, mit der Guiromelant in Fernliebe verbunden ist, die er also liebt und nie gesehen hat. Allerdings hasst er ihren Bruder Gauvain; dieser gibt sich zu erkennen und beide verabreden einen Zweikampf in einer Woche, bei dem die Ritter und Damen aus den jeweiligen Ländern zuschauen sollen. Gauvain kehrt auf das Zauberschloss zurück, übergibt seiner Schwester einen Ring des Guiromelant als Liebesgabe und schickt eine Botschaft zu Artus. Mit der Ankunft des Boten beim König, der gerade das Verschwinden seines Neffen Gauvain beklagt, bricht der Roman ab. Der Erzähler hat Gauvain aus der Anderswelt wieder in die höfische Welt zurückführen wollen; ob es den geplanten Zweikampf zwischen Guiromelant und ihm geben sollte, lässt sich nicht entscheiden. Wahrscheinlich hätte Gauvain auch die Liebe des Bösen Fräuleins gewonnen, denn sie hatte sich ihm unterworfen, als er aus Guiromelants Reich zurückgekehrt war. Dieser hatte ihren Liebsten erschlagen, und Gauvain ist jetzt im Begriff, ihn zu rächen; aus der Verbitterung über den Tod ihres Geliebten hatte sie sich so abweisend verhalten, nunmehr aber verspricht sie Gauvain, ihm ganz zu Willen zu sein. Anscheinend war die Wunderschloss-Aventiure mit der Gewinnung des Fräuleins als Höhe- und Endpunkt von Gauvains Geschichte gedacht. Wie Percevals Geschichte weitergehen sollte, bleibt spekulativ. Es liegt nahe, dass er zum zweiten Mal zur Graalburg kommt und dort den Fischerkönig durch seine Frage heilt und selbst die Herrschaft antritt, ähnlich wie Wolfram es ausgeführt hat. Dass der Artushof in diesen Triumph des Helden einbezogen werden sollte, ist nicht gut denkbar, da er ein begrenztes Ideal verkörpert und vom Helden zurückgelassen wird.

Im klassischen Artusroman hat der Held nach seinem Sturz einen weiteren Qualifikationsweg zu gehen und sich durch eine Abenteuerfolge wieder in die höfische Gesellschaft durch erneute Aneignung ihrer Welt einzugliedern.

Diese Möglichkeit ist für Perceval nicht gegeben, da sein Versagen sich nicht auf die Ansprüche der höfischen Gesellschaft bezogen hat, sondern eine Verfehlung gegenüber Gott ist. Konsequenterweise nützen Perceval alle sechzig Zweikämpfe nichts; er kann sich damit nicht für den Graal qualifizieren, im Gegenteil, er entfernt sich nur noch weiter von Gott, der ihm allein zum Graal verhelfen könnte. Da das Versagen Sündenfolge ist, muss der Held beichten und bereuen, wie es die Lehre der Kirche vorschreibt. Genau das tut er auch in der Begegnung mit dem Einsiedler, und das ist nicht in einer Abenteuerfolge zu entfalten. Also überträgt der Erzähler den zweiten Handlungszyklus auf den zweiten Helden, auf Gauvain, während Perceval im Hintergrund bleibt. Die strukturellen Parallelen des Doppelromans von Perceval und Gauvain mit dem klassischen Modell zeigen, dass die Verdoppelung des Protagonisten Chrétiens Absicht war. Welchen Sinn des Romans aber vermittelt diese Struktur? Wegen des Torsocharakters des *Perceval* bleibt bei allen Interpretationen Einiges offen. Dennoch lässt sich Folgendes festhalten: Erstes Thema ist die ritterliche Existenz, aber zentral ist weniger, wie in den früheren Romanen, die Position in der höfischen Gesellschaft, sondern die im gesamtgesellschaftlichen Raum, und das heißt für diese Zeit, in der Christenheit. Zweites Thema ist die Subjektivität des höfischen Ritters. Doch sie wird nicht mehr in der Geschlechterliebe erlebt (obwohl auch diese eine wichtige Rolle spielt), sondern in der religiösen Erfahrung. Das Programm eines an der christlichen Caritas ausgerichteten Rittertums ist zu Chrétiens Zeiten keinesfalls neu, es geht zurück auf Bernhards von Clairvaux bereits erwähnte Programmschrift *De laude novae militiae*, in der er der abendländischen Ritterschaft den Kampf gegen die Sünde als eigentliche Aufgabe stellt. Bernhard fasst die überkommenen Vorstellungen des christlichen Ritters und der Ritterschaft im Sinne Christi als *nova militia*, als neues Rittertum. Der ideale christliche Ritter bekämpft nicht allein die Ungläubigen, sondern ebenso das Böse in der eigenen Seele. Nur als Büßer, als einer, der sich selbst in der Beichte von der Sünde befreit hat, kann der Ritter auf Kreuzfahrt gehen und die Heiden bekämpfen: Die *nova militia* setzt eine *nova devotio*, eine neue Frömmigkeitshaltung, voraus. Bernhards Forderungen haben seine Predigten für den zweiten Kreuzzug bestimmt, waren aber auch noch maßgebend für die Aufrufe zum dritten Kreuzzug. So stellt der päpstliche Legat Heinrich Albano im Jahre 1187 seinem Sendschreiben an die Kirchenfürsten den Gedanken der inneren Umkehr voran: Die Niederlage der Christen vor Hattin, die den dritten Kreuzzug auslöste, soll als Beweggrund zur geistlichen Umkehr verstanden werden, erst diese kann den Erfolg bei der Befreiung der heiligen Stätten bewirken. Daher dürfen nur die Ritter zum Hoftag Jesu Christi im Jahre 1188 kommen, die sich innerlich bekehrt haben. Sicherlich nicht zufällig sind wir damit in der Abfassungszeit des *Perceval*, dieser Bezug stimmt damit überein, dass der Mäzen, Philipp von Flandern, im Jahre 1188 selbst das Kreuz genommen hat. So mag der Auftrag zur Abfassung des Romans ein Zeichen der neuen Frömmigkeitshaltung seines Mäzens sein, der dem Autor den Sinn der Erzählung (vielleicht sogar mit Bernhards Schrift) vorgegeben haben könnte, ähnlich wie es Gräfin Marie von Champagne für seinen *Karrenritter* getan haben soll.

Geistliche Umkehr im Sinne Bernhards, die Perceval in der Einsiedlerszene leistet, ist die Voraussetzung für seine Berufung zum Graal. Damit bleibt allerdings, wie beim Kreuzritter, auch immer der ritterliche Kampf verbunden. Perceval sollte gewiss nicht wie sein Onkel Einsiedler werden, sondern als geistlich gewandelter Kämpfer in der Welt wirken. Perceval ist ein dynamischer Held, er geht seinen Weg, lässt sich dabei weder von der Mutter noch von König Artus, weder von Gornemant noch von seiner Freundin Blancheflor hindern, und auch der Eremit verzichtet darauf, ihn bei sich zu halten. Die Dynamik Percevals kontrastiert mit der Statik Gauvains: Dieser bleibt immer derselbe, taktvoll und höfisch klug, ritterlich gewandt, tüchtig und tapfer, den Frauen geneigt und für eine Liebesaffäre offen. Er ist der Vertreter des traditionellen höfischen Ideals, das jedoch letztlich um sich selbst kreist; weshalb Chrétien Gauvains Minneabenteuer nicht ohne liebevolle Ironie dargestellt hat. Das höfische Rittertum ist ein Wert, dieser bleibt jedoch begrenzt. Die Geschlechterliebe, die ursprünglich im Rahmen der höfischen Kultur die Erfahrung der Subjektivität konstituieren sollte, ist bei ihm zur wiederholbaren Haltung geworden. Deshalb kennt Gauvain keine Blutstropfenszene, in der er existentiell von der Liebe ergriffen wird; er zeigt nur die klassischen Bewältigungsmechanismen der höfischen Gesellschaft für das Phänomen, diese allerdings in Perfektion. Von der Unbewältigbarkeit der Liebe, wie sie im Tristanroman (und in Chrétiens eigenem *Karrenritter*) thematisiert wird, ist bei Gauvain nichts zu spüren. Chrétien hat Perceval kontrastierend dadurch ausgezeichnet, dass er ihm nur *eine* Liebesbeziehung, die zu Blancheflor, zugestanden hat. Sie bleibt der Graalsuche untergeordnet und damit für die Selbstfindung des Helden letztlich unerheblich; allerdings wissen wir nicht, ob Chrétien den Roman nicht vielleicht mit der Integration der Liebe in den Graalbereich und der Hochzeit Percevals und Blancheflors schließen wollte. Subjektivität wird nunmehr, statt in der Liebe, in der Begegnung mit Gott erlebt: Perceval erfährt sich selbst in der Begegnung mit der Transzendenz. Indem er sich als Sünder erkennt, anerkennt er die Forderung Gottes. Seine Sünde ist seine eigene, individuelle, die Schuld am Tod der Mutter. Von dieser Schuld ist der ganze Lebensweg geprägt: Die Suche nach der Mutter führt ihn zum Graal, die Sünde an der Mutter führt zum Frageversäumnis, dieses zum Prozess der Selbsterkenntnis und damit zur Rückgewinnung der mütterlichen Welt, der verlorenen Einheit mit seiner Herkunft und mit sich selbst. Die eigene, höchstpersönliche Schuld ist die Möglichkeit, in ihrer Erkenntnis die Transzendenz zu erfahren; aus dieser Schuld heraus wählt Perceval die Lebensform der Suche und damit den immer eigenen Weg. Diese Interpretation der Graalgeschichte ist Chrétiens eigene, die er an vorgegebenem mythischem Material thematisiert. Chrétien hat den Mythos zwar rationalisiert, aber seines magischen Charakters nicht völlig entkleidet und damit der religiösen Erfahrung eine Dimension jenseits der Rationalität verliehen.

Die Erfahrung der Subjektivität in der Haltung zu Gott und den in ihm verkörperten Werten findet ihre Parallele in der Theologie des 12. Jahrhunderts, in der neuen mystischen Bewegung, als deren Hauptvertreter Hugo von St. Victor seit 1120 in Paris wirkte. Sein Ziel ist die individuelle Gotteserfahrung auf dreigestuftem Weg, der mit der Aufgabe der Verhaftetheit an die Welt beginnt. Zuerst kommt das Bedenken der sichtbaren Welt (*cogitatio*), dann die *meditatio*, die sich von ihr abwendet, als drittes schließlich die *contemplatio*, die Betrachtung des Göttlichen. Nicht über die Lektüre der Bibel, nicht rational, will Hugo Gott begegnen, sondern über die sichtbaren Dinge, die zwar selbst schön, aber nur Bilder der unsichtbaren Schönheit sind, die erst in der Abwendung von der sinnlichen Erfahrung erkannt werden kann. Das ist ein individueller Weg zur Gotteserkenntnis, an den Riten der Kirche vorbei; in der Dimension der Subjektivität, wenngleich nicht im Ansatz, ist Percevals Weg dieser Lehre vergleichbar. Zwar legen sowohl die Mutter, wie auch Percevals Lehrer und schließlich der Einsiedleroheim großen Wert auf den Besuch der Kirche und den Respekt vor den Priestern, aber die Bekehrung des Helden vollzieht sich nicht im kirchlichen Raum. Die (von den Autoritäten in Ausnahmefällen gebilligte) Laienbeichte ist sicher bewusst als Weg neben der Amtskirche eingesetzt.

So verneint Chrétiens Werk nicht die höfischen Werte wie Liebe und Kampf, nimmt sie aber aus ihrer Spitzenposition; sie sind zu verfügbaren Haltungen degradiert, garantieren nicht mehr durch eine persönliche Aneignung die individuelle Erfahrung, die sie einmal geben sollten. Eine Relativierung der höfischen Kultur vor der Herausforderung des Kreuzzugs mag der realhistorische Hintergrund sein, und wir kennen eine vergleichbare Abwertung der höfischen Liebe in der volkssprachlichen Kreuzzugslyrik, in der die Gottesliebe als der Geschlechterliebe nicht objektiv, sondern gerade subjektiv überlegen dargestellt wird. Jedoch ist neben der Legitimation der ritterlichen Existenz durch christliche Werte und der religiösen Erfahrung als Grundlage von Subjektivität die Bindung an ein spezielles Problem der adligen Literaturträgerschicht unübersehbar: Es geht um Herrschaft und ihre Rechtfertigung. Herrschaftsfähigkeit bleibt über das Geblüt begründet, denn der alte König ist Percevals Oheim, der Reiche Fischer sein Vetter. Da dieser aufgrund seiner Verwundung die Herrschaft nicht ausüben kann, muss ein neuer König gesucht werden, und ursprünglich war das Gralritual ja ein Modell der Nachfolgebestimmung. Vermutlich war dieser Mechanismus auch in Chrétiens Roman vorgesehen: Perceval sollte Graalkönig werden. Dieser Mechanismus funktioniert nur bei dem genealogisch legitimen Erben; da der Reiche Fischer keine Kinder hat, ebenso wenig wie der Einsiedler, ist Perceval der einzige legitime Nachkomme des Graalgeschlechtes, nachdem auch seine beiden ältesten Brüder tot sind. Wozu bedarf es dann aber noch der Frage, wenn die Legitimität ohnehin gegeben ist? Nicht jeder kann kommen und durch die Frage Graalkönig werden, das kann nur Perceval. Aber allein die genealogische Legitimierung scheint nicht mehr zu genügen, eine Eignung besonderer Art muss hinzukommen: die Vertretung der christlichen Tugenden und die Erfahrung der eigenen Subjektivität. Der Herrscher soll nicht nur ein vorbildlicher, sondern auch ein ganzer, ein selbsterfahrener Mensch sein. Die Zugehörigkeit zum Herrschergeschlecht bleibt zwar die Voraussetzung, aber erst die persönliche Eignung begründet die Nachfolge. Wie im Prolog programmatisch gezeigt, versucht der Geburtsadel, die neuen Werte für sich in Anspruch zu nehmen, die die geistige Bewegung des 12. Jahrhunderts hervorgebracht hat. Chrétiens Werk ist jedoch nicht von dieser Programmatik im Einzelnen bestimmt. Es geht nicht um eine Ideologie, sondern nur um eine Perspektive, bestenfalls um eine neue Dimension. Die Uneindeutigkeit, die nicht nur durch den mythischen Mehrwert des Graals gegeben ist, sondern auch die Handlung mit ihren vielen artifiziellen und ironischen Brechungen bestimmt, bedeutet eine Offenheit für die Subjektivität der Zuhörer in der Faszination des Wunderbaren, für das eher literarische Vergnügen am Umgang mit vorgegebenen Motiven und ihrer Brechung, für einen Nachvollzug der Bezüge zu den vorhergehenden Romanen. Alles das widerspricht einer verfestigten und versteinerten Sinngebung. Diese Offenheit eignet dem *Perceval* im besonderen Maße, nicht nur, weil er ein Torso ist, sondern auch von der Meisterschaft des Erzählers her, der in seinem fünften Artusroman die Gattung sich selbst kommentieren und aufheben lässt. Seine Erzählung vom Graal hat schon Zeitgenossen in besonderem Maße bewegt, über verschiedene Vermittlungswege ist sie bis heute präsent geblieben.

3. Kapitel

Den Gral erklären – und relativieren: Wolfram von Eschenbach

Mit Wolframs *Parzival* hat Chrétien die für lange Zeit bedeutsamste Gestaltung des Gralmythos angeregt, wie der magische Gegenstand ist nun auch der tumbe Held redensartlich geworden. Wolfram aber weist die Vorbildlichkeit Chrétiens ab, er sagt, dieser habe der Erzählung Unrecht getan. Ein Anderer, der Provenzale Kyôt, habe sie richtig erzählt. Ob es diesen Kyôt gegeben, was er geschrieben hat, ist eine heftig umstrittene Frage. Zweifellos aber hat »Meister Christians« *Perceval* dem Werk Wolframs über weite Strecken als Vorlage gedient. Er hat vermutlich zwei verschiedene Handschriften (eine mit der ersten Fortsetzung) benutzt und den Schluss selbst geschaffen. Wie Wolfram an den *Perceval* gekommen ist, darüber sagt er nichts. Landgraf Hermann I. von Thüringen, den er in seinem späteren Werk, dem *Willehalm*, als seinen Mäzen nennt, kann auch hier als einer der möglichen Auftraggeber gelten. Andere fand er vermutlich in Franken, der Graf von Wertheim könnte dazu gehört haben, und auf die Wildenburg der Herren von Durne (Waldürn) spielt er bei Parzivals erstem Gralbesuch an. Dort gibt es heute noch eine Inschrift *we mvter*, die auf die Leitfrage Parzivals (*waz ist got?*) anspielt (s. S. 61) und ein Zeugnis der Erinnerung an Wolframs Aufenthalt aus dem 13. Jahrhundert sein könnte.

Nach französischen Vorlagen zu arbeiten, war für die deutschen Erzähler bis zum Anfang des 13. Jahrhunderts eine Selbstverständlichkeit. Die Übernahme französischer Romanliteratur hatte Mitte des 12. Jahrhunderts mit dem Alexanderroman begonnen, etwa zwei Jahrzehnte später war Heinrich von Veldeke mit dem Eneasroman gefolgt, dann das deutsche Rolandslied nach der altfranzösischen *Chanson de Roland* und Eilhart von Oberge mit einer Nachdichtung des französischen Tristanromans. Hartmann von Aue hat in den frühen achtziger Jahren des 12. Jahrhunderts in seinem *Erec* erstmals Chrétien zum Vorbild genommen, aber nur dessen *Yvain* wurde noch von Hartmann übertragen. Die beiden anderen Romane vor dem *Perceval*, der *Karrenritter* und der *Cligès*, blieben zunächst unübersetzt, der *Karrenritter* wurde wohl nie nacherzählt. Den Höhepunkt dieser Übernahme französischer Vorlagen bildet Gottfrieds von Strassburg *Tristan* im 2. Jahrzehnt des 13. Jahrhunderts; kurz davor haben wir Wolframs *Parzival* einzuordnen. Wolfram reflektiert die Traditionen, in denen er steht, und er spielt sowohl auf Veldekes Eneasroman, wie auf Hartmanns von Aue *Erec* und *Iwein* an und löst die besonderen Schwierigkeiten, die sich bei der Aneignung des unvollendeten *Percevals* ergeben, mit Hilfe dieser Traditionen. Er greift nicht auf die Fortsetzungen zurück (von denen er vielleicht nur die erste kannte, die für ihn nutzlos war, da sie von Gauvain handelt), sondern baut den Roman weiter, indem er die von Chrétien vorgegebenen Linien mit Hilfe seiner Kenntnis der arthurischen Doppelwegstruktur verlängert; Muster dafür ist ihm das Modell von Chrétiens *Yvain*, bzw. Hartmanns *Iwein*. Mit 24810 Versen ist der *Parzival* der bisher längste Roman und in den heutigen Ausgaben nach dem Vorbild einiger alter Handschriften in sechzehn Bücher eingeteilt. Von Buch III bis zur Hälfte von Buch XIII geht der deutsche Roman parallel zu Chrétiens *Conte du Graal*, vorangestellt ist die Geschichte von Parzivals Eltern; für die Bücher XIV bis XVI konnte Chrétien kein Vorbild mehr sein. Trotz der Behauptung, Kyôt sei sein eigentlicher Gewährsmann, bewahrt Wolfram nahezu alle Elemente von Chrétiens Roman und ändert nur durch Hinzufügungen und Uminterpretationen, seltener durch Streichungen. Als erstes fällt auf, dass Wolfram allen Personen einen Namen gibt, die bei Chrétien nur mit Appellativen benannt werden: »der Reiche Fischer«, »das Hässliche Fräulein«, »das Fräulein mit den kleinen Ärmeln«. Sie heißen Anfortas, Cundrîe, Obilot usw. Wolfram hat alle Personen genealogisch vernetzt und stellt sie in sorgfältig ausgearbeitete verwandtschaftliche Zusammenhänge. Zwei große Sippen bilden sich heraus: die Gralfamilie oder Titurelsippe und die Artusfamilie, so dass man einen recht komplizierten Stammbaum zeichnen kann. Auch in anderen Details arbeitet Wolfram sehr systematisch, z. B. in geographischen, astronomisch-astrologischen und chronologischen Bezügen. Mit großer Freude an Einzelheiten demonstriert er immer wieder eine erstaunliche Fülle von theologischem und naturwissenschaftlichem Wissen und reichert den Roman damit an. Oft führt er den Leser in die Irre oder mystifiziert seine Angaben. Er spielt mit der Erzählersituation zwischen Vorlage, Erzählfabel und Zuhörer, inszeniert den Erzähler in verschiedenen Rollen und schafft so ein im Anspruch und der Fülle der Themen und der Differenziertheit ihrer Vermittlung sehr komplexes Werk, dem im Mittelalter nur Dantes *Divina Commedia* zu vergleichen ist.

Den wichtigsten strukturellen Unterschied zu Chrétien und den beiden klassischen Artusromanen Hartmanns bildet die Hinzufügung der Geschichte von Parzivals Vater Gahmuret. Ob sie ursprünglich geplant war oder einer Frühfassung (Buch III–VI) nachträglich hinzugefügt wurde, ist umstritten; ja, man hat sogar gemeint, Wolfram habe einen Gahmuret-Roman begonnen und dann das Gralmaterial eingefügt. In der vorliegenden Form sind die Gahmuret-Bücher jedoch integrativer Bestandteil der ideellen Konzeption des Werkes und bilden mit ihrer Orientthematik einen Rahmen, der in Buch XVI geschlossen wird.

Der *Parzival* ist der erste deutsche höfische Roman mit einer sehr ausführlichen Elterngeschichte; darin wird ihm

Gottfried von Strassburg folgen, indem er sein Vorbild, den Tristanroman des Anglonormannen Thomas von Britannien, noch erweitert. Wolfram kannte dieses Werk vermutlich nicht, wohl aber Eilharts von Oberge *Tristrant*, in dem die Geschichte der Eltern des Helden der eigentlichen Erzählung in knapper Form vorangestellt ist; von dort und von den Kindheitsgeschichten (*enfances*) der französischen Heldenlieder (*chansons de geste*), die zu der Geschichte der Vorfahren erweitert werden, könnte Wolfram die Anregung zugekommen sein. Er hat jedoch diesen Romanteil thematisch und strukturell ausgebaut, in dem er auf der Basis eines bekannten Modells und zugänglicher Erzählmotive der Elterngeschichte eine vorausdeutende Dimension gegeben hat.

Parzivals Vater Gahmuret gehört zur Familie der Anschouwe, der Anjou, sie hat gemeinsame Vorfahren mit der Artussippe und stammt letztlich aus einer Beziehung des Ahnen Mazadan mit der Fee Terdelaschoye; deren Feenblut ist noch in Gahmuret und seinen beiden Söhnen wirksam. Er ist der jüngere Sohn des Königs Gandin und erhält nach dessen Tod kein Erbe, denn nach französischem Brauch gilt das Recht der Primogenitur. Gahmuret lehnt das Angebot seines älteren Bruders ab, ihm ein Territorium zu geben, und wählt nicht Bequemlichkeit, sondern die Ritterschaft; es geht ihm um die Verwirklichung seines Verlangens nach Kampf und Liebe und das dadurch erworbene Ansehen. Die klassische Verbindung von Ritterkampf und Liebesgewinn wird immer wieder beschworen; sie wird letztlich Grund für Gahmurets Tod werden, sein Sohn aber kann sie überwinden. Gahmuret will nur dem Mächtigsten dienen, und das ist niemand anders als der Baruc, der Kaiser von Bagdad. Er tritt in dessen Dienste, nicht ohne vorher sein Wappen geändert zu haben; anstelle des angevinischen Panthers (bei dem die Zeitgenossen an die lebenden Anjous denken mussten) führt er den Anker zum Zeichen seines ruhelosen Umherfahrens, das ihn durch Marokko und Persien nach Damaskus und an den Hof des Baruc bringt, also den ganzen Orient zeigt, der im Abendland seit dem ersten Kreuzzug präsent war. Sein Ruhm als tüchtigster Ritter verbreitet sich, er kommt in das Königreich Zazamanc; dort herrscht die Königin Belakane, die von übermächtigen Feinden bedrängt wird: den Verwandten des Königssohns Isenhart, der in unerfüllter Liebe zu ihr den Tod gefunden hatte. Gahmuret reitet mit Pomp in die Stadt ein und erregt mit seinem glänzenden Aufzug viel Aufsehen; festlich gekleidet tritt er vor Belakane und gewinnt sogleich ihr Herz. Obwohl sie nicht abendländischen Schönheitsidealen entspricht (sie ist schwarz), gefällt sie auch ihm, besonders als sie ihr edles Herz offenbart, wenn sie bei der Erzählung vom Tod ihres Geliebten in Tränen ausbricht. Gahmuret findet sie sehr anziehend, das Andersartige erscheint als besonderer Reiz; immerhin heißt es schon im Hohenlied, die Braut sei schwarz, aber schön. Belakane steht am Beginn einer literarischen Reihe erotisch attraktiver schwarzer Frauen. Gahmuret verliebt sich in sie und besiegt in einer Serie von Zweikämpfen die Belagerer, so gewinnt er die Liebe der Königin und die Landesherrschaft für sich. Die Erzählung folgt dem literarischen Schema des Gewinns von Liebe und Land durch Hilfe für eine bedrängte Herrscherin; ein Modell, dem auch Parzival folgen wird, was seine Bindung an das väterliche Erbe verdeutlicht. Auch in der Unrast folgt der Sohn dem Vater, wenngleich aus anderen Gründen. Nach nur drei Monaten verlässt Gahmuret aus ritterlichem Tatendrang heimlich seine Herrschaft, seine Frau und das noch ungeborene Kind. Als Grund für die Abreise verweist er auf die Glaubensverschiedenheit. Dieser Grund ist jedoch vorgeschoben, denn als Belakane den Brief erhält, versichert sie, sie hätte sich taufen lassen. Sie bringt ihr Kind zur Welt, das schwarz und weiß wie eine Elster gefärbt ist und den Namen Feirefîz erhält. Der Halbbruder Parzivals wird in dessen Lebensgeschichte noch eine wichtige Rolle spielen. Nach langer Irrfahrt auf See kommt Gahmuret nach Spanien. Sein wenig rühmliches Verhalten wird vom Autor in keiner Weise kommentiert, weder positiv noch negativ, denn der unbezähmbare Drang nach Waffentaten ist im Rahmen eines immanenten Ritterbildes Motivation genug. Implizit jedoch kritisiert Wolfram den Vater seines Helden, denn Parzival wird dessen ziellosen Kampfeswillen zwar übernehmen, ihn aber korrigieren müssen. Die Vatergeschichte soll inhaltliche Vorgaben schaffen, wichtige Themen einführen; dazu gehört, neben der problematischen Verbindung von Ritterkampf und Liebe, die Verwandtschaft als Versöhnungsmodell, was daran deutlich wird, dass Gahmuret bei den Zweikämpfen seinen Vetter ausdrücklich auslässt. Schließlich öffnet der Erzähler den orientalischen Raum, der nicht unter der Perspektive des Heidenkriegs erscheint, sondern als Ort ritterlicher Bewährung von Parzivals Vater; auf seine kämpferische Gesinnung und Vollkommenheit beziehen sich noch beide Söhne am Schluss des Romans.

In Spanien erfährt Gahmuret, dass sein Vetter an einem Turnier in Wâleis teilnimmt und reitet dorthin; die Königin Herzeloyde hat ein Turnier ausgeschrieben, dessen Preis sie selbst ist, d. h. ihre Hand und damit ihre Herrschaft. Als Frau ist sie auf den Schutz und die Rechtsvertretung durch einen Mann angewiesen, und dafür ist der Tapferste am besten geeignet; es liegt also nahe, ihn durch einen kriegerischen Wettbewerb beim Turnier zu ermitteln. Die Spitzen der Ritterschaft haben sich vor Kanvoleiz versammelt, unter ihnen sind auch Utherpendragon, Artus' Vater, und König Lot, der Vater Gâwâns: wir befinden uns in der Elterngeneration der späteren Protagonisten. Im Vorturnier, das sich zu einem harten Kampf entwickelt, zeichnet sich Gahmuret aus; doch in einer Kampfespause kommen Boten von Anpflîse, der Minnedame seiner Jugend. Ihr Mann ist gestorben, der junge Knappe, der ihr einst seinen Dienst angeboten hat, ist selbst ein berühmter Ritter geworden, ihm bietet sie jetzt Hand und Land. Sie tritt als Mitbewerberin neben die Königin von Wâleis und führt für sich ins Feld, dass sie die Liebeserfahrenere ist. So tritt Gahmuret als ihr Ritter, und nicht als der Belakanes, im Turnier an; er kämpft unter anderem gegen König Lähelin, der später eine unheilvolle Rolle als Usurpator von Parzivals Ländern spielen wird. Als Boten den Tod seines Bruders und seiner Mutter melden, bricht Gahmuret den Kampf ab, aber er gilt bereits als der vortrefflichste Kämpfer, so dass er den höchsten Preis und damit Frau und Land gewonnen hat. Er bleibt jedoch unentschlossen, denn die Boten Anpflîses verlangen ihr Recht, außerdem wird er von Sehnsucht nach Belakane gequält, so dass erst ein von Herzeloyde veranlasstes Gericht entscheiden wird, dass ihre Ansprüche zu Recht bestehen. Nach Ritterehre fühlt sich Gahmuret diesem Spruch verpflichtet, und obwohl er noch um Belakane sowie Bruder und Mutter trauert, regt sich das Feenblut und treibt ihn zur Liebe. Dieses Mal versucht er jedoch, das Problem seines Dranges nach Rittertaten rational zu regeln, und schließt einen Vertrag mit Herzeloyde, dass er nach der Eheschließung weiterhin auf Turniere reiten darf. Das tut er auch; auf seinen Turnierfahrten trägt er als Zeichen seiner Liebe ein Seidenhemd von Herzeloyde. Achtzehn Hemden werden zerfetzt, das neunzehnte zieht Gahmuret auf einer erneuten Orientfahrt über seine Rüstung. Doch im Dienst des Baruc findet er durch eine Kriegslist den Tod und wird prächtig bestattet, die Heiden verehren ihn als einen Gott; so endet sein Leben in einer veritablen Apotheose. Herzeloyde hat schon, bevor sie die Todesnachricht erhält, einen schrecklichen Traum; sie reagiert mit äußerster Trauer und überlebt nur wegen ihres Kindes, das sie schon vierzehn Tage später zur Welt bringt.

Die Gahmuret-Geschichte ist in zwei Komplexe gegliedert, die sich sehr ähnlich sind. Beide Male geht es um den

Gewinn von Frau und Herrschaft durch Kampf, beide Male verlässt Gahmuret seine Frau vor der Geburt eines Sohnes, beim zweiten Mal kommt er ums Leben. Das Ideal des Ehr- und Liebeserfolges durch Kampf erweist sich als tödlich, und Herzeloyde zieht die radikale Konsequenz daraus: Sie gibt ihre Herrschaft auf und lässt ihren Sohn nicht ritterlich erziehen. Die Untergangsstruktur wird auf der kommentierenden Ebene nicht kritisiert, Gahmuret bleibt der ideale Ritter, denn das Streben nach Kampf und Bewährung erscheint als Naturgesetz. Der Untergang Gahmurets wird nicht mit einer individuellen Schuld des Helden begründet, denn der Erzähler erwähnt ihn später ausschließlich lobend; die beiden Antriebskräfte Liebe und Rittertum sind grundsätzlich nicht vereinbar und die beiden Söhne Gahmurets werden diese ungelöste Problematik in die Haupthandlung einbringen. Es ist eine Männerwelt, in der die Frauen den Siegern zufallen, die es aber gerade so und nicht anders wollen. Damit erscheint das Ritterideal als in sich widersprüchlich und revisionsbedürftig. Schon die Vorgeschichte macht deutlich, dass eine glückhafte Lösung nicht mehr durch Kampf erreicht werden kann, letztlich wird so die spätere Spaltung der Hauptfiguren in zwei Helden, Parzival und Gâwân, begründet. Abgesehen von diesen Motiven wird die Gahmuret-Handlung durch die Figur des ältesten Sohns Feirefîz mit dem Schluss der Erzählung verklammert sowie das Geflecht an verwandtschaftlichen Bezügen, das durch drei Generationen entfaltet wird, begründet. Die Gahmuret-Bücher erweisen sich somit als überdimensionaler Prolog: Sie verknüpfen das Werk mit der herkömmlichen Thematik des ritterlichen Romans und setzten außer den motivlichen Vorausdeutungen auch den ideologischen Ausgangspunkt der Fatalität von Kampf und Liebe. Nichts deutet jedoch auf die eigentliche Problematik Parzivals, die Bewährung im geistig-geistlichen Bereich und die daran gebundene Qualifikation für die Herrschaftsnachfolge, hin.

In Gahmurets Orient weiß man nichts vom Gral und eine wie auch immer geartete religiöse Dimension bleibt den ersten beiden Büchern mindestens ebenso fern wie den klassischen Artusromanen.

Wolfram verband für die Elterngeschichte verschiedene traditionelle Motive, nahm sie, vor allem für seine Orientthematik, aus den französischen *Chansons de geste*. Ob er schon bestimmte Kombinationen in einer bestimmten Vorlage fand, wissen wir nicht; wenn es sie gab, dürfte sie aber kaum mit dem mehrfach genannten Werk Kyôts identisch sein. Man hat politische Aktualität entdecken wollen und hinter Gahmuret die Gestalt König Richards I. Löwenherz von England erblickt. Auffällig ist, dass Gahmuret ein Anschevin ist, d. h. aus Anjou kommt, und den Panther, das Wappentier dieses Geschlechts, im Schild trägt. Wie Richard ist Gahmuret der zweite Sohn des alten Königs und kommt erst durch den Tod des Bruders zur Herrschaftsnachfolge. Der genannte König Lähelîn lässt sich ebenfalls auf eine historische Figur beziehen, Llewelyn ap Iorwerth (1194–1240), König von Wales, den Gegner des Hauses Anjou, der das walisische Drachenwappen führt. Auch für diese zeitgeschichtliche Perspektivierung dürften die *Chansons de geste* anregend gewesen sein.

Von gleichem Einfluss wie die väterliche Abkunft ist bei Parzival die mütterliche, es wirken in ihm nicht nur ihre Lehren, sondern vor allem die von ihr geerbten Eigenschaften. Für Herzeloyde ist eine lebensgeschichtliche Radikalität charakteristisch, das Heraustreten aus den Konventionen sowohl im Guten wie im Negativen. Wolfram bewertet zwar ihren Rückzug in die Einsamkeit uneingeschränkt positiv, spricht aber andererseits davon, dass sie ihren Sohn um die königliche Erziehung betrogen habe (117,30). Wenn sie ihr Neugeborenes stillt, wird sie hingegen mit der Gottesmutter Maria verglichen, da die adligen Frauen dies den Ammen überließen. Der Drachentraum Herzeloydes (der noch am Ende des Mittelalters als

Traum Marias von Burgund, der Gemahlin Kaiser Maximilians, zitiert wird) deutet auf die Geburt eines Herrschers voraus und zeigt an, dass Parzival tatsächlich die Herrschaft seiner mütterlichen Vorfahren als Gralkönig übernehmen wird. Seine Abkunft gibt Parzival also nicht nur seinen Platz im Verwandtengefüge, sondern bestimmt ihn auch im Hinblick auf seine Eigenschaften: Vom Vater hat er den Drang zu Kampf und Liebe, von der Mutter die lebensgeschichtliche und religiöse Unbedingtheit. Parzival wird später nicht in die väterliche, sondern in die mütterliche Sippe eintreten, die Herrschaft von seinem Mutterbruder übernehmen. Wolfram hat die genealogischen Bezüge gegenüber Chrétien leicht verändert: Dort ist der Fischerkönig der Vetter des Helden, hier aber der Oheim, so dass eine natürliche Folge von zwei Generationen hergestellt wird, der neue Gralkönig den alten nicht ersetzt (und damit entwertet), sondern ihm nachfolgt.

Mit dem Aufwachsen Parzivals in der Einöde schließt sich Wolfram an Chrétiens *Perceval* an. Wo dieser jedoch gleich mit der Handlung beginnt, kommentiert Wolfram Herzeloydes Leben in evangelischer Armut: Sie bildet die Antinomie des höfisch-ritterlichen Lebens ab, der Widerspruch ist also kein individueller, sondern ein gesellschaftlicher. Die ritterliche Welt ist auf Gewalt und Krieg gegründet, sie leistet jedoch gleichzeitig die Rechts- und Friedenssicherung. Herzeloyde erfährt erst die Freude, dann das Leid dieser Ordnung; die Freude in der Ehe mit dem besten und tapfersten Ritter, das Leid durch seinen Tod, für den gerade sein kämpferischer Bewährungszwang verantwortlich ist. Erst Parzival wird die Fatalität des Rittertums überwinden; ob das grundsätzlich der Fall ist oder nur für ihn gilt, wird zu diskutieren sein. Wolfram preist das zurückgezogene Leben Herzeloydes, weil es der Rechtfertigung vor der höfischen Gesellschaft bedarf: Sie erfüllt ihren Teil der Lehensverträge mit ihren Untertanen nicht, gibt ihnen nicht Schutz und Schirm, und so kann der im Werbeturnier von Gahmuret besiegte Lähelîn sich ihrer schutzlosen Länder bemächtigen. Zu legitimieren ist Herzeloydes Heraustreten aus der Gesellschaft und der politischen Verantwortung nur durch die spirituelle Höherwertigkeit der neuen Lebensform. Der Betrug der Mutter am Recht ihres Sohnes hat einen tieferen Sinn, denn durch die Widerstände, durch die Verstrickungen, in die ihn seine fehlende Adelserziehung führt, kann er lernen, was die anderen nicht lernen: die Begrenztheit des ritterlichen Ideals, und nur damit kann er zu seiner wirklichen Bestimmung, der Gralherrschaft, gelangen. Der Weg über *Soltâne*, die Einsamkeit, ist ein notwendiger Umweg, der ihn allein zu seinem Ziel führt.

Anders als die Helden der Artusromane tritt Parzival also nicht als vollkommen ausgebildeter Ritter in die Erzählung ein, er weiß weder ritterliche Waffen zu handhaben, noch erfährt er etwas über seine Herkunft. Wolfram legt von Beginn an Wert darauf, ihn als von Natur aus guten und mitleidigen Menschen zu zeigen: Wenn er auf der Jagd einen Vogel erlegt hat, ist er traurig, seiner Cousine Sigûne gegenüber zeigt er Mitleid, auf der Gralburg hindert ihn nur ein formales Gebot an der richtigen Reaktion.

Die Mutter gibt ihm auf seine Frage (*owê muoter, waz ist got?*) die denkbar einfachsten Auskünfte, spricht vom Glanz Gottes, so dass Parzival, als er im Wald vier Rittern in strahlender Rüstung begegnet, diese für Gott hält; das ist zeichenhaft, denn die Zuschreibung göttlicher Macht an das Rittertum wird zum Lebensirrtum Parzivals.

Parzival lässt sich von den »göttlichen« Rittern des Königs Artus als denjenigen nennen, der Ritterschaft verleiht und will dorthin ziehen. Die Mutter kann ihn nicht hindern, sie stattet ihn mit Torenkleidern aus, in der Hoffnung, er werde verlacht und kehre zurück; sie gibt ihm Ratschläge mit auf den Weg, die er buchstabengetreu ausführen wird, wodurch seine Unerfahrenheit, seine *tumpheit,* als grundständige Handlungsmotivation erscheint und sein Frageversäumnis darin begründet werden kann. Anders als Chrétiens Held sieht Parzival seine Mutter nicht tot zu Boden fallen, der unterlassenen Hilfe ist er nicht schuldig. Dennoch bleibt der Tod der Mutter seine erste ungewollte Schuld, und mit derartigen Sünden fertigzuwerden, wird seine eigentliche Aufgabe. Sein nächstes Vergehen ist die Gewalttat an dem Zeltfräulein, das hier Jeschûte heißt und eine Schwester des ersten Artushelden Erec ist, wie ihr Freund ein Bruder von Parzivals Erbfeind Lähelîn, den ihm seine Mutter genannt hat. Wolfram hat die Erzählung durch vielfältige Verwandtschaftsbeziehungen verknüpft, sowohl unter den handelnden Figuren selbst, wie durch Bezüge auf klassische literarische Helden, die den Roman in die arthurische Erzählwelt integrieren. Neu auf Parzivals Weg zum Artushof ist die erste Begegnung mit der Cousine, die den Namen Sigûne (aus ›Cousine‹ abgeleitet) erhält; bei Chrétien trifft Perceval erst nach dem ersten Gralbesuch auf sie. Wolfram schafft damit eine erzählerische Korrespondenz, indem der Weg nach der ersten Einkehr auf der Gralburg die Stationen des ersten Wegs noch einmal aufgreift: Sigûne, Jeschûte, die Partnerin (Blutstropfenszene) und der Artushof selbst. Parzival steht also nach dem Gralversagen wieder am Anfang seiner Laufbahn. Um die Entsprechung von Gral- und Mutterwelt zu stärken, hat Wolfram die erste Sigûnebegegnung mit der Namenfindung in den ersten Teil des Weges gestellt. Den »mythischen« Zug Chrétiens, dass erst der durch das Versagen wissend gewordene Held den Namen errät, sich einen Namen als Versager macht, hat Wolfram zugunsten einer die Verwandtschaft herausstellenden Erklärung aufgegeben. Sigûne (so reimt sich der Hörer/Leser das später zusammen) kennt Parzival von den Besuchen bei ihrer Muhme Herzeloyde. Parzival erfährt von ihr seine Herkunft: Herzeloyde herrschte über Wâleis und Norgâls, und sein Vater war ein Anjou.

Vor dem Artushof wartet Ithêr, der Rote Ritter, auch ihn hat Wolfram in den Verwandtenkreis eingebunden (Sohn von Artus' Vaterschwester), und daher hat sich Parzival, wie er später erfährt, mit dessen unritterlicher Tötung des Verwandtenmords schuldig gemacht. Die rote Rüstung, die er sich aneignet, soll ihn auszeichnen: Sie tut es in negativem Sinn, denn sie ist durch Leichenraub erworben; so wird man nicht zum Ritter. Wolfram hat die Problematik von Parzivals ritterlicher Totschläger-Existenz gegenüber Chrétien noch pointiert: Während Perceval von Gornemant das Schwert umgegürtet wird, fehlt diese Szene in Parzivals Lebensweg, so behält sein Rittertum die negative Weihe. Auch diese Sünde ist allerdings ungewollt, denn sie entspringt Parzivals Unwissenheit und einem unreflektierten Aggressionstrieb. Der Ithêrtotschlag wird damit zum Zeichen der menschheitsgeschichtlichen Verstrickung in Unwissenheit und Sünde. Die Symbolik des Rittertums als Menschheit in heilsgeschichtlichem Sinn kann sich auf die Bibel berufen, auf den Epheserbrief des hl. Paulus: »Nehmt an euch die Rüstung Gottes, […] umgürtet eure Glieder mit der Wahrheit, zieht an den Panzer der Gerechtigkeit, […] den Schild des Glaubens, […] und das Schwert des Geistes«, heißt es vom Kampf gegen Sünde und Teufel (6,11–17).

Parzival, auf diese pervertierte Weise Ritter geworden, reitet los und kommt zu einer Burg. Vor dieser sitzt ein älterer Edelmann: Gurnemanz. Der junge Mann erinnert sich an den Rat der Mutter, von grauhaarigen Männern gute Lehren anzunehmen, und bittet um entsprechende Hilfe; Gurnemanz ist gerne dazu bereit. Parzival trägt unter seiner Rüstung noch die Torenkleider und weigert sich zunächst, sie abzulegen: Er ist nur nach außen hin Ritter geworden. Die höfisch-ritterliche Ausbildung beginnt mit den höfischen Badesitten; Parzival wird von jungen Damen bedient und will das Badefass nicht verlassen, bevor sie aus dem Raum sind, was diese aber bedauern: Sie wollten nur sehen, ob er auch am Unterleib Verletzungen davon getragen hat, kommentiert der Erzähler ironisch. Dieses implizierte Interesse der höfischen Fräulein an den Genitalien des Helden gehört zur Inszenierung der Heldenrolle als männlich attraktiv und potent in der Nachfolge des Vaters; an früherer Stelle hatte der Erzähler sich selbst in ähnlicher Situation imaginiert, wenn er seine Abenteuergeschichte als ungelehrt vorstellt. »Was ich hier erzähle, darf niemand als gelehrtes Buch ansehen, denn ich kann keinen Buchstaben malen [wie ein Schreiber]. Zwar machen es viele anders, diese Erzählung aber läßt sich nicht von Büchern gängeln. Ehe man sie als gelehrtes Buch ansähe, säße ich lieber nackt ohne Badehemd vor euch, aber keine Angst, den Badequast werde ich nicht vergessen« (115,25–116,4). Er stellt sich als vitaler Krieger dar, im Kontrast zu bildungsbeflissenen Höflingen und Buchgelehrten, der eben deshalb von Rittertaten und -problemen auf authentische Weise erzählen kann. Damit positioniert er sich im literarischen Feld der Zeit, grenzt sich ab gegen die geistlich gebildeten Literaten wie Heinrich von Veldeke (Eneasroman) und Hartmann von Aue und beansprucht eine in der Erfahrung gegründete Autorität des Kriegeradels für diese Erzählung.

Parzival wird von Gurnemanz zur Messe mitgenommen, er erhält eine sehr rudimentäre religiöse Unterweisung; mehr Wert wird auf ritterlich-höfisches Benehmen gelegt. Er soll nicht so viel von seiner Mutter reden, seinen Sinn für Ehre nicht verlieren, in rechtem Maß freigebig sein und – nicht viel fragen: der fatale Ratschlag, an den Parzival sich vor dem Gral erinnern wird. Er soll dem besiegten Feind das Leben lassen, auch dieser Rat wird ihn (als implizite Korrektur seines bisherigen Verhaltens) weiterhin leiten. Frauen gegenüber soll er aufrichtig sein; in der Ehe sind Mann und Frau eins; das wird er ebenfalls nicht vergessen. Diese Unterweisung ist keine umfassende Fürstenerziehung, sondern eine ganz allgemeine Sittenlehre für einen Ritter, sie ist trotz ihrer negativen Folgen nicht tadelnswert, wie sich in den Situationen zeigt, in denen Parzival sie anwendet. Für sein Versagen vor dem Gral ist die mangelnde Erfahrung verantwortlich, eben diese Dimension fehlt Parzival, so dass er selbst feststellt, er sei »nicht weise« (178,29). In den Waffenübungen zeigt sich Parzivals natürliche Begabung und auch die Liebe zieht ihn leise an (beides sind ja Erbteile seines Vaters): Lîâze, die Tochter des Hausherrn, macht Eindruck auf ihn, aber er meint, erst ritterliche Taten begehen zu müssen, bevor er um eine Dame werben könne. Gurnemanz hätte ihn gerne behalten, denn er hat seine drei Söhne im Kampf verloren: für Condwîramurs (die Parzival befreien wird), beim Sperberkampf und bei Schoydelakurt (den beiden Abenteuern, die Erec besteht); doch am Sinn des Rittertums zweifelt er nicht. Parzival aber kann ihm die Söhne nicht ersetzen, denn er ist ja dazu bestimmt, die Wertimmanenz des Rittertums zu überwinden. Das Leid, das aus dem Ritterkampf entspringt, wird als Naturereignis verstanden; das gilt für die Figuren wie für den Erzähler, der von sich (in der oben zitierten Selbstdarstellung) behauptet, Ritterschaft sei seine angeborene Bestimmung (115,11).

Auf seiner nächsten Station gelingt es Parzival, Herrschaft und Liebe zu erwerben. Vor die Liebe hat die ritterliche Ideologie den Kampf gesetzt, denn sie muss durch Taten gewonnen werden. Die Schutzlosigkeit der Frau (die nicht nur für die Literatur gilt) erfordert militärische Tüchtigkeit vom Mann, daher erscheint erfolgreiche Ritterschaft als gültiger Eheausweis – so war es schon beim Turnier um Herzeloyde gewesen. Folglich muss Parzival die Hoffnungen Lîâzes und ihres Vaters enttäuschen, er muss die Liebe im Kampf erwerben wie einst sein Vater.

Parzival gelangt ins Königreich Brôbarz mit der Hauptstadt Pelrapeire; dort herrscht die Königin Condwîramurs. Sie ist in großer Bedrängnis, denn Clâmidê, der sie heiraten will, belagert die Burg, weil sie sich dieser Ehe verweigert. Die Situation entspricht in etwa der Belakanes: Parzival wiederholt also ein Handlungsmuster seines Vaters. Wolfram hat den bei Chrétien vorgefundenen Namen der Königin, Blancheflor, geändert und ihr einen »Satznamen« gegeben. Passend zu Parzival (»Dring-durchs-Tal« oder »Mitten-durchs-Herz«?) bedeutet der Name »Führ-zur-Liebe«. Bei ihr zeigt der Erzähler (nach dem Vorbild Chrétiens) gleich die Wirkung von Gurnemanz' Frageverbot: Parzival verhält sich bei der ersten Begegnung, indem er schweigt, nicht seiner höfischen (Männer-)Rolle entsprechend, so dass sie als erste das Wort an ihn richten muss. In der Nacht kommt Condwîramurs an das Lager des jungen Mannes, um ihn zur Hilfe gegen ihre Feinde zu bewegen, anders aber als bei Chrétien kommt es hier zu keiner sexuellen Verpflichtung. Parzival hilft ihr auch ohne die Hingabe, die sich Perceval ausbedungen hatte. Nach dem Sieg über den Seneschall des gegnerischen Clâmidê werden beide nach mittelalterlichem Brauch vermählt, sie erklären ihre Zustimmung (Konsens) und beschreiten das Brautbett; zum Beischlaf kommt es jedoch erst in der dritten Nacht, da beide erotisch völlig unerfahren sind. Der Erzähler benutzt diese Situation zur Kritik an der unaufrichtigen höfischen Zurückhaltungskoketterie der Zeitgenossinnen. Er will (im Unterschied zu seiner Vorlage) zeigen, dass die Sexualität nicht die Basis der Bindung zwischen Parzival und Condwîramurs ausmacht und diese daher auch in der mehr als fünfjährigen Trennung bestehen bleibt, die die Folge von Parzivals Gralsuche ist.

Die Einbindung der Sinnlichkeit in einen ethisch-gesellschaftlichen Zusammenhang ist ein literarisch u. a. im *Erec*, sowie im Eneas- und Tristanroman behandeltes Problem. Die an sich positive Macht des Eros darf nicht zur Lähmung kriegerischer und anderer gesellschaftlicher Aktivitäten führen, sondern sie soll, im Gegenteil, ein Stimulans sein. Das ist Programm im Artusroman (*Erec*), in der

Eneasgeschichte (Heinrich von Veldeke) ebenso wie in der Minnelyrik. Gegenbild ist der Tristanroman mit der Ehebruchsliebe, die am Hof von allen menschlichen Dimensionen reduziert erscheint und für die das Sexuelle so fundamental ist, dass die Trennung zur Erosion der Liebe führt. Der Erzähler nennt daher auch Condwîramurs als den beiden Isolden überlegen; der blonden, die Tristan von der Treue gegenüber seinem Oheim König Marke abbrachte, und der weißhändigen (der sich Tristan nach der Trennung zuwendet), die ihn nicht dazu veranlassen kann, mit ihr Nachkommenschaft zu zeugen und die Dynastie zu sichern. Anders verhält es sich mit Parzival und Condwîramurs: Die Liebe überdauert die Trennung und die in der Zwischenzeit geborenen Zwillinge sichern die Herrschaftsnachfolge im weltlichen Bereich ebenso wie beim Gral. Eine Frage bleibt dennoch impliziert: Wer kümmerte sich um die Landesverteidigung während Parzivals Suchefahrt? Dieses Problem hatte Hartmanns *Iwein* behandelt, und den Zorn der von dem Helden im Stich gelassenen Laudine zitiert Condwîramurs beim Wiedersehen: »nun sollte ich zürnen, ich kann es nicht« (801,9; vgl. *Iwein*, V. 8093). Im großen Gralfinale verschwindet aber dieses politisch-soziale Problem

Parzival schickt die besiegten Gegner, Kingrûn, den Seneschall, und Clâmidê zu König Artus; sie sollen Cunnewâre huldigen, die beim Auftritt des tumben Parzival seine überlegene Ritterlichkeit durch den Bruch ihres Gelübdes, nicht zu lachen, prophezeit hatte und dafür gezüchtigt worden war. So macht er wieder gut, was er ungewollt angerichtet hatte, und so bezieht er Artus in seinen Erfolg, den Gewinn von Liebespartnerin und Herrschaft, mit ein, ganz wie es dem Schema des Artusromans entspricht. Allerdings ist Artus nicht persönlich zugegen, ein Hinweis darauf, dass nicht er das Zentrum der Geschichte bilden und auch die Liebe nicht das zu diskutierende Problem darstellen wird. Als Parzival nach etwa fünfzehn Monaten aufbricht, um seine Mutter zu suchen, spricht der Erzähler von großem Leid, aber auch von Freude und Ehre, die sein Held erfahren wird: Seine eigentliche Prüfung steht noch aus.

Das Gralabenteuer ist im Ablauf an der Darstellung Chrétiens orientiert: Parzival trifft das Boot mit dem reichen Fischer, der ihn zu seiner Burg weist. Dort sieht er ihn als schwer kranken Burgherrn wieder, der zu ihm von seiner Verwundung spricht (239,27), nachdem Parzival die Gralprozession gesehen hat. Dem geht aber eine Szene voran, die deutlich machen soll, dass der Held noch nicht in der Lage ist, mit ungewohnten Situationen umzugehen, dass ihm dann gerade die Sprache fehlt: Ein redegewandter Hofnarr neckt ihn, daraufhin will er gleich zum Schwert greifen und muss von den Höflingen daran gehindert werden.

Pracht und Aufwand der Gralszene sind bei Wolfram gegenüber Chrétien deutlich gesteigert – wo dort ein Feuer brennt, sind es hier dreihundert Kronleuchter und viele kleinere Lichter, die »Prozession« besteht aus fünfundzwanzig schönen Frauen (Parzival zählt sie, 493,16), während es bei Chrétien nur drei Männer und zwei Jungfrauen sind. Der Gral spendet Speise und Trank in Fülle. Diese Überausstattung, die auch die detailliert beschriebene modische Kleidung der Jungfrauen betrifft, steht in Zusammenhang mit der veränderten Frage. Bei Chrétien hätte Perceval nach einer Person gefragt, hätte gefragt, wen man mit dem Gral bedient; Parzival aber unterdrückt eine andere Frage: nämlich, was mit dem Hof los sei (239,17). Sie wäre hier also eine allgemeine Neugierfrage gewesen, die sich jedoch bis zur schließlich gestellten verändert. Sicherlich ist der Gegensatz von äußerster Pracht und tiefem Leid der Burgbewohner und des Königs für Parzival nicht nur neugiererregend, sondern tiefer beunruhigend, aber er kann die Frage nicht finden, weil er ängstlich und regelbefangen bleibt. Dass der Burgherr geheilt worden

Wolframs Graltafel

Illustration aus der Münchner *Parzival*-Handschrift
(vor 1250; Bayerische Staatsbibliothek, München, Cgm 19)

wäre, ist ohnehin nicht erkennbar, doch das Versäumnis bleibt objektive Schuld, denn er muss weiter leiden. Parzival wird lange brauchen, bis er sein Schicksal, schuldlos schuldig zu werden, akzeptieren und in Handlung umsetzen kann.

Wolfram hat die Gralszene im Vergleich zu seiner Quelle in mehreren Punkten verändert, die sich nicht nur auf die Neuakzentuierung der Frage erstrecken, sondern auch den Bezug auf die Herrschaftsübernahme stützen. Für Letzteres steht die sog. Mantelleihe: Parzival erhält, als er auf der Burg ankommt, den Mantel der Gralträgerin. Der Mantel ist ein Herrschaftszeichen (es gibt spezielle Krönungsmäntel), und da ihm ausdrücklich gesagt wird, dass es sich um den Mantel der Königin handelt, könnte er daraus Folgerungen ziehen, ebenso wie aus der Schwertgabe des Burgherrn, die hier erst nach dem Essen erfolgt; die Zeichen der Herrschaftsinvestitur sind also verdoppelt worden. Der Gral ist keine Schüssel mehr, mit der man jemanden bedienen könnte, er ist ein »Ding« mit einer eigenen Geschichte: Trevrizent berichtet sie Parzival im IX. Buch. Bei seinem Besuch bleibt vieles dunkel, so dass der Zuhörer/Leser das verständnislose Staunen des Helden teilen muss. Man erfährt erst nachher, dass der Gral ein Stein ist, der den lateinisch klingenden Phantasienamen *lapsit exillis* trägt, groß genug, dass Inschriften auf ihm erscheinen, ungeheuerlich schwer außer für eine reine Jungfrau, die Gralträgerin. Der Gral spendet, wie Parzival erlebt, Speise und Trank und erhält seine Macht durch eine Hostie, die von einer himmlischen weißen Taube (die die Ritter als Wappen führen) jeden Karfreitag auf die Erde gebracht wird. (Bei Chrétien enthielt der Graal eine Hostie, hatte aber wohl keine speisespendende Kraft.) Der Gral geht zurück bis an den Anfang der Schöpfung, in die Zeit des Abfalls des Erzengels Luzifer, der zum Satan wurde: Die im Kampf zwischen Gott und dem Abtrünnigen neutral gebliebenen Engel hüteten den Stein (vor

Christi Geburt?) und übergaben ihn dann christlichen Gralhütern, die von Gott bestimmt wurden und denen er seinen Engel sandte. Die Gralkönige stammen aus der Familie Titurels, zu der auch Parzival über seine Mutter gehört. Die übrigen Hüter sind Ritter; betreut wird der Gral von Jungfrauen, sie alle werden schon als Kinder vom Gral berufen. Die Gralritter heißen *templeise* (468,28) und verteidigen den Gral; sie können als Herrscher heimlich in fremde Länder geschickt werden und dürfen dort Ehen schließen, sonst ist ihnen Frauenliebe verboten. Der Gralkönig heiratet, allerdings wird ihm die Frau von einer Gralinschrift bestimmt.

Die wichtigste Hinzufügung gegenüber Chrétien ist die Konstitution einer ordensähnlichen Gralritterschaft, die zudem einen Namen trägt, der auf die Tempelritter (Templer), den ersten geistlichen Ritterorden, verweist. Dieser wurde im Jahre 1120 in Jerusalem gegründet. Durchgesetzt wurde die Idee der »neuen Ritterschaft«, wie erwähnt, durch Bernhard von Clairvaux, dessen Vorstellungen, ohne dass sie gezielt benannt würden, auch Chrétiens Konzept des Rittertums beeinflusst haben. Wolfram hätte also Anregungen seiner Quelle aufgegriffen, ausgebaut und verdeutlicht. Die Organisation, Verpflichtung zu Gebet, Kampf, Keuschheit, ist zwar an die der Templer angelehnt, die Unterschiede sind jedoch beträchtlich: hier das erbliche Königtum, dort ein gewählter Meister; hier die Aufgabe, ein Heiligtum zu verteidigen, dort die christliche Expansion im Orient anzuführen.

Die wichtigste Änderung gegenüber Chrétien betrifft die Lanze, die hier mit dem Gral selbst nichts zu tun hat, denn sie wird in einer gesonderten Prozession hereingebracht. Später erklärt Trevrizent, dass sie nicht mythischen oder christlichen Ursprungs ist, sondern als ein medizinisches Instrument verwendet wird: Der Gralkönig Anfortas ist von einem vergifteten Speer an den Hoden verwundet worden. Dieser Speer (oder ein anderer?) wird in die

Wunde eingeführt, um das Gift herauszuziehen, das sich als Eis an ihm niederschlägt und mit den silbernen Messern, die Parzival bei der Gralprozession gesehen hat, abgeschabt werden muss. Das Blut an der Lanze hat also eine natürliche Ursache, es ist das Blut des Gralkönigs.

Wolfram verzichtet darauf, Speer und Gral mit christlichen Reliquien (Longinuslanze, Abendmahlsschüssel) zu identifizieren; im Fall des Grals ist die heilsgeschichtliche Dimension zwar deutlich, er vermeidet jedoch eine Identifikation mit christlichen Gerätschaften. Mit dem Stein greift er auf eine islamische Kultpraxis (*Kaaba*) zurück, was durch den grünen Seidenstoff betont wird, auf dem der Gral getragen wird: grün ist die Farbe des Propheten, in christlicher Tradition allerdings auch die der Gottheit Jesu. Die Gralprozession entfernt sich (wie bei Chrétien) deutlich von christlichen Praktiken: Frauen waren bei liturgischen Vollzügen nicht zugelassen, hier aber sind es, noch dazu mit besonderem weltlichen Aufwand gekleidete, adlige Damen, die den Gral »pflegen«. Bei höfischen Anlässen gab es ähnlich prächtige Aufzüge, an denen Frauen teilnahmen: sie begleiteten die Herrscherin. Von daher gibt es auch nur eine begrenzte Parallele zum Königs- oder Kaiserzeremoniell, denn gerade die männlichen Würdenträger, die dort die Hauptrolle spielen, bleiben hier Zuschauer. Wolfram hat also einen synkretistischen Gralkult mit Privatliturgie kreiert, dem Gral eine spirituelle, aber keine kirchliche Dimension gegeben und ihn damit als Symbol einer Weltherrschaft dargestellt, die wohl von Gott gegeben und in seinem Namen geübt wird, aber nicht nur das christliche Abendland, sondern auch den (heidnischen) Orient umfasst und bis auf die Zeit vor der christlichen Periode zurückgeht. Andererseits wird in der Trevrizentszene ein eindeutig christlicher Rahmen gegeben: Parzival betritt als Sünder den heiligen Ort der Einsiedelei, die Kapelle; er beichtet, erhält eine Buße auferlegt (u. a. Kirchenbesuch), empfängt am Ostersonntag das

Abendmahl und reitet, von seinen Sünden losgesprochen, weiter. Auch hat Wolfram kirchliche Bezüge vermieden, Trevrizent ist kein Priester. Dessen Verhalten ist im Zusammenhang der religiösen Laienbewegung des 12. Jahrhunderts als bedingte religiöse Autonomieerklärung des Rittertums zu verstehen, jedoch nicht als antikirchliche Wende.

Das Weltumfassende, das schon in den Schauplätzen der Elterngeschichte aufscheint, findet seine Verbildlichung in der Grallegende selbst: der heidnische Gelehrte Flegetânîs, ein Sternkundiger, habe den Namen und die Geschichte des Grals in den Gestirnen gelesen und sie niedergeschrieben. Er war von der Mutter her Jude, vom Vater Moslem; das reflektiert die arabisch-jüdische Mischkultur in Al-Andalus, dem heutigen Spanien. Der Bezug des Grals zu den Sternen zeigt seine kosmologische Verankerung. In Toledo habe der Provenzale Kyôt die Grallegende auf Arabisch gefunden und die christliche Historie ergänzt, in dem er in lateinischen Chroniken Britanniens, Frankreichs und Irlands nach dem Gralgeschlecht suchte; in Anschouwe (Anjou) sei er fündig geworden. Zur jüdisch-arabischen Tradition (die vor allem für die Naturwissenschaften, aber auch die Philosophie und die höfische Kultur) wichtig war, tritt die lateinische (Chronik) und französische Kyôts. Der Provenzale Guiot soll französisch, nicht okzitanisch geschrieben haben. Die Quellenfiktion, um die es sich mutmaßlich handelt, soll die kulturübergreifende Dimension der Gralgeschichte in den Personen von Flegetânîs und Kyôt konkret fassbar machen.

Als Parzival die Gralburg am nächsten Morgen verlässt, irritiert, weil sie menschenleer ist, trifft er zum zweiten Mal auf Sigûne. Sie sagt ihm Genaueres über die Titurelsippe, verschweigt ihm jedoch, dass sie und Parzival selbst ebenfalls dazugehören: Der Erzähler verwendet auch hier die Technik, den Zuhörer/Leser erst Schritt für Schritt zusammen mit dem Helden über die Zusammenhänge aufzuklären. Durch Sigûnes Vorwürfe wird Parzival sein Versäumnis deutlich, doch die Reue über sein Schweigen (256,3) bleibt rein äußerlich. Als nächstes hat er Gelegenheit, seinen Fehltritt gegenüber Jeschûte wieder gutzumachen: Er besiegt ihren Freund Orilus und schwört einen Reinigungseid, beide ziehen an den Artushof, auch Orilus muss sich Cunnewâre gefangen geben. Die folgende Station vereint die traditionelle Begegnung mit der Partnerin und das Wiedereintreffen am Artushof in symbolischer Form in der Blutstropfenszene: Condwîramurs füllt die Gedanken Parzivals (der Name füllt einen ganzen Vers), als er das rote Blut auf dem weißen Schnee erblickt. In Liebestrance sticht er zwei Herausforderer, darunter Keie, der Cunnewâre gezüchtigt hatte, aus dem Sattel. Erst die Klugheit Gâwâns vermag ihn zu wecken: er verdeckt die Tropfen mit einem Mantel. Bei Chrétien war es anders, da hatte die Sonne den Schnee geschmolzen, so dass nur einer der Tropfen geblieben war; Wolfram hat die Rolle Gâwâns gestärkt, um ihn besser in den Roman einzubinden, denn er soll bald die erzählte Handlung dominieren. Parzival wird am Artushof freudig begrüßt und feierlich in die Tafelrunde aufgenommen; er scheint den Höhepunkt seiner Ritterlaufbahn erreicht zu haben. Das ist jedoch trügerisch, denn die abstoßend hässliche Gralbotin Cundrîe erscheint und verflucht Parzival: Er hat die Frage nicht gestellt, dadurch den leidenden König nicht erlöst, sie wirft ihm mangelndes Mitleid vor, nennt ihn einen Sünder – ein Stichwort, das Trevrizent aufgreifen wird. Die Mitglieder der Tafelrunde werden aufgerufen, das Abenteuer von Schastel marveile zu suchen, die Wunderburg wird Gâwâns Ziel sein. Gâwân erleidet ein ähnliches Schicksal wie Parzival: Landgraf Kingrimursel fordert ihn zum Gerichtskampf nach Schanpfanzûn, denn er klagt ihn an, seinen König erschlagen zu haben. Parzival will nicht ruhen, ehe er den Gral gefunden und Anfortas erlöst hat, er sagt sich von Gott, der ihn ungerecht in Schande geführt hat, los. Auch Gâwân bricht auf, auf ihn konzentriert sich nunmehr die Erzählung, Parzival taucht jedoch noch am Horizont auf. Gâwân hat ähnliche Abenteuer wie bei Chrétien zu bestehen. Neu ist, dass der junge König (hier: Vergulaht) von Parzival besiegt worden war und seinerseits die Suche nach dem Gral hatte übernehmen müssen; er verpflichtet nun Gâwân. Parzival aber hat schon wieder gegen einen Verwandten gekämpft, denn auch Vergulaht gehört zur Gahmuret-Sippe. Selbst in den eher schwankhaften Gâwânaventiuren bleibt also die ritterliche Gralproblematik präsent.

Auf der Bühne der Erzählung taucht Parzival erst jetzt, zur gattungstypischen Zwischeneinkehr auf. Diese findet nicht in, aber in der Nähe der Gralburg statt, bei einem Bruder des Gralkönigs, dem Einsiedler Trevrizent. Vorher trifft Parzival zum dritten Mal auf Sigûne und artikuliert ihr gegenüber sein Bedürfnis nach Rat und Hilfe. Diese erhält er dann von dem Eremiten in langen Gesprächen. Er wird über die heilsgeschichtliche Situation des Menschen zwischen Erbsünde und Erlösung belehrt, erfährt die Geheimnisse des Grals und die Geschichte der Gralhüter sowie seine Verwandtschaft mit Anfortas. Die Tötung Ithêrs ist seine Hauptsünde, für die ihm Trevrizent Absolution erteilt. Wolfram hat aus dieser Begegnung das geistig-programmatische Zentrum der Dichtung gemacht, die 302 Verse Chrétiens auf nahezu das Siebenfache erweitert. Sprachliche Kommunikation tritt also an die Stelle der symbolischen ritterlichen Bewährung, in ihr muss sich Parzival dann gegenüber Anfortas beweisen, und er wird es tun.

Die Erzählung wendet sich nach dem Vorbild Chrétiens wieder Gâwân zu: Er begegnet Orgelûse, der Herzogin von Lôgroys, in die er sich verliebt; sie aber behandelt ihn mit Hohn, und Gâwân muss sich in scheinbar aussichtslosem Minnedienst bewähren. Die Liebesproblematik wird auch in den Nebenfiguren evident. Gâwân heilt den Vergewaltiger Urjâns, der ihn um sein Pferd bringt, der ritterliche Fährmann bietet seine Tochter Bêne Gâwân für die Nacht an, der jedoch aus Müdigkeit auf diese Möglichkeit verzichtet. Das begibt sich vor der Wunderburg Schastel marveile, deren Abenteuer Gâwân besteht und die er damit erlöst: Clinschor, der Zauberkundige, hat dort die gesamte weibliche Verwandtschaft Gâwâns gefangen gesetzt; die Befreiungsaventiure Gâwâns wird dadurch mit der Erlösungsaventiure Parzivals (auf der Gralburg sind sein Mutterbruder und seine Mutterschwester, die Gralträgerin) parallelisiert. Die Problematisierung des ritterlichen Kampfes betrifft auch den Minneritter, denn die Wunderburg wird zuerst durch Erdulden von Steinen und Pfeilen auf dem Wunderbett und dann durch einen Kampf gegen einen Löwen (also nicht einen Ritter) bestanden. Auch die Frage spielt eine Rolle: Gâwân soll nicht nach dem gefährlichen Abenteuer fragen (556,15), tut es aber dennoch und zeigt sich damit als der geeignete Erlöser. Gâwân gewinnt Orgelûse: Er überspringt in ihrem Auftrag die Gefährliche Schlucht und fordert König Gramoflanz, der Orgelûses Gatten getötet hatte, zum Kampf. Damit ist auch das Motiv für ihre Minnefeindschaft enthüllt und Gâwâns Einsatz für die Rache löst ihre Verletzung. Gâwân sendet eine Botschaft an König Artus, ganz in der klassischen Art des Helden will er seinen Erfolg vom Hof bestätigt wissen. Auf Schastel marveile werden jetzt die bisher getrennten Ritter und Damen zusammengeführt, Gâwân und Orgelûse halten ihr Beilager. Damit ist der Minneritter Gâwân an das Ziel der Ehe gekommen, und so dürfte er für neue Abenteuer (wie sie die erste Chrétien-Fortsetzung berichtet) nicht mehr zur Verfügung stehen. Der zwischen Gramoflanz und Gâwân vereinbarte Zweikampf soll vor dem Artushof stattfinden, Artus bricht daher nach Jôflanze auf, wo sich dann auch Gâwân mit Orgelûse einfindet. Das Hoffest bildet den Höhepunkt der Gâwânhandlung, denn damit ist sein Erfolg öffentlich anerkannt und der böse Zauber endgültig gebrochen.

Nun tritt Parzival wieder in die Geschichte ein, der vorher nur von Ferne präsent gewesen war. Selbst in der Liebe bleibt Gâwân der Nachgeordnete, denn Orgelûse hatte sich zunächst Parzival angeboten, der sie aber mit Hinweis auf Condwîramurs zurückgewiesen hatte; so wird bei aller Parallelität die Hierarchie der beiden Helden deutlich herausgestellt. Das ist dann exemplarisch im folgenden Waffengang inszeniert: Gâwân hat heimlich das Artuslager verlassen und trifft auf einen unbekannten Ritter; es entspinnt sich ein erbitterter Kampf, in dem Gâwân kurz vor der Niederlage steht. Als die vorbeikommenden Boten des Königs Artus das bemerken, rufen sie seinen Namen. Der fremde Ritter ist Parzival, er hört dies und bricht den Kampf sofort ab. Es ist der dritte Verwandtenkampf für ihn, nach Ithêr und Vergulaht, und als er erkennt, dass er sinnlos gegen einen Freund gekämpft hat, spricht er von seiner »verfluchten Hand«: er habe sich selbst besiegt. Der Kampf mit Gâwân gilt im *Iwein* Hartmanns von Aue als Zeichen der endgültigen Bewährung, hier ist es ganz anders, er zeigt vielmehr das Scheitern des Helden. Auch der Waffengang des nächsten Tages zwischen Parzival und Gramoflanz dient einerseits der Herausstellung der Überlegenheit des Helden, andererseits demonstriert er wiederum die Sinnlosigkeit der Gewalt. Versöhnung ermöglicht nur die Liebe: Gâwâns Schwester Itonjê und Gramoflanz sind einander in Fernliebe verbunden, sie kann ihn daher dazu bewegen, auf den Kampf mit ihrem Bruder Gâwân zu verzichten, und sie erreicht außerdem, dass sich Orgelûse mit Gramoflanz versöhnt. So kommt es zu einem großen Freuden- und Hochzeitsfest. Alle sind glücklich, nur Parzival ist es nicht, seine Sorgen um den Gral und seine Sehnsucht nach Condwîramurs bleiben unerfüllt. Daher bricht er heimlich auf und muss den dritten sinnlosen Kampf in Folge bestehen, einen Kampf, der die Problematik der möglichen Verwandtentötung zum Höhepunkt führt, denn sein Gegner ist sein

Bruder Feirefîz, der seinen Vater sucht. In diesen Kampf muss Gott selbst eingreifen, und er lässt Parzivals Schwert, das er durch den Leichenraub an Ithêr gewonnen hat, zerbrechen. Parzival steht nun da, wo er am Anfang seiner ritterlichen Laufbahn war, obendrein hat er in Feirefîz einen überlegenen Gegner gefunden. Der Ritterkampf taugt nicht zur Lösung seiner Lebensaufgabe, der Gralerringung, Gott allein kann ihm helfen – und er tut es auch. Als Parzival mit Feirefîz in das Artuslager zurückgekehrt und der ältere Bruder feierlich in die Tafelrunde aufgenommen worden ist, erscheint die Gralbotin Cundrîe und verkündet Parzival, dass er zum Gral berufen wurde. Als Begleiter wählt er sich seinen Bruder und bricht nach Munsalvæsche auf.

Parzival muss durch sein Handeln von der Aussichtslosigkeit seiner kämpferischen Gralsuche überzeugt sein, um offen für die Gnade Gottes zu werden. Diese setzt sein Bemühen zwar wiederum voraus, aber das allein genügt nicht. Trevrizent hatte behauptet, Parzival könne den Gral nicht mehr erringen, am Ende erklärt er jedoch, gelogen zu haben. Dieser Widerspruch lässt sich auflösen, wenn man auf die mittelalterliche Gnadenlehre blickt: Ein Mensch, der durch die Sünde die »habituelle« Gnade verloren hat, kann sich aus eigener Kraft nicht erheben, er braucht Gottes Hilfe, die »aktuelle« Gnade, die Gott für jeden bereit hält, der sie ergreifen will. Für Parzival heißt das: er kann aus eigener Kraft den Gral nicht erlangen, er muss auf Gottes Gnade vertrauen und muss sie ergreifen wollen. Eine eigenständige Erzwingung des Grals ist zwar unmöglich, aber die fortgesetzte Gralsuche als Wille bleibt Voraussetzung für die Erwählung. Diese Gnadenlehre wird nicht abstrakt formuliert, sondern sie ist erzählerisch dargestellt.

Wie die Anklagerede, so findet auch die Berufungsrede der Cundrîe am Artushof statt, der damit seine Position als Maßstab behauptet, aber eben nur auf der weltlichen

Ebene. Die Handlung schwenkt über zur Gralburg: Anfortas, von fürchterlichen Schmerzen gequält, bittet seine Ritter, ihn sterben zu lassen, indem sie ihm den Anblick des Grals entziehen, dabei hat Trevrizent bereits die erneute Ankunft Parzivals verkündet. Vor das Erscheinen des Erlösers setzt der Erzähler das Ritual der Erlösungsbedürftigkeit, obwohl eigentlich allen klar ist, dass die Rettung unmittelbar bevorsteht; der gegenwärtige Zustand muss noch einmal repräsentiert werden, bevor die Erlösung zelebriert werden kann. Das ist liturgische Dramaturgie, wie sie z. B. zu Weihnachten oder Ostern in der Kirche üblich ist. Noch einmal bittet Anfortas nach der Ankunft Parzivals, sterben zu dürfen, aber dieser stellt die entscheidende Frage. Merkwürdigerweise sind es zwei, zunächst fragt Parzival, wo man den Gral aufbewahrt, dann erst nach der Krankheit des Königs. Parzival formuliert die Frage neu: Sie heißt jetzt *œheim, waz wirret dier*? Er weiß, dass Anfortas sein Mutterbruder ist und redet ihn entsprechend an, er benützt die vertrauliche Anredeform des Du und sogar Dialekt: Der Erzähler reimt *dier* auf *stier*. So macht Parzival das Ritual zur persönlichen Zuwendung, seine Freiheit gegenüber ängstlicher Regelbefolgung zeigt sich in der Umformulierung der Gralfrage, denn er kann sie der von ihm erkannten Situation entsprechend variieren. Den fremden Gralkönig hätte er mit »Herr« und »Euch« anreden müssen, den Verwandten aber kann er »Oheim« und »Du« nennen. Parzivals Aventiure war nicht mit Waffen, sondern mit Worten zu bestehen, genau das löst er jetzt ein. Zur Schlusseinkehr gehört schemagemäß die Partnerin. Nachdem sie in der Krise und in der Zwischeneinkehr nur im Blutstropfen-Bild bzw. in der Rede der Personen Parzival und Trevrizent präsent gewesen war, kommt es jetzt an eben der Stelle, an der Parzival die Minnetrance der Blutstropfenszene erlebt hatte, zur Zusammenführung mit Condwîramurs. Bei ihr sind die Söhne Kardeiz und Loherangrîn. Das Problem der

Nachfolge in Anschouwe und in Herzeloydes beiden Ländern wird dadurch gelöst, dass die Lehensleute Kardeiz huldigen. Parzival ist damit aus seinen politisch rechtlichen Verpflichtungen gelöst und kann sich auf die Gralherrschaft zurückziehen. Was mit dem Land der Condwîramurs geschieht, bleibt unklar, diese Frage geht in der Schlussutopie unter. Auch die Geschichte Sigûnes wird zu Ende geführt: sie ist am Sarg ihres Geliebten gestorben und wird von Parzival mit ihm gemeinsam begraben; das Thema der fatalen Koppelung von Liebe und Kampf bleibt so bis zum Schluss gegenwärtig. Um deutlich zu machen, dass das weltliche Rittertum keinen Gegensatz zum Gral darstellt, sondern die Voraussetzung dafür bleibt, wird nun auch Feirefîz nicht nur in die Artuserhöhung, sondern auch in die Gralgesellschaft einbezogen: Er verliebt sich in die Gralträgerin Repanse und lässt sich taufen, um sie heiraten zu können; jetzt kann auch er den Gral sehen, der vorher für ihn unsichtbar gewesen war. Doch diesem glücklichen Abschluss schließt Wolfram einen Bericht vom Schicksal der dritten Generation an, der zwiespältig bleibt und einen Schatten auf die strahlende Utopie wirft: Parzivals und Condwîramurs' Sohn Loherangrîn scheitert. Er wird nach dem Gesetz des Grals zur schutzlosen Fürstin von Brabant geschickt und heiratet sie. Diese verstößt jedoch gegen das neue Gralgebot, das verbietet, nach der Herkunft der Gralritter zu fragen, so dass Loherangrîn sie verlassen muss. Ironisch verknüpft der Autor dies mit der Frageunterlassung Parzivals und warnt auch die Zuhörer vor unpassenden Fragen. Die erzählerische Volte verdeckt jedoch die skeptische Note des Schlusses nicht: Dass Loherangrîn jetzt noch der Nachfolger seines Vaters werden kann, ist unwahrscheinlich, als neuer Herrscher kommt daher am ehesten der einzige Abkömmling der Titurel-Sippe in weiblicher Linie in Frage, der Priester Johannes, der Sohn von Repanse und Feirefiz. Das Problem der Herrschaftsfindung und der Selbstfindung ist also nicht ein für alle Mal gelöst, sondern muss immer wieder neu angegangen werden. Der Roman entfernt sich damit von jeglicher Didaxe: er will keine Lehren vermitteln und kann keine Erfahrungen lehren, diese müssen selber gemacht werden. Literatur, so legt es Wolfram nahe, kann keine inhaltliche Bewusstseinsbildung betreiben, sie kann den Menschen allenfalls empfänglich für ein weites Spektrum von Fragestellungen und Problemen machen, das die ritterlichen Lebensformen, die rechte Herrschaft, die Liebe ebenso einschließt wie das Verhältnis zu Gott. Parzival entwickelt sich nicht wie der klassische Artusheld selbständig zu einem vollkommenen weltlichen Herrscher, sondern er bleibt der auf die Hilfe Gottes Angewiesene. Dass das so sein muss, lernt er ebenso, wie er seinen Platz in der Welt im Rahmen des Verwandtschaftsgefüges erkennt.

Der *Parzival* ist nicht nur für seine Zeit von geradezu bestürzender Modernität. Das betrifft sowohl die vielfältig schillernde Erzählweise mit einer nicht selten ironisch gebrochenen Autorinszenierung, wie die Fülle der Bedeutungsmöglichkeiten und Perspektiven, sondern vor allem die Faszination des Helden auf seinem Lebensweg, der ihn über die traditionelle »kollektive Individualität« der Artusromane zu einer eigenen Subjektivität führt. Symbol dafür ist das Gralabenteuer, das er nicht im Sinn eines Mechanismus von Versuch – Irrtum – Gelingen besteht, sondern für das die Einsicht in die Bedingungen menschlicher Existenz aufgrund seiner ganz eigenen Geschichte notwendig ist. Mit dieser Dimension hat Wolfram dem Ritterroman einen existentiellen Anspruch gegeben und die volkssprachliche Literatur auf die Höhe des philosophisch-theologischen Diskurses der Zeit gebracht. Sicherlich war Wolfram lateinisch gebildet, mag auch seine Selbstdarstellung dezidiert anders aussehen. Wenn ein Autor des frühen 13. Jahrhunderts, Wirnt von Grafenberg, Wolfram als Laienautorität apostrophiert (»Laienmund sprach nie besser«), so erkennt er eben diese historische Leistung an, der sich etwa ein Jahrhundert später Dante mit seiner *Göttlichen Komödie* an die Seite stellen wird. Bei aller Bewunderung für Chrétiens Gestaltung und Eleganz hat doch in Wolframs komplexerem Werk der Gralmythos seine bis in die Gegenwart gültige Gestalt gefunden, auf die sich auch Wagner noch bezieht. Daher ist die Gestalt Parzivals (vor allem in der deutschsprachigen Literatur) die einzige aus dem Mittelalter, die es zur Symbolfigur in der Neuzeit brachte.

Der *Parzival* ist aber auch die beliebteste weltliche Erzählung des deutschen Mittelalters, es gibt über fünfundachtzig Textzeugen, das Werk gelangte sogar in den frühen Buchdruck (Strassburg: Mentelin, 1477). Seine Entstehungsumstände sind nicht leicht zu rekonstruieren. Man setzt ihn in die Zeit zwischen 1205 und 1210 aufgrund einer Anspielung auf die Zerstörung der Weingärten von Erfurt in den Jahren von 1203 bis 1204. Die in den Roman eingearbeiteten astronomischen Bezüge betreffen die Jahre 1203 und 1208. Wer der Auftraggeber war, wissen wir nicht; es ist zu vermuten, dass Landgraf Hermann I. von Thüringen etwas damit zu tun hatte. Lokale Anspielungen verweisen neben Thüringen auf fränkische und bayrische Orte, so dass ein Wanderleben Wolframs nicht auszuschließen ist. Ein derartiges Unternehmen brauchte jedoch einen zahlungskräftigen Mäzen, allein die Beschaffung der (mutmaßlich zwei) Manuskripte von Chrétiens Werk war aufwendig, ganz zu schweigen von den Kosten für eine Pergamenthandschrift des fast 25000 Verse langen Romans.

Mit zwei (oder drei) Fragmenten einer Gralgeschichte in heldenepischen Strophen (etwa 170), die schon im Mittelalter nach dem ersten auftretenden Namen irreführend *Titurel* genannt wird, hat Wolfram das überdimensionale Werk Albrechts, den *Jüngeren Titurel* angeregt.

4. Kapitel

Sakralisierung und Historisierung: Robert de Boron

Nicht der literarisch großartigste der Gralromane, Wolframs von Eschenbach *Parzival*, ist für das Verständnis des Grals am folgenreichsten gewesen, sondern ein erzählerisch recht mittelmäßiges Werk hat mit seiner Konzeption der Gralliteratur eine neue Richtung gegeben: Roberts de Boron *Geschichte vom Graal* (*Estoire du Graal*). Robert hat in einem von ihm begonnenen und entworfenen, aber nicht ganz ausgeführten Zyklus den Graal als Reliquie und Kultgegenstand ersten Ranges fest in die christliche Geschichte eingebunden und die Verknüpfung mit Artus, die Chrétien hergestellt hatte, ebenfalls als historischen Prozess gefasst. Für Letzteres griff er auf die chronikalische Artusliteratur zurück: Geoffreys von Monmouth *Historia Regum Britanniae*, bzw. ihre französische Adaption im *Roman de Brut* (Brutus = Ahnherr der Briten) des Klerikers Wace. Indem er die bei Chrétien eher assoziative »Heiligkeit« des Graals, in dem man eben keine Fische serviert, wie der Einsiedler sagt, sondern eine Hostie überbringt, aufgreift und zum höchsten steigert, macht er aus ihm die heiligste Reliquie Jesu und damit das Zentrum eines Kults: Der Graal ist bei ihm das Abendmahlsgefäß, in ihm hat Joseph von Arimathia, ein Jünger Jesu, bei der Kreuzabnahme das Blut aufgefangen. Das vergossene Blut Jesu ist das Mittel, mit dem er die Welt erlöst hat, das Gefäß, in dem es sich befand (oder sogar noch befindet) ist daher allen anderen Jesus-Reliquien wie dem heiligen Rock oder sogar dem *Volto santo*, dem Gesicht Jesu auf dem Schweißtuch der Veronika, weit überlegen. Der Graal hat folglich besondere gnadenspendende Fähigkeiten und denen, die ihn reinen Herzens verehren, offenbart sich durch ihn der Heilige Geist. Er bildet das Zentrum einer Gemeinschaft, die einen parakirchlichen Rang einnimmt, nicht mit der offiziellen römischen Kirche identisch ist, aber anscheinend auch nicht in Konkurrenz zu ihr steht; Robert macht durch umfangreiche Bezüge auf die Bibel deutlich, dass er der christlichen Lehre folgt, wie sie die Kirche verkündet, er also kein Häretiker sein will. Wohl aber beansprucht er für seine Graalgemeinde eine besondere geheimnisumwitterte Erwähltheit, die als häretisch angesehen werden konnte; sie in Zusammenhang mit manichäischen oder katharischen Lehren zu bringen, ist jedoch nicht möglich. Es war im Rahmen der Rechtgläubigkeit Platz für derartige alternative und elitäre Glaubenspraktiken, und die von der Kirche verurteilten Waldenser oder Albigenser entfernen sich, anders als die Graalgesellschaft, deutlich von der kirchlich verbindlichen Grundlage. Selbst gegen eine kirchlich legitimierte Institution, wie den Templerorden, fanden sich unter den zeitgenössischen Vorwürfen wegen seiner Arroganz und seiner elitären Haltung auch Verdächtigungen der Häresie, diese waren jedoch haltlos. Den – nur literarisch ausgeführten – Graalkult darf man daher nicht als Abbild tatsächlicher Geheimbündlerei ansehen, sondern als dichterische Projektion einer vollkommenen, weil geistlichen Idealen verpflichteten Ritterschaft, die Ähnlichkeiten mit dem Ritterorden aufweist. Schon von den »Teilnahmevoraussetzungen« war die Graalgemeinde elitär und brauchte einen eigenen Kult mit eigenen Riten und einen eigenen Kultgegenstand. Dafür eignete sich die Passionsreliquie, die noch nicht vergeben war, besonders gut, und Joseph war ein geeigneter »Spitzenahn« des Kults, weil er, anders als die Apostel, zum jüdischen Adel gehörte. Im Graal symbolisiert sich das Programm einer Sakralisierung der Ritterschaft nicht als Usurpation geistlicher Befugnisse oder gar Ämter, sondern als Heiligung des Waffengebrauchs und als »Ritterschaft des Geistes«, als Selbstdisziplinierung.

Um dieses Konzept richtig zu verstehen, muss man die Graalgeschichte Roberts von Boron als das betrachten, als was sie angelegt war: als Zyklus. Mit dieser poetologischen Neuerung hat Robert ebenfalls Geschichte gemacht; denn er hat das Prinzip der zyklischen Verkettung aus der Heldenepik, der französischen *Chanson de geste*, auf die Grallegende und die Artuszeit übertragen und die Percevalerzählung eben damit in einen großen heils- und weltgeschichtlichen Kontext gestellt. Robert hat einen dreiteiligen Zyklus geplant, sicher den ersten Teil verfasst, unwahrscheinlich aber ist, dass er die anderen vollenden konnte: *Joseph von Arimathia* erzählt von der »Jugendgeschichte« des Graals, *Merlin* von der des Artusreichs und im *Perceval* soll der auserwählte Held beides verbinden, das Artusreich muss jedoch zugrunde gehen und allein das Graalkönigtum überdauern. Der *Joseph* ist als vollständiger Versroman (3514 Verse) erhalten, vom *Merlin* gibt es nicht mehr als 504 Verse, der *Perceval* ist nur in zwei Redaktionen (D und E) einer Prosafassung (*Didot-Perceval*) überliefert, einen *Perceval* Roberts in Versen hat es wohl nie gegeben. Vom *Joseph* und *Merlin* existieren Prosifizierungen, man hat diesen ganzen Zyklus als Pseudo-Robert-Trilogie (oder den *Kleinen Saint Graal*) bezeichnet; diese Trilogie ist das Vorbild für den fünfteiligen großen *Lancelot-Graal-Zyklus* (*Vulgata*) und den *Post-Vulgata-Zyklus* (*Roman del Graal*). Der Übergang vom Vers zur Prosa ist bedeutungsgeladen. Verse sind (höfische) Dichtung, mithin Fiktion; Prosa hingegen ist Chronik und Heilsgeschichte, berichtet Fakten; in der Prosa hat die heilsgeschichtliche Gralkonzeption also die angemessene Form gefunden. Der unterschiedliche Wahrheitsgehalt beider Gattungen wird durch den unterschiedlichen Öffentlichkeitsanspruch ergänzt: Verse sind für den repräsentativen öffentlichen Vortrag, Prosa ist für die Tischlesung und die Privatlektüre, für Betrachtung und Erbauung. Der inhaltlichen Spiritualisierung und Historisierung des Graals entspricht also die formale in der Wahl der Prosa.

Die drei Teile der Trilogie sind in dem Zusammenhang zu betrachten, für den sie konzipiert waren. Der *Joseph* wendet sich (in Vers und Prosa) an jeden Sünder, nicht an die höfische Gesellschaft, und beansprucht damit universale Geltung: Es geht um die Heilsgeschichte vom Alten Testament (so nur die Versfassung) bis zur Geburt des Erlösers und deren Voraussetzung in der Ursünde der Stammeltern Adam und Eva. Dann folgen Episoden aus dem Leben Jesu, unter anderem die Salbung durch Maria Magdalena und das Abendmahl. Ein Jude bringt das Abendmahlgefäß an sich, über Pontius Pilatus gelangt es zu Joseph, der fängt darin das Blut Jesu auf, als er ihn vom Kreuz abnimmt. Nach der Auferstehung gerät Joseph in den Verdacht, den Leichnam Jesu gestohlen zu haben und wird eingekerkert. Christus selbst bringt ihm das kostbare Gefäß – er soll es weitergeben an drei Personen, aber er erfährt noch nicht, an wen. Christus erklärt ihm dann die liturgische Funktion: Das Gefäß (*veissel*) soll Kelch (*calices*) genannt werden, der Name Graal erscheint hier noch nicht.

In einem neuen Erzählabschnitt wird die besondere Bedeutung dieses heiligen Gegenstandes im Unterschied zur Wirkung der wichtigsten Berührungsreliquie Jesu, des Tuchs der Veronika, gezeigt: Der Kaisersohn, Vespasian, der aussätzig ist, sucht Heilung. Jesus, erfährt er, konnte Aussätzige heilen, daher stellt er Nachforschungen an und stößt – nachdem Pilatus die ganze Geschichte Jesu ausführlich erzählt hat – auf Veronika, die mit dem Abbild Jesu auf dem Schweißtuch (*vera icon*) die Heilung ermöglicht. Als Zentrum kultischer Handlungen ist dieses jedoch ungeeignet, dafür soll nun das heilige Gefäß eintreten. Vespasian will den Tod Jesu an den Juden rächen und zieht mit Heeresmacht nach Judäa. Er lässt alle Juden zusammenbringen und viele von ihnen töten, da sie Jesus nicht ausliefern können. Schließlich verrät einer der Juden Josephs Gefängnis. Joseph unterrichtet den Kaisersohn im christlichen Glauben – diese Lehren nehmen viele Verse ein. Vespasian verstreut die Juden in die ganze Welt. Auch Joseph zieht in die Fremde, er nimmt seine Schwester Enygeus und seinen Schwager Bron (Hebron) mit. (Der Name Bron ist wohl als Kurzform, nicht als Annäherung an den keltischen *Bran* zu verstehen.) Lange geht es der Gemeinschaft gut, dann aber gelingt ihnen nichts mehr, weil die Sünde der Sinnenlust über sie kommt und einige Mitglieder der Gemeinschaft deshalb den Zorn Gottes auf die Gruppe ziehen. Um zu erfahren, wer diese seien, bittet Joseph vor dem Gefäß Gott um Hilfe. Er erhält den Auftrag, nach dem Vorbild der Abendmahlstafel einen Tisch aufzustellen, darauf das Gefäß und davor den ersten Fisch, den Bron gefangen hat. Das Motiv des Fisches verbindet die bei Chrétien zu findende Vorstellung vom Graal als einer Fischschüssel mit dem Fisch als Christussymbol: griechisch *Ichthys* kann als Akronym (Jesus Christus Gottes Sohn Erlöser) gelesen werden. Später erfahren wir, dass Bron deshalb »der Reiche Fischer« genannt (und also mit Chrétiens Graalherrn identifiziert) wird. Joseph soll den Platz Jesu einnehmen, rechts neben ihm Bron, zwischen beiden soll der Platz des Judas frei bleiben. Das ganze Volk wird berufen, alle empfinden beim Mahl die Gnade der Speisung, nur die Sünder nicht, die daraufhin die Gemeinschaft verlassen. Die Sünder fragen nach dem Gefäß, das diese Wirkung hat, man sagt ihnen, dass es Graal heißt: es ist allen Gerechten »angenehm« und erfüllt sie mit Wonne. Erst an dieser Stelle fällt der Name *Graal*; Robert macht ein etymologisierendes Wortspiel mit altfranzösisch *agreer* ›angenehm sein‹. Ein Graaldienst wird für die dritte Stunde, die Todesstunde Jesu, eingerichtet. Und weil diese Sache wahr ist, soll das Werk die »Geschichte [*Estoire*] des Graal« und nicht »Roman« heißen, sagt Robert (und meint damit die ganze Trilogie). Die li-

Die Gralliturgie als Mahlgemeinschaft

Stich nach einer Miniatur aus einer Handschrift des *Lancelot-Graal-Zyklus*

turgisch-repräsentative Dimension des Graalkults lehnt sich an die Messe an, das gemeinsame Mahl wird jedoch stärker als dort, wo die Wandlung von Brot und Wein im Zentrum steht, ausagiert (was Wagner im *Parsifal* aufnehmen wird). Der Graal bedeutet also kein »neues Sakrament«, sondern ist letztlich die Eucharistie.

Beim Auszug der Sünder bleibt einer zurück: Moses, er verstellt sich und heuchelt Glauben. Joseph bittet den Graal um Auskunft, ob Moses sein wahres Wesen zeigt, daraufhin weist der Heilige Geist ihn an, Moses einen Platz an der Tafel anzubieten. Da nur noch der des Judas frei ist, setzt Moses sich dorthin und wird augenblicklich von der Erde verschlungen. Hier führt Robert ein Gralrequisit ein, das bei Chrétien noch nicht vorkommt, aber in späteren Gralerzählungen eine große Rolle spielt: den *siège perilleux*, den Gefährlichen Sitz, der nur den Auserwählten duldet. Das ist eine motivliche Übertragung aus der Artusliteratur: der Sitz an der Artustafel, der nur dem Einen vorbehalten ist (s. S. 112), verweist auf die Analogie von Graaltafel und Artusrunde. Joseph wird offenbart, dass erst der Enkel des Bron und der Enygeus dort wird sitzen dürfen.

Sie bekommen zwölf Söhne, der Graal weist sie an, zu heiraten, alle tun es frohen Herzens, bis auf einen, Alein, der sich standhaft weigert: Er wolle sich lieber schinden und in Stücke schneiden lassen, als eine Frau zu nehmen. Er wird daraufhin seinem Oheim Joseph übergeben, der ihm die Geheimnisse des Graals anvertraut. Der Graal verkündet ihm, dass er einen Sohn bekommen wird, der das Gefäß hüten soll. Am nächsten Tag soll Petrus (einer der Sprecher des Volkes) nach Avaron (Avalon) gehen und dort den Graalhüter erwarten, nach der Ankunft desselben wird er sterben. Alein zieht mit seinen Brüdern aus und verkündet das Christentum, Petrus begibt sich nach Avaron. Joseph erhält eine göttliche Botschaft durch einen Engel und erfährt, dass nach ihm Bron das Gefäß hüten wird. Er soll mit dem Gefäß ins Abendland ziehen und den dritten Mann (*tierz hom*) erwarten: seinen Enkel, den Sohn Aleins. Joseph gibt das Amt seinem Schwager weiter, dieser geht fort. Damit schließt die Geschichte. Robert erwähnt noch, was er weiterhin berichten muss: die Schicksale Aleins, seine – zweifellos illegitime – Vaterschaft, das Leben des Petrus in Avaron und was aus Moses geworden ist, vor allem, was mit dem Reichen Fischer geschieht – in rätselhaften Worten deutet er an, jetzt habe er keine Muße dafür.

Die Geschichte ist mitunter etwas konfus, mehr schlecht als recht erzählt, aber die Tendenz ist klar: die Vorgeschichte des Graals zu berichten, ihn mit der christlichen Heilsordnung zu verknüpfen und eine Genealogie der Graalhüter zu etablieren.

Robert hat die Verwandtschaftsverhältnisse gegenüber Chrétien modifiziert. Bei ihm sind es nicht zwei, sondern drei Generationen. In der ersten Generation gibt es zwei Hüter: Joseph und seinen Schwager Bron, den Reichen Fischer. Die zweite Generation, Alein, hat nichts mit dem Graal zu tun, erst dessen Sohn, Perceval, wird der dritte Graalhüter, der dann nicht seinen Vetter (wie bei Chrétien), sondern seinen Großvater erlöst und ihm nachfolgt. Die Änderung erfolgte vermutlich, um die matrilineare Abkunft des Graalhelden aus der Hüterfamilie durch die väterliche zu ersetzen und damit den Anspruch auf die Nachfolge (die bei Chrétien ja nicht berichtet wird) zu bekräftigen. Wieso der unvermählte Alein Vater eines Sohnes ist, bleibt unerklärt; hier scheint die sexuelle Verfehlung (die bei Chrétien in der Verwundung des Fischerkönigs impliziert ist) auf ihn übertragen zu sein: Perceval muss ein illegitimer Sohn sein, was im Prosa-Lancelot auf den Graalhelden Galahad übergeht (s. S. 111). Wahrscheinlich ist Robert durch eine bei Chrétien gegebene, unausgesprochene Verbindung zwischen Percevals Vater und dem Fischerkönig angeregt worden, denn beide haben dort die gleiche Verwundung erlitten. Über die erst im Prosa-Perceval berichtete Krankheit Brons ist nichts Genaueres gesagt, es scheint allerdings, als ob sie nicht Folge einer Verfehlung ist.

Die Verankerung der Graalgeschichte in der Heilsgeschichte mittels der Fundierung in der Bibel wird durch die nachbiblischen Zeitalter mit Hilfe der zeitgenössischen Drei-Reiche-Lehre des Abtes Joachim von Fiore geführt; das ist aus chronologischen Gründen zwar nicht unumstritten, diese Lehre wurde jedoch auch in der Neuzeit immer wieder zitiert und soll daher kurz dargestellt werden. Joachim hat die Weltgeschichte in das Reich des Vaters, des Sohnes und des Heiligen Geistes gegliedert, seine Lehre ist in der *Concordia novi et veteris testamenti*, also einem Buch über die Übereinstimmung des Alten und Neuen Testaments, und in einem Apokalypsekommentar festgehalten. Seine in den beiden Hauptwerken niedergelegte Konzeption war geschichtstheologisch sehr folgenreich. Robert verwendet sie allerdings in einer nicht eben perfekten Adaption. Dem Status des Vaters entspricht die Graalhüterschaft Josephs, dem des Sohnes die Brons, dem des Heiligen Geistes die des *tierz hom*. Während das Reich des Vaters von den Laien beherrscht wird, das Reich des Sohnes vom aus Handeln und Betrachten gemischten Leben der Priester, so wird das Reich des Heiligen Geistes vom Leben der Mönche und damit von einem neuen Orden geprägt, in dem die Ehe nicht erlaubt wird. Wie das erste Reich mit den zwölf Söhnen des Abraham, Isaak und Jakob begann, so das zweite mit den zwölf Aposteln. Es gab auch jeweils drei Personen zu Beginn der Reiche: zuerst die drei Patriarchen, dann Zacharias, Johannes und Jesus, und auch zu Beginn des dritten Reiches musste es drei Personen geben: Die dritte sollte der neue Mensch sein, der neue Hohepriester, der eine geistige Wandlung bringt, nämlich die Erneuerung der christlichen Religion und die Herrschaft Gottes über die ganze Welt.

In Joachims Geschichtstheologie gibt das Dreifaltigkeitsschema die Möglichkeit zur Prophetie bzw. zur systematischen Erschließung der Zukunft: Das Zeitalter des Geistes ist eines der Liebe und der Freiheit, das mit dem heiligen Benedikt zwar bereits angebrochen, aber noch nicht ganz erreicht ist, wer die dritte Person sei, ist z. B. noch unbekannt.

Dieser Zukunftssymbolismus erwies sich als ideal für Roberts Projektion der Graalvorstellung: der neue Orden – das konnte der der Graalritter sein, denen die Ehe nicht erlaubt war. Den zwölf Söhnen zu Beginn des ersten und den zwölf Aposteln, den geistlichen Söhnen Jesu des zweiten Reiches, entsprechen die zwölf Söhne Brons zu Beginn des dritten. Und den drei Patriarchen bzw. den Vorläufern Jesu und Jesus selbst entsprechen die drei Gralhüter mit dem *tierz hom* als neuem Menschen, neuem Hohepriester und neuem Vertreter der Herrschaft Gottes. Robert hat vielleicht davor zurückgeschreckt, diese Perspektive voll durchzuführen und damit die Zukunft festzulegen, sie ließ sich aber mit dem bei Geoffrey von Monmouth berichteten Ende des Artusreichs verbinden: am Weltende wird der offene Antichrist auftreten, dieser war mit Arthurs Neffen Mordred zu identifizieren, der im *Prosa-Perceval* den Untergang der arthurischen Welt bewirkt. Diese Zukunftsprojektion hat, vor allem im 13. Jahrhundert, aber auch während des ganzen Mittelalters weiter fortgewirkt.

Chrétiens Erzählung brachte den Graal mit der Artuswelt zusammen, was von Robert ebenfalls in der Vorgeschichte vorbereitet wird. Er stand vor der Aufgabe, das biblische Heilsgefäß aus Palästina in den britannischen Norden zu überliefern, und er tut dies in mehreren Etappen. In Avaron wird der *tierz hom* zu Petrus stoßen – Avaron ist identisch mit Glastonbury, der Abtei im westlichen Süden Englands, die sich als »Jerusalem des Westens« verstand, als Ausgangspunkt der Christianisierung der keltischen Welt. Um 1190 hatten die Mönche dort behauptet, man habe Artus' Grab gefunden, und das englische Königtum nutzte dies zur Propaganda: Richard Löwenherz übergab im Jahre 1191 Artus' Schwert *Caliburnus* an Tancred von Sizilien, womöglich hat er behauptet, es aus dem Grabfund zu haben. Mit der angeblichen Entdeckung von Artus' Gebeinen begann die Karriere der Abtei und ihre Identifikation mit Avalon (Avaron), wo Artus, der Sage gemäß, weile. Robert griff anscheinend diese Vorstellung auf; denn er ließ Petrus und den *tierz hom* in Avaron, sprich Glastonbury, zusammentreffen, um die Abendmahlschüssel, seinen Graal, in den Kontakt mit dem Artusreich zu bringen, den er im *Conte del Graal* vorgefunden hatte. Die Translatio des Graals erfolgt nicht nach Frankreich, sondern nach Britannien, denn Frankreich ist in der Literatur das Karlsreich, Britannien hingegen das arthurische, und eben diese Verbindung war durch Chrétien vorgegeben.

Robert de Boron stammte wahrscheinlich aus der Freigrafschaft Burgund (Franche-Comté), die zum Reich gehörte, aus dem Dorf Boron zwischen Montbéliard und der Schweizer Grenze. Vermutlich war er ein Angehöriger des niederen Adels mit geistlicher Bildung, dafür spricht die Kenntnis der lateinischen Quellen und der Geschichtstheologie des Abts Joachim. Er schrieb seine *Estoire* für Gautier von Montbéliard, eine typische Figur der Zeit des vierten Kreuzzugs: 1199 hat er das Kreuz genommen, sich dann 1201 ins Heilige Land begeben und dem König von Jerusalem als Heerführer angeschlossen. Er heiratete eine Tochter des Königs Amalrich II. von Zypern und Jerusalem aus dem Hause der Lusignan und führte nach dessen Tod im Jahre 1205 die Regentschaft für dessen minderjährigen Sohn Hugo auf Zypern. Zypern war auf dem dritten Kreuzzug von Richard Löwenherz erobert und den Lusignan als Lehen gegeben worden, diese waren englische Vasallen aus Poitou (s. S. 102). Bis 1210 war Gautier Vormund, er wurde, weil er rechtswidrig handelte, von der Insel gejagt. Robert sagt im Epilog seines Werks, er habe die *Estoire* bei seinem Herrn in Frieden (*en peis*) erzählen können. Wahrscheinlich ist die Geschichte also vor 1201 in Burgund (oder zwischen 1205 und 1210 auf Zypern?) entstanden. Die Lehren des Abtes Joachim konnte Robert in Begleitung Gautiers 1181 in Sizilien kennengelernt haben. Die Neugier auf die Vorgeschichte des geheimnisvollen Graals Chrétiens und das seit dem dritten bzw. vierten Kreuzzug starke Interesse am Heiligen Land werden die Gestaltung der »wahren« Geschichte angeregt haben. Ihre erzählerische Faszination ist recht gering, nur die Grundzüge gingen in die nachfolgenden Zyklen ein, die sie dann auch in der Überlieferung weitgehend verdrängten. Man versteht sie am besten als erbauliche Literatur im Umkreis biblischer Gestalten (ähnlich wie die Apokryphen), die die Lücke zum Ritterroman besetzte und damit das Bedürfnis einer religiös orientierten Adelsschicht erfüllte.

Der *Merlin* bringt nach dem *Joseph* die Vorgeschichte des arthurischen Reichs, sie sollte die Vorgeschichte des Graals ergänzen; hier konnte Robert auf Vorgegebenes zurückgreifen. Merlin hatte schon in Geoffreys Geschichtswerk eine zentrale Stellung eingenommen, er bildet sozusagen das Scharnier zwischen der potentiell teufelsverfallenen weltlichen Herrschaft und der göttlichen. Als Sohn des Satans und einer von ihm verführten reinen Jungfrau wird er getauft und zum Werkzeug Gottes, sein väterliches Erbe zeigt sich in der Fähigkeit zum Gestaltentausch und zur Prophetie, aber auch bei der Mitwirkung an dem moralisch verwerflichen Unternehmen von Artus' Zeugung im Ehebruch von Uther Pendragon mit Igern. Merlin berät die Könige Vortigern, Uther, Pendragon (der nach dem Tode seines Bruders als Uther Pendragon firmiert) und Artus. Uther Pendragon überredet er zur Errichtung der runden Tafel für die besten Ritter mit dem Sitz für den Erwählten. Die Tafel ahmt die Graaltafel nach, diese wiederum die Abendmahlstafel, eine religiöse Grundausrichtung ist also von der Gründung an vorgegeben: Die Aufgabe, das Königtum zu verteidigen und auszubreiten, soll in Gottergebenheit geleistet werden, die die erste Pflicht des Königs ist. Merlin hilft Uther Pendragon, die Frau des Herzogs von Cornwall, Igern, zu verführen, indem er ihn die Gestalt mit ihrem Mann tauschen lässt. Das in der betrügerischen Liebesnacht gezeugte Kind wird Merlin übergeben, der für eine ritterliche Erziehung sorgt. Auch der weltliche Held ist also illegitim (was Robert gegen Geoffrey verstärkt), ähnlich wie später der Graalheld. Als Uther Pendragon stirbt, muss ein neuer König gefunden werden, was mit einer (zweimal wiederholten) Schwertprobe geschieht, durch die der junge Artus von Gott zur Herrschaft bestimmt wird. Bei der Krönung ermahnt ihn der Erzbischof, Frieden und Recht zu wahren und das Reich gegen die Ungläubigen zu verteidigen: das arthurische Kämpfertum bleibt auf Gottes Gebot gegründet. In den späteren Fassungen wird auch die Geschichte Merlins zu einem (vorläufigen) Ende geführt: mit der Liebesbeziehung zu Viviane (Niniane) und seiner Einschließung in eine Weißdornhecke oder eine Höhle.

Der *Prosa-Perceval* ist dann eine *reécriture* des Chrétien'schen Werks unter den neu geschaffenen Vorgaben. Der Autor beruft sich allerdings nicht auf ihn, sondern auf *Blaise*, der auf Befehl Merlins den *Joseph* aufgeschrieben (*Merlin*, Kap. 16) und dessen Handschrift er gefunden habe. Wahrscheinlich hat ein anonymer Autor nach Roberts Plan die Geschichte zu Ende geführt, wobei allerdings verbindende Glieder zwischen *Perceval* und *Joseph* erst in der überarbeiteten zweiten Fassung E (Modena) stehen. Der Prosa-Erzähler benutzt für seinen *Perceval* nach Chrétien und neben Roberts *Joseph* und *Merlin* auch die zweite Chrétien-Fortsetzung, die sog. Wauchier-Continuation, die um 1200 entstanden ist.

Perceval, der Sohn Aleins, wird von seinem Vater, als er seinen Tod nahen fühlt, an den Artushof geschickt; die Mutter stirbt vor Schmerz, als sie erfährt, dass er fortgeritten ist. Artus macht Perceval zum Ritter, er bewährt sich im Kampf und im höfischen Verhalten. Bei einem Hoftag zu Pfingsten will Artus die Runde Tafel wieder beleben, die Merlin zur Zeit seines Vaters Uther Pendragon eingerichtet hatte. Wie die Graaltafel hat sie dreizehn Plätze – zwölf werden besetzt, einer bleibt frei: Perceval kämpft unerkannt im großen Turnier und siegt; als unbekannter Ritter soll er den leeren Platz einnehmen, der nur dem besten Ritter der Welt bestimmt ist. Artus warnt Perceval, der sich zu erkennen gibt, vor dem Gefährlichen Sitz unter Hinweis auf den Verräter (in der Handschrift D fällt der Name von Moses), der einst von der Erde verschlungen wurde. Perceval setzt sich, indem er den Segen des Heiligen Geistes anruft. Der Stein des Sitzes birst, es wird finster und eine Stimme verkündet: Nur wegen Alein und Bron wurde Perceval vor dem Ende des Moses bewahrt. Das Gefäß, das Jesus dem Joseph im Gefängnis gegeben hat und das *Graaus* heißt, sei in diesem Lande. Bron sei krank, er werde jedoch weder geheilt, noch werde der geborstene Stein wieder ganz, bevor nicht ein Ritter alle anderen überträfe, mit Gottes Hilfe das Haus des Reichen Fischerkönigs fände und frage, wofür der Graal diene. Die Ritter wollen die Suche unternehmen und Perceval schwört, nie zwei Tage unter einem Dache zu bleiben, bis er den Graal gefunden habe.

Auf seinem Weg zur Graalburg besteht Perceval verschiedene Abenteuer, die Chrétiens *Conte* und der zweiten Fortsetzung entnommen sind: Er trifft ein weinendes Mädchen mit einem toten Ritter und rächt ihn an Orgueleus, den er besiegt zum Artushof schickt. In einem Schloss findet er ein Schachbrett, das selbständig gegen ihn spielt. Als er dreimal verliert, will er die Figuren ins Wasser werfen, die Schlossherrin fordert ihn auf, das zu unterlassen; Perceval verliebt sich in sie, sie verlangt als Liebesbeweis den Kopf des weißen Hirsches; er erlegt ihn, aber eine alte Frau entführt den Jagdhund; den ihm die Schlossherrin mitgegeben hatte. Er erhält ihn zurück für einen Kampf gegen einen Schwarzen Ritter, der aus einem Grab kommt und, als er zu unterliegen droht, dorthin zurückflieht. Ein anderer Ritter nimmt währenddessen Hund und Hirschkopf und reitet fort. Nach seinem ersten Graalbesuch gewinnt Perceval beides wieder, kehrt zurück, lehnt aber Hand und Land der Dame ab, weil er ja gelobt hat, nirgendwo zu bleiben. Die Episode stammt aus der Fortsetzung, nur dass Perceval dort die Nacht mit dem Fräulein verbringt: dass die Keuschheit des Graalhelden nunmehr eine wichtige Bedingung geworden ist, steht im Zusammenhang mit der Sakralisierung des Graals in Übereinstimmung mit Roberts Konzeption im *Joseph*. Perceval kommt nach drei Jahren zu seinem Elternhaus, erfährt von seiner Schwester, dass seine Mutter gestorben ist, und wird von ihr zu seinem Einsiedler-Onkel geschickt, wo er beichten und Buße tun soll. Dieser sagt Perceval, dass er bestimmt sei, den Graal zu finden und seinen Großvater Bron zu heilen. Der Eremiten-Onkel ist eine Kombination von einer Figur aus Roberts *Joseph*, nämlich Petrus, und dem Einsiedler bei Chrétien. Bemerkenswert bleibt, daß er nicht von der Graalfrage spricht, die bei Chrétien ja die eigentliche Leistung des Helden darstellt.

Es folgen weitere Abenteuer Percevals: Er begegnet Merlin, der ihm einen Hinweis gibt, wie er das Haus des Reichen Fischerkönigs finden kann (die Prosa wählt immer diese Formulierung, spricht nicht von »Graalburg«). Perceval kommt schließlich dorthin, die Schilderung ist weitgehend Chrétien entnommen. Angesichts von Lanze und Graal denkt Perceval an den bisher nicht erwähnten Rat seiner Mutter, nicht zu viel zu sprechen und nach Dingen zu fragen (1227 f.) – so in der Redaktion E; in D ist es (unsinnigerweise) der Eremit, der diese Vorschrift gegeben hat. Robert will Perceval vor dem Vorwurf mangelnden Mitleids schützen und lässt ihn teilnahmsvoll die Gebrechlichkeit des Fischerkönigs bedauern (E 1205). Er wundert sich nach der Graalprozession über das Gefäß, vor dem der König niedergekniet war, wundert sich über die Lanze und beschließt, am nächsten Morgen danach zu fragen, aber dann ist, wie bei Chrétien, das Haus verlassen. Der Held trifft ein weinendes Mädchen, das ihn tadelt, weil er nicht nach dem Graal gefragt hat: Er hat versagt, weil er noch nicht weise und tüchtig genug ist und noch nicht genügend Rittertaten vollbracht hat, um der Hüter des kostbaren Gefäßes sein zu können (1296f.). In der nächsten Aventiure gewinnt Perceval Hund und Hirschkopf zurück und kommt dann nach sieben Jahren zum zweiten Mal zu seinem Onkel, wie bei Chrétien an einem Karfreitag. Er beichtet dort wieder, bleibt zwei Monate, erfährt, dass seine Schwester gestorben ist und besucht ihr Grab, dann bricht er wieder zur Graalsuche auf. Die folgende Aventiure ist die »Umbesetzung« eines Gauvain-Abenteuers bei Chrétien: das mit dem ›Fräulein mit den kleinen Ärmeln‹. Der Prosa-Autor schreibt nämlich keinen Doppelroman mit Perceval und Gauvain, da er die Opposition von geistlicher und weltlicher Ritterschaft aufgegeben hat. Er zeigt in den Zweikämpfen, die Perceval besteht, dass er nun der beste Ritter der Welt ist. Der Zweikampf mit Gauvain geht, mit leichten Vorteilen für Perceval, unentschieden aus; er kann zwar Gauvain nicht aus dem Sattel werfen, dieser aber stürzt mit dem Pferd, das sich den Hals bricht. Perceval trifft Merlin, der ihn zum Haus des Fischerkönigs weist. Dort sieht er die Graalprozession und fragt sofort, wen man mit diesen Dingen bediene; darauf gibt es keine Antwort, doch die Heilung des Fischers erfolgt unverzüglich. Er berichtet, dass die Lanze die Longinuslanze sei und das Gefäß das Blut Jesu enthalte. Es werde Graal genannt, weil es allen edlen Männern gefalle (*agreer*, 1853); das ist die schon im *Joseph* gegebene Etymologie, die in der späteren Gralliteratur gerne aufgegriffen wird. Perceval erfährt nun von ihm die Geheimnisse des Graals, die Joseph einst Bron gelehrt hatte. Er bleibt im Haus des Fischers, der nach drei Tagen stirbt, jetzt ist Perceval selbst König und lebt fortan zurückgezogen beim Graal. Alle Wunderaventiuren Britanniens sind damit beendet, der Stein am Gefährlichen Sitz fügt sich wieder zusammen. Merlin kommt zum Artushof und verkündet, was geschehen ist: Perceval als Graalherr hat von der Ritterschaft Abschied genommen und will in der Gnade seines Schöpfers bleiben (1919f.). Als die Ritter hören, dass alle Abenteuer beendet sind, wollen sie Artus verlassen. Um das zu verhindern, vertraut Artus Herrschaft und Königin seinem Neffen Mordred an und beschließt, die Normandie und Frankreich zu erobern. Der Herzog der Normandie ergibt sich kampflos, der König von Frankreich wird im Zweikampf getötet und Artus in Paris zum König gekrönt. Er kehrt nach England zurück, hält am Johannistag ein Hoffest in Carduel, dort kommen zwölf Gesandte des römischen Kaisers und verlangen die Rückgabe der französischen Eroberungen. Da Merlin prophezeit, Artus werde der dritte britische Kaiser von Rom sein, beschließen Artus und die Barone, Rom anzugreifen. Der römische Kaiser verbündet sich mit dem Sultan und dem König von Spanien. In der Entscheidungsschlacht werden alle drei getötet, und Artus beschließt, sich in Rom krönen zu lassen. Am Tage vor seinem Aufbruch erfährt er jedoch, dass Mordred ihn verraten, die Krone usurpiert und die Königin geheiratet hat. Er kehrt sofort nach England zurück, bei der Landung wird unter anderen Gauvain getötet. Artus besiegt die mit Mordred verbündeten Sachsen und schließlich auch diesen, wird aber selbst tödlich verwundet und nach Avalon gebracht, wo seine Schwester Morgane seine Wunden heilen soll. Vierzig Jahre warten seine Leute auf seine Rückkehr, und manche haben ihn in den Wäldern jagen hören. Merlin berichtet dies Blaise, dem Beichtvater seiner Mutter, dieser erzählt es Perceval, der weinend für die Seelen der Gefallenen betet. Merlin zieht sich bis zum Jüngsten Tag zurück.

Dieser ganze Schluss, die *Mort Artu*, basiert auf Geoffreys von Monmouth Geschichtswerk; es ist umstritten, ob dieser Teil noch auf Robert zurückgeht, aber der Plan, mit dem *Merlin* die arthurische Thematik einzubringen (wie es die Integration von Chrétiens *Conte del Graal* erforderte), legt den Abschluss in dieser Form nahe: das dritte Reich, das des Heiligen Geistes, die Herrschaft Gottes über die ganze Erde – das konnte nur die Herrschaft des Graalkönigs sein, das Artusreich musste also untergehen. In Roberts Konzeption war kein Platz mehr für ein selbständiges Reich der Ritter, nicht einmal der christlichen. Die Kämpfe Artus' sind zwar als Kämpfe gegen Heiden dargestellt, denn der gegnerische Kaiser verbündet sich mit dem Sultan und Mordred mit den heidnischen Sachsen, am Ende aber muss die Herrschaft dessen stehen, der sich von der Ritterschaft abgewendet hat und allein in der Gnade Gottes lebt. Der weltliche Ritter ist die notwendige, jedoch zu überwindende Konzeption, da seine Aufgabe immer der Kampf und damit das Töten bleibt. Der erste Graalzyklus der Literatur stellt die Graalhistorie in die Heilsgeschichte, ja identifiziert beide: Es geht um die Erfüllung des Neuen Testaments als Gottesreich auf Erden, also das dritte Reich im Sinn des Abtes Joachim. Die Ankunft Gottes und das Jüngste Gericht stehen noch aus – so lange bleibt Merlin in seiner Klause.

Möglich war diese Konzeption nur durch die konsequente Sakralisierung des Graals in der Joseph-Geschichte; die Begebenheiten von Chrétiens *Perceval* werden daher im Prosaroman entsprechend modifiziert. Deutlich ist das z. B. in der Graalprozession: keine liturgisch nicht befugte Frau hält die Schüssel, sondern ein Graalträger. Der

Graal wird vom Fischerkönig kniefällig verehrt, denn sein Geheimnis ist ein christliches Kultgeheimnis, er enthält das Blut Christi. Daher wird er nicht mit irdischer Nahrung assoziiert: während noch Chrétien das gute Essen auf der Graalburg erwähnt (was in der zweiten Fassung weiter ausgeführt ist), gibt es nichts davon im *Prosa-Perceval*. Entsprechend wird auch der Graalheld sakralisiert. Zwar bleibt er – wie jeder Mensch – nicht frei von Sünde und muss deshalb beim Einsiedler zweimal beichten, aber die Schuld am Tod der Mutter ist ebenso eliminiert wie die Gewaltanwendung gegenüber dem Zeltfräulein. Der Held hat ferner keine Lernprobleme, ist niemals Ziel des Gespötts. Auf der Graalburg zeigt er Mitleid, er ist lediglich noch nicht auf dem Höhepunkt von Weisheit und Stärke, ist erst auf dem Weg, aber noch nicht vollendet. Zur Sakralisierung gehört auch die Keuschheit des Helden, die er in zwei Situationen bewährt: bei der Herrin des Schachspiels und in dem auf ihn übertragenen Gauvain-Abenteuer, wo ihm (nur in Hs. D) mit dem Turniersieg auch die Hand der veranstaltenden Dame angeboten wird, die er ausschlägt. Eine Freundin wie Blanchefleur bei Chrétien gibt es nicht, denn auch in Abt Joachims drittem Reich war die Ehe nicht erlaubt.

Es ist schon Robert nicht gelungen, seine Graalkonzeption völlig mit der Chrétiens zu vereinen, es bleiben unerklärte und unstimmige Momente. Wie wir aus dem *Joseph* wissen, war Robert ein eher unbeholfener und trockener Erzähler, der einen Redaktor geradezu herausfordern musste, zu überarbeiten, genauere Bezüge und buntere Farben hinzuzubringen. Davon legen die beiden unterschiedlichen Fassungen des *Prosa-Perceval* ebenso Zeugnis ab, wie von der Unfähigkeit des oder der Redaktoren, eine volle Übereinstimmung zu erzielen. Für die Entstehungszeit des Prosazyklus hat zu gelten: nach dem *Joseph*, also nach 1201. Da am Schluss wiederholt von einem unabhängigen Herzogtum der Normandie die Rede ist, dieses aber im Jahre 1214 nach der Schlacht von Bouvines endgültig an die französische Krone fiel, dürfte der *Prosa-Perceval* vor diesem Zeitpunkt entstanden sein. Die Tatsache, dass Artus zum König von Frankreich gekrönt wird, wird mit der pro-englischen Tendenz zusammenhängen, die schon für den *Joseph* festzustellen ist. Für die Lokalisierung ist an den englischen Festlandbesitz südlich der Loire (der nördliche Teil wurde schon 1204 vom französischen König beansprucht) zu denken, vielleicht bei den Lusignan im Poitou, die ja auch Herren von Zypern waren und als Vasallen des englischen Königs diesem im Bilde von König Artus huldigen mochten. Der zur fraglichen Zeit regierende englische Herrscher, Johann Ohneland, war schwach und verlor immer mehr von seinen kontinentalen Besitzungen; daher mochten in dieser Zeit die Hoffnungen auf die Rückkehr des idealen Königs Artus umso lebendiger sein, von dessen Untertanen es heißt, sie hatten lange die Hoffnung, er werde wiederkommen (2652).

Der Robert-Zyklus erweist sich als brüchige Konstruktion: War Chrétiens *Perceval* vor dem Hintergrund der arthurischen Romane eine problematisierende Erfüllung der arthurischen Struktursymbolik gewesen mit dem vermutlichen Ziel, die traditionelle innerweltliche Sinngebung von oben zu ergänzen und zu überhöhen, so entwirft die Trilogie einen anderen Hintergrund: den der Geschichte, deren immanenter Sinn undurchsichtig bleibt. Erkannte Parzival im Feirefizkampf die Notwendigkeit, sich Gott anzuvertrauen, so gibt es für Roberts Perceval keine vergleichbare Erkenntnis. Das ist z. B. an der Schachspielherrin zu zeigen: die Aventiure aus der zweiten Fortsetzung ist ursprünglich rein narrativ als Bewältigung von exotischen, andersweltlichen Begegnungen eingesetzt (magisches Spiel, weißer Hirsch, Grabritter), in Roberts *Perceval* dient sie dann der Demonstration des Keuschheitsgebots. Perceval aber vermag das nicht zu erkennen, sondern weist die Hingabe der Dame lediglich deshalb zurück, weil er nicht zwei Nächte unter einem Dach bleiben will. Die Aventiuren tragen keinen offenbaren Sinn in sich, erhalten ihn auch nicht aus der Struktur wie im klassischen Artusroman, sondern durch eine inhaltlich-programmatische Vorgabe, ohne dass diese erzählerisch restlos umgesetzt wäre. Der Rest »arthurischer« Sinnentwicklung in Roberts *Perceval*, wie im Fall des Versagens und Gelingens auf der Graalburg (was, anders als in der zweiten Fortsetzung, hier erzählt wird), erweist sich als in den neuen Zusammenhang schwer integrierbar. Daher kann dann ein neuer Graalheld konzipiert werden, der als vollkommener in die Erzählung eintritt und kein Misslingen kennt, keine Entwicklung braucht: Galahad. Er betritt die literarische Bühne in der *Queste del Saint Graal* im *Prosa-Lancelot* und dann im Rahmen des zweiten großen Zyklus, dem *Lancelot-Graal-Zyklus*.

5. Kapitel

Liebessünder und Ritterheiliger vor dem Gral: Lancelot und Galahad

Ist der Gral in den bisherigen Romanen der Prüfstein für einen bestimmten Ritter, der allein dorthin gelangen, Erlöser und Herrscher werden kann, so wird er in dem neuen zyklischen Zusammenhang zum Maßstab der höfischen Welt und ihrer Vertreter schlechthin. Er zeigt die Grenzen, ja die Sündhaftigkeit des weltlichen Strebens an verschiedenen Vertretern des Rittertums, vor allem am »Ersten Ritter« Lancelot. Die Welt erscheint als ein kaum überschaubares Geflecht von Abenteuern, was sich in der Erzählstruktur mit ihren häufig parallelen Abläufen spiegelt und auf eine unendliche Fortsetzbarkeit hinausläuft, die jedoch unter dem Gesetz der Gralsuche ein Ende hat. Neben charakteristischen und einprägsamen Episoden steht auch Stereotypes, das bestenfalls den Reiz des Wiedererkennens bietet. Das Leitmotiv der Gralbewährung setzt sich erst zögernd durch, bis es die Erzählung beherrscht, die Programmatik gerät vor allem im umfangreichen ersten Teil oft aus dem Blick. Das liegt in der Genese des Zyklus begründet.

Den Ausgangspunkt für den sog. *Prosa-Lancelot*, der in seiner ursprünglichen Fassung aus drei Teilen, dem *Lancelot propre*, der *Queste del Saint Graal* und der *Mort Artu* besteht, bildet die Pseudo-Robert-Trilogie. Der Prosa-Lancelot wurde später durch eine *Estoire del Saint Graal* und einen *Merlin* zum *Lancelot-Graal-Zyklus* ergänzt. Der »Architekt« des *Prosa-Lancelot*, der verschiedene Vorlagen in überarbeiteter Form integriert hat, nimmt die Gralkonzeption Roberts zum Ausgangspunkt: die konsequente hierarchische Stufung zwischen arthurischem Kämpfertum und Gralritterschaft mit der weitgehenden

Sakralisierung des Kultgegenstandes und derer, die ihm dienen. Im Rahmen dieser Konzeption war Perceval ein ungeeigneter Gralheld. Er hatte, sowohl bei Chrétien und in der zweiten Fortsetzung wie andeutungsweise selbst bei Robert, Liebesaffären, entsprach also keinesfalls dem mönchischen Ideal; seine Sündenbelastetheit machte ihn unvollkommen, folglich wurde der neue Gralheld erfunden. Für seine Konzeption griff der Autor auf das alttestamentliche Gottesstreitertum zurück: er machte ihn zu einem Abkommen des Königs David und gab ihm einen biblischen, keinen arthurischen Namen: Galahad. Diese Steigerung der ethischen und religiösen Vollkommenheit des Gralhelden hatte nun eine entsprechende Verstärkung des arthurischen Heldentums zur Folge, um ein erzählerisches und konzeptionelles Gegengewicht zu schaffen. Gauvain kam als Protagonist dafür nicht infrage, denn nicht er galt als der beste Ritter, sondern Lancelot: Im Karrenritterroman Chrétiens wird er als der überragende Held eingeführt, der seine Motivation aus der Liebe zur höchsten Dame, zur Königin, gewinnt und daher auch Gauvain übertrifft. Er konnte der geeignete Gegenpart des vollkommenen Gralhelden sein: der vollkommene weltliche Held, dessen einziger Makel in der ehebrecherischen Liebe zur Königin besteht, die allerdings gerade die Voraussetzung für seine ritterliche Überlegenheit ist. In ihm verkörpert sich das Dilemma des weltlichen Rittertums zwischen höchster Ehre unter weltlicher Perspektive und schlimmster Sündenverfallenheit unter geistlicher aufs Eindringlichste. Galahad hingegen verkörpert beides, weltliche und ethisch-religiöse Vollkommenheit. Der erzählerische Kunstgriff besteht nun darin, Lancelot zum illegitimen Vater Galahads zu machen; damit wird einerseits deutlich, dass ritterliche Tüchtigkeit unabdingbar bleibt, andererseits wird die innerweltliche höfische Vollkommenheit Lancelots in der Liebe durch seinen unwillentlichen Treuebruch gegenüber der Königin eingeschränkt und damit die Idealität der Geschlechterliebe als solche von innen heraus problematisiert.

Die Genese des *Prosa-Lancelot* setzt vermutlich mit der Konzeption des zweiten Teils, der *Queste* ein. Sie enthält am meisten Neues in der Konzeption des Gralhelden und auch am wenigsten vorgegebenes Erzählmaterial, greift nur lose auf Motive und Modelle aus der Bibel und, weit weniger allerdings, aus der arthurischen Literatur zurück. Ob der vorangehende Lancelotteil vorher als unabgeschlossene selbständige Erzählung in Prosa bestanden hat oder ob die Zusammenfügung verschiedener Erzählmaterialien mit dem Kern von Chrétiens Karrenritter Erstleistung des »Architekten« und seiner Helfer war, bleibt umstritten. Vermutlich war ein Lancelotroman im Sinn einer vor allem ritterlichen Überbietung des großen Ehebruchromans, des *Tristan*, in dem die Liebe in allem Glanz und in aller Gefährdung vorgeführt wurde, schon vorher geplant; entsprechende Motivparallelen sind unübersehbar. Die internen Bezüge zwischen *Lancelot* und *Queste* sowie *Mort Artu* wirken nämlich als späte Zutat, so dass die vorherige Existenz des Lancelotromans durchaus wahrscheinlich ist. Die Verbindung zwischen beiden Teilen erfolgt erzählerisch nicht nur durch die Weiterführung der Personen, sondern durch die genealogische Verknüpfung des Gralhelden mit dem Liebeshelden. So konnte das klassische Motiv des zweimaligen Besuchs des Gralritters beibehalten werden, indem es auf zwei Generationen verteilt wurde: Lancelot muss am Gral wegen seiner Unvollkommenheiten scheitern, der von Anfang an vollkommene Galahad aber hat zwar einen schwierigen Weg dorthin, doch liegen die Hindernisse nicht in ihm, sondern werden ihm von außen entgegengestellt. So kann er als von Anfang an vollkommener Ritter gleich beim ersten Mal den Gral gewinnen.

Es scheint, als sei es die Robert-Trilogie mit ihrer Sakralisierung des Rittertums, die als Gegenbild einen in Prosa abgefassten großen weltlichen Ritterroman provozierte, einen *Lancelot*, der die (existierende) Geschichte von seiner Jugend mit der Liebesgeschichte nach Chrétien kombiniert. Die Überlieferung des nichtzyklischen Textes führt jedoch die Handlung nicht zu einem Abschluss, so dass dieser Roman als unvollendet angesehen werden muss. Er wäre dann vom »Architekten« in den zyklischen *Prosa-Lancelot* unter Hinzufügung der verklammernden Voraussagen umfunktioniert und eingebracht worden. Aus dieser Herkunft als großer Prosa-Liebesroman resultiert die doppelte Wahrheit im *Prosa-Lancelot*: die Überwertigkeit der höfischen Liebe im eigentlichen Lancelotteil und ihre graduelle Infragestellung unter dem Aspekt des geistlich-mönchischen Rittertums, das dann in der *Queste* und in der *Mort Artu* allein dominiert. Daher ist für eine Entfaltung der Gralthematik im *Prosa-Lancelot* ein Eingehen auf die Liebesgeschichte des Ersten Ritters notwendig.

Der *Prosa-Lancelot* lässt sich nicht so leicht nacherzählen wie der *Parzival* oder auch der *Joseph*, da er weder eine sinntragende zweiteilige noch eine lineare historische Struktur besitzt, sondern verschiedene Geschichten ineinander verschachtelt. Das leitende Organisationsprinzip ist einmal das der Suche nach verschollenen, eingekerkerten, ihrerseits auf der Suche verirrten Rittern und dann das von Qualifikationsabenteuern, die als Voraussetzung für größere und schwierigere Aventiuren bestanden werden müssen. Neben den Hauptpersonen Lancelot und Artus mit seiner Frau Guinièvre (in der deutschen Fassung Ginevra) spielen die Vettern Lancelots, Bors (Bohort) und Lionel, sowie sein Halbbruder Hector (Hestor) eine wichtige Rolle, daneben steht Gauvain mit seinen Brüdern, Lancelots Freund Galehaut (Galahot) sowie, am Ende des eigentlichen *Lancelot*, Perceval (Parzival). Der Leser kann den Faden verlieren, da die Welt nicht mehr, wie im klassischen Artusroman, vom Helden und seinem Sinnfindungsweg her entworfen ist, sondern sich für die Ritter und den Leser als undurchschaubar erweist. Als Ariadnefaden im Labyrinth fungiert bei Lancelot die Liebe zu Guinièvre, aber nicht nur diese, auch seine Freundschaft mit Galehaut und sein Einsatz für Artus bestimmen seine Handlungen. Dem gegenüber steht eine zweite Sinngebungsebene, die mittels Voraussagen und Vorausdeutungen arbeitet; es handelt sich dabei um Träume sowie um bestimmte Abenteuer, die nur von einem bestimmten Helden bestritten werden können. Sie verweisen entweder auf Lancelot als den überragenden Heros des ersten Teils, oder auf den *Guten Ritter*, den Gralritter, der Lancelot an ethischer Perfektion überlegen sein wird. Eine Nacherzählung des eigentlichen Lancelot-Teils muss sich auf die Abenteuer des Helden konzentrieren.

Die Erzählung beginnt mit der Elterngeschichte, ähnlich wie in der Heldendichtung (*Chansons de geste*), sie ist in zweifacher Hinsicht als programmatisch zu verstehen. Lancelots Vater Ban (Pant) ist Lehensmann von König Artus, er wird von Claudas bekriegt und findet den Tod. Die Mutter geht, nachdem Lancelot als kleines Kind entführt worden ist, ins Kloster. Die »Frau vom See«, die das Kind an sich genommen hat, zieht es höfisch und ritterlich auf und bringt den Herangewachsenen an den Hof des Königs Artus. Damit ist seine Heilbringerrolle vorgegeben, er kommt von außen an den Hof und kann dort gleich Abenteuer bestehen, an denen die Artusritter gescheitert sind. Die Jugendgeschichte weist Lancelot also eine Sonderstellung im Rahmen des höfischen Rittertums zu. Die zweite Programmatik liegt im Versagen von König Artus, der seinem Lehnsmann helfen müsste, es aber nicht kann, weil seine Macht dazu nicht ausreicht; die Grenzen der arthurischen Herrschaft werden also gleich zu Beginn aufgezeigt und bleiben thematisch präsent. Ähnlich ambivalent gestaltet sich Lancelots Ernennung zum Ritter. Die »Frau vom See«, seine Ziehmutter, führt ihn in einer langen Rede in die Aufgaben des Ritters ein und bestimmt sie im Wesentlichen als Einsatz für die Kirche und die Schwachen. Sie leitet das Rittertum nicht aus der klassischen Antike ab, wie in der mittelalterlichen *Translatio militiae* von den Griechen über die Römer üblich, sondern aus der Bibel; der Ritter steht also in der Nachfolge von König David und den Gottesstreitern des Alten Testaments. Lancelot selbst stammt über Joseph von Arimathia aus dem Davidsgeschlecht und damit aus einer anderen Sippe als Artus und die Hauptvertreter der Tafelrunde, Gauvain und seine Brüder. Während die »Frau vom See« Lancelot verbal in das Rittertum einweist, gibt ihm König Artus den Ritterschlag, vergisst jedoch, ihm das Schwert umzugürten. Das Schwert erhält er von der Königin Guinièvre, und damit wird er ihr Ritter. In Lancelot verkörpert sich also ein dreifaches Rittertum: das Gottesstreitertum, wie es ihm die »Frau vom See« vermittelt (und das in seinem Sohn zur Vollendung gelangt), das arthurische Rittertum, das König Artus und seinem Ziel der gerechten Herrschaft verpflichtet ist, und das Frauenrittertum, das von der höfischen Liebe zu einer Dame motiviert wird. Hier ist es die höchste, schönste und vollkommenste Frau, der Lancelot dient, und er selbst wird es so verstehen, dass er dadurch zum besten Ritter geworden ist. Bei der ersten Begegnung verliebt sich Lancelot in Guinièvre, was für ihn lebenswegbestimmend bleibt. Später, wenn er die Sündhaftigkeit dieser Liebe zu einer verheirateten Frau erkennt, wird er sagen, dass ihn in diesem Augenblick der Teufel mit seinem Pfeil getroffen habe. Lancelot gewinnt die Freundschaft von Galehaut, und dieser ist es auch, der am Artushof das Liebesgeständnis Lancelots gegenüber der Königin und den daraus folgenden ersten Kuss ermöglicht. Auf diese berühmte Stelle greift Dante in der *Divina Commedia* programmatisch zurück, wenn er das Liebespaar Paolo und Francesca im Inferno (V. Gesang) bekennen lässt: »An dieser Stelle lasen wir nicht weiter«.

Für die erste Liebesnacht zwischen Lancelot und Guinièvre findet der Erzähler eine Entschuldigung des Ehebruchs: König Artus ist währenddessen bei einer Geliebten. Symbolisch wird die zum Ziel der Lust gelangte Liebe als höchster ritterlicher Wert in der Heilung des gespaltenen Schildes gezeigt: Lancelot hat von seiner Ziehmutter einen Schild mit einem Ritter und einer Dame bekommen, auf dem die beiden durch einen Spalt getrennt sind. Nach der Liebesvereinigung ist dieser Riss geheilt, ein Zeichen dafür, dass der Ritterdienst als Frauendienst hier seine Erfüllung gefunden hat. Immer wieder wird die Liebe zwischen Lancelot und der Königin als höfisch vollkommen dargestellt; sie ist nicht niedrige Lust, da sie an die höchsten Voraussetzungen gebunden ist: Lancelots überlegenes Rittertum, das er immer wieder neu in den schwersten Abenteuern bewähren muss, und die höchste Ehre, Tugend und Schönheit der Königin. Doch es mehren sich die Zeichen, dass Lancelot unter einer anderen Perspektive, nämlich der geistlichen, unvollkommen ist und deshalb die Gralaventiure nicht wird bestehen können.

Der Erzähler integriert in die Lancelot-Geschichte alles, was ihm von diesem Helden und den anderen Artusrittern bekannt war, denn er will die Totalität des Stoffes bieten. Einen wichtigen Handlungsstrang entlehnt er dem *Karrenritter* Chrétiens de Troyes: die Entführung der Königin durch Meliagant und ihre schließliche Befreiung durch Lancelot; hierdurch wird, wie in der Vorlage, Lancelots Recht auf die Königin begründet. Lancelot gelangt auch auf die Gralburg Corbenic. Gauvain, der schon vor ihm dort gewesen war, hat eine Aventiure nicht bestanden, auch den Gral nicht erkannt, denn ihn interessierte die unübertrefflich schöne Gralträgerin mehr als das kelchartige Gefäß, das sie hält. Lancelot weiß, als er den Gral erblickt, dass es sich um einen sehr heiligen Gegenstand handelt, aber er erkennt nicht, dass es der Gral ist. Die Gralträgerin ist die schönste Frau, die er je gesehen hat, mit Ausnahme der Königin. Er wird unter der Vorspiegelung, die Königin befinde sich auf der Nachbarburg, dort hingelockt, wo ihn in einem dunklen Gemach die Tochter des Gralkönigs erwartet. Sie will von ihm einen Sohn empfangen und mit ihm ihr Land erretten; Lancelot lässt sich täuschen und zeugt in dieser Nacht den späteren Gralhelden Galahad. Der Gralheld entspringt also einem ungewollten Liebesverrat an der Königin: für den Gewinn des Grals ist der Bruch mit der weltlichen Liebe notwendig; andererseits wird durch Lancelots Vaterschaft deutlich gemacht, dass der Gralheld ein vollkommener Ritter sein muss und kein Mönch.

Die konkrete Gralvorstellung im *Lancelot* und dann in der *Queste* ist die Roberts de Boron: Es ist die Abendmahlsschüssel, die einem Kelch gleicht und in einer besonderen Kapelle aufbewahrt wird; eine Taube fliegt durch ein Fenster und trägt in ihrem Schnabel ein goldenes Räuchergefäß, das den Palast mit süßem Duft erfüllt. Der Gral füllt die Tische mit allen schönen Speisen, aber er selbst enthält keine Hostie, mit ihm bedient man niemanden und so gibt es auch die Frage, wie sie im *Perceval* erwartet wird, nicht. Dort ist die Frage sinnvoll, weil es eine doppelte Probe gibt, d. h., die Frage einmal versäumt, dann aber doch gestellt wird; dieses Schema aber ist im *Prosa-Lancelot* aufgegeben. Auch eine Frage nach den Wundern des Grals kann es nicht geben, weil der vollkommene Gralheld sie ohne zu fragen erkennt, aus seiner Kraft heraus, ohne Frage Rituale zu brauchen. Verschiedene Ritter kommen zum Gral und scheitern mehr oder weniger schmählich daran. Als die Tochter des Gralkönigs mit ihrem Sohn zum Hof kommt, gelingt es ihrer Erzieherin, Lancelot noch einmal in das Bett ihrer Herrin zu locken. Die Königin erfährt das und verflucht ihren Liebhaber, er verliert darüber den Verstand und zieht sich in den tiefsten Wald zurück. Nach zwei Jahren kommt er auf die Gralburg und wird durch die Gnade des Grals geheilt; der

Gralkönig bietet ihm sein Reich an, Lancelot aber lehnt ab, weil er zur Königin zurückkehren möchte. Erst lange Zeit später kommt er zum Artushof und wird von ihr freudig begrüßt. Ein Einsiedler verkündet, dass am Pfingstfest der Gralritter erscheinen werde. Damit endet der eigentliche Lancelot-Teil, und der zweite, die *Suche nach dem Gral*, beginnt. Die Geschichte der beiden Liebenden wird erst im letzten Teil, dem *Tod des Königs Artus*, ihr Ende finden.

König Artus war schon zu Beginn ins Zwielicht geraten, die Ambivalenz zwischen dem Anspruch des Königs und der Tafelrunde, beständige Werte zu verkörpern, und ihren Handlungen bleibt bestimmend. Der König bricht die Ehe, die Königin lügt, die Artusritter kämpfen gegeneinander, sie versagen in Aventiuren. Aber noch behauptet die Solidarität der Gemeinschaft das Feld: in der Suche nach den Verschwundenen, zu der sich die Artusritter immer wieder aufmachen, bei der sie einander immer wieder finden, befreien und erneut Freundschaft schließen. Doch der immanente Heilsoptimismus der klassischen Artusepen ist verloren, die Harmonie von ritterlicher Selbstverwirklichung und gesellschaftlichen Zielen scheint unerreichbar. Lancelot und Guinièvre können sich nur im heimlichen Ehebruch verwirklichen, der Gralheld wird nicht in Liebe, sondern in Betrug gezeugt, und derjenige, der das Artusreich äußerlich zerstören und König Artus ums Leben bringen wird, sein illegitimer Sohn Mordred, ist die Frucht doppelten Ehebruchs.

In der *Queste* wird sich die ritterliche Suche als Lebensform nicht mehr auf Personen, sondern auf den Gral richten, alle brechen auf und damit wird die immanente Orientierung durch die transzendente abgelöst. Das wird schon zu Beginn deutlich: Galahad wird zum Ritter geschlagen, aber nicht am Artushof, sondern in der Kapelle eines Nonnenklosters; doch Lancelot ist es, der seinem Sohn die Ritterwürde verleiht, so bleibt die Verbindung des spirituellen Rittertums mit dem höfischen gewahrt. Lancelot war am Tag Johannes des Täufers an den Artushof gekommen, Galahad kommt am Pfingstfest: Johannes ist der Vorläufer Jesu, Pfingsten das Fest der Erfüllung und der Gründung der Kirche. Die Vorausdeutungen auf den vollkommenen Ritter häufen sich: auf dem Gefährlichen Sitz erscheint eine Inschrift, dass er am heutigen Tage besetzt werden soll, auf dem Fluss schwimmt ein Steinblock mit einem Schwert herbei, das für den besten Ritter bestimmt ist. Galahad setzt sich auf den *Gefährlichen Sitz* und zieht auch das Schwert aus dem Stein. Dieser Initiationsritus entspricht dem bei der Königserwählung von Artus, er zeigt also die Ablösung des arthurischen Rittertums durch das Gralrittertum an. Dann erscheint der Gral mit Donnerschlag und hellstem Licht, er ist mit einem weißen Seidentuch verhüllt, erfüllt den Raum mit süßem Duft und bedeckt die Tische mit den gewünschten Speisen. König Artus ist glücklich, dass Gott seine Tafelrunde mit dieser Gnade ausgezeichnet hat; alle Ritter, an der Spitze Gauvain, machen sich auf zur Gralsuche. Galahad gewinnt einen Schild, den nur der höchste Ritter tragen darf, er ist von weißer Farbe mit einem roten Kreuz. Der Schild geht auf die Zeit Josephs von Arimathia zurück, das Kreuz zeigt ihn als Christusritter. Später wird es von den englischen Königen als Georgskreuz übernommen und – so in der Schlacht von Agincourt – als Wappen geführt.

Lancelot erfährt ein weiteres Mal seine Begrenztheit vor dem Gral, er beichtet einem Eremiten, dass er durch seine Liebe zur Königin vom Pfade des Heiles abgewichen ist, und verspricht, niemals wieder mit ihr oder einer anderen Frau zu sündigen. Perceval wird von einer Einsiedlerin erklärt, dass nur drei Ritter die Gralsuche vollenden werden, er selbst, Bors und Galahad. In welchem Maße die sexuelle Keuschheit zum entscheidenden Qualifikationsmerkmal wird, zeigt die Versuchung Percevals durch eine Frau, der er beinahe nachgibt. Er liegt bereits mit ihr in einem prächtigen Bett, als er auf seinem Schwertknauf das eingravierte rote Kreuz erblickt und sich selber bekreuzigt, dann löst sich alles in dicken Rauch auf: die junge Frau war der Teufel und durch dieses Eingehen auf die Sünde ist Perceval Galahad unterlegen. Der dritte Gralritter, Bors, hatte schon früher, ähnlich wie Lancelot, infolge einer Täuschung einen Sohn gezeugt; Galahad allein bleibt von jeder sexuellen Sünde frei.

Immer wieder haben die Gralsucher Träume und Visionen, die sie jedoch nicht selbst deuten können, für deren Verständnis sie auf heilige Einsiedler angewiesen sind. Die Welt ist undurchschaubar geworden, einen immanenten Sinn gibt es nicht mehr, der transzendente Sinn hingegen muss den Rittern offenbart werden. Die religiöse Lehre nimmt gegenüber den Kämpfen einen immer breiteren Raum ein, so dass sich die *Queste* zu einem »Ritterevangelium« entwickelt. Galahad, Perceval und Bors werden von Percevals Schwester auf ein magisches Schiff geführt, das durch eine Inschrift als das Symbol von religiöser Treue und christlichem Glauben gekennzeichnet ist. Dort befindet sich ein wunderbares Schwert, das dem besten Ritter bestimmt ist, der es in Reinheit führen soll; auch dieses Schwert geht, wie das Schiff selbst, zurück auf die Frühzeit des Grals. Der Versuch, es unrechtmäßig zu ziehen, hatte zur Verwundung des Königs Parlan geführt, der mit dem verwundeten Gralkönig gleichgesetzt wird (es handelt sich um den Schmerzlichen Schlag, der in der späteren Gralliteratur wichtig wird, s. S. 124); hier ist die Position des verwundeten Königs in der Gralgenealogie nicht völlig klar, an einigen Stellen erscheint er als der Vater des Gralkönigs Pelles, an anderen wird er mit ihm identifiziert.) Auf dem Schiff befindet sich ein kostbares Bett, das aus dem Baum des Paradieses gemacht wurde, dessen Geschichte ausführlich berichtet wird. Damit erscheint die letzte Suche der drei Gralhelden als Erfüllung der Heilsgeschichte vom Beginn der Schöpfung an. Das

Schiff ist ein traditionelles, auf die Bibel zurückgehendes Symbol für die Reise des Lebens und, im besonderen Maße, für die Kirche. Schließlich macht Percevals Schwester für das Schwert einen neuen Gürtel aus ihrem Haar, Galahad legt sich diesen um: das ist als Entsprechung zu Lancelots Schwert, das ihm von der Königin verliehen wurde, zu verstehen. Auch hier stattet eine Frau den besten Ritter mit dem Schwert aus, aber, anders als die Königin, ist sie ihm nicht in sündiger Liebe verbunden; als geistliche Gefährtin des Gralhelden wird sie ihr Leben in christlicher Nächstenliebe opfern und ihre Leiche wird schließlich auf der Gralburg bestattet, nachdem sie in der Nachfolge Christi ihr Blut für eine aussätzige Burgherrin gegeben hat. Der Aussatz galt als Äquivalent der Sünde, und wenn sie mit ihrem Blut die Kranke heilt, so symbolisiert dies die Erlösung der Welt von der Sünde durch das Blut Christi. Mit Percevals Schwester bezieht der Erzähler die sündelose Frau mit in die Gralwelt ein und zeigt so die Möglichkeit der Vollkommenheit für alle Menschen ohne Unterschied des Geschlechts.

Die drei Gralritter gehen nun je eigene Wege, Gott aber führt Lancelot und Galahad zusammen. Lancelot gelangt zum zweiten Mal zur Gralburg. Doch anders als Perceval in Chrétiens Erzählung kann er sein Versagen nicht wieder gutmachen, vielmehr werden ihm seine Grenzen erneut aufgezeigt: er kommt zur Gralkapelle, kann allerdings die Tür nicht öffnen. Sie geht schließlich von selbst auf, und ein großes Licht bricht aus ihr hervor. Er erblickt den heiligen Gral auf einem Silbertisch, um ihn herum Engel mit Kerzen und Rauchfässern und einen alten Priester, der die Messe liest. Im Augenblick der Elevation der Hostie sieht Lancelot drei Männer oberhalb der Hände des Priesters, zwei von ihnen legen den Jüngsten in die Hände des Mannes, es handelt sich um eine Verkörperung der Trinität. Da Lancelot den Eindruck hat, der Priester werde unter der Last zusammenbrechen, stürzt er in den Raum, wird aber zu Boden geworfen und herausgetragen; vierundzwanzig Tage liegt er bewusstlos und kehrt dann an den Artushof zurück. Der Gral wird hier nicht wie bei Robert mit dem gemeinsamen Mahl, sondern mit der Liturgie der Messe verbunden. Vorbild dafür ist die sog. Gregormesse, eine Legende vom Papst Gregor dem Großen, in der ihm Christus auf seine Bitten hin in der Gestalt des Schmerzensmannes erscheint, um die vollkommene tatsächliche Wandlung von Brot und Wein in Leib und Blut zu beweisen. Alle Dimensionen einer eigenen Liturgie, die dem Gral bei Robert zukommen, sind hiermit zugunsten des traditionellen Ritus getilgt. Die drei Gralhelden hingegen kommen nach Corbenic, wo sie von König Pelles willkommen geheißen werden. Vier Engel bringen auf einem prachtvollen Thron den ersten christlichen Bischof Josephus, den Sohn Josephs von Arimathia; weitere Engel erscheinen, einer von ihnen bringt die heilige Lanze, das herablaufende Blut wird vom Gral aufgefangen. Josephus liest die Messe, bei der Elevation verwandelt sich die Hostie in das Jesuskind. Nach dem heiligen Ritus sehen die drei Gralhelden den blutenden Schmerzensmann aus dem Gral aufsteigen; er reicht den Gral als erstem Galahad, dann den Anderen, und alle haben das Gefühl, heilige Speise zu empfangen. Galahad heilt mit dem Blut der Lanze den verwundeten König. Die letzten Geheimnisse des Grals aber werden erst in der Stadt Sarras enthüllt, weil der Gral in Logrien, dem Land des Königs Artus, nicht richtig geehrt wird. Gott führt Galahad, Perceval und Bors nach der orientalischen Stadt Sarras. In Sarras erscheint auch das Schiff mit dem Leichnam von Percevals Schwester, der dort begraben wird. Der König der Stadt setzt die Gralritter gefangen, die allerdings vom heiligen Gral ernährt werden; nach einem Jahr stirbt der König, und die Einwohner wählen Galahad zu ihrem Herren, er erbaut einen prächtigen Schrein für das heilige Gefäß. Nach einem weiteren Jahr erlebt Galahad wieder

Der Gral wird in den Orient gebracht

Illustration aus einer Handschrift des *Jüngeren Titurel*
(Bayerische Staatsbibliothek, München, Cgm 8470)

eine Messe des Bischofs Josephus, der ihm den Gral reicht, so dass Galahad in ihm die höchsten Geheimnisse erschauen kann; er bittet daraufhin Gott, ihn in das ewige Leben zu berufen, und stirbt. Aus dem Himmel erscheint eine Hand, die Gral und Lanze an sich nimmt und beides für immer der Erde entrückt. Perceval wird Einsiedler, Bors kehrt zum Artushof zurück und berichtet die Abenteuer vom heiligen Gral, die der König aufschreiben lässt. Mit dem Auszug des Grals aus Logrien wird das Artusreich als sündig abqualifiziert und im nun einsetzenden Schlussabschnitt des *Prosa-Lancelot-Zyklus* geht es folgerichtig zugrunde. Die doppelte Wahrheit des *Lancelot* ist zugunsten der einfachen Wahrheit des Grals aufgegeben.

Lancelot verfällt wieder seiner sündigen Liebe zur Königin, gerät jedoch in den Verdacht, treulos zu sein: Eine schöne junge Frau, die Dame von Escalot, bringt ihn zu einem vorbehaltlosen Versprechen und wünscht sich, dass er während eines Turniers ihren Ärmel führt. Die Königin erfährt dies und ist von seiner Untreue überzeugt; er hingegen weist das Liebesangebot des jungen Mädchens zurück, das darauf an unerfüllter Sehnsucht stirbt. Die Königin weigert sich jedoch, Lancelot zu sehen: die große Liebe zwischen beiden scheint von innen heraus gefährdet. Guinièvre tötet unabsichtlich einen Ritter der Tafelrunde, indem sie ihm eine vergiftete Frucht reicht, von deren tödlicher Wirkung sie nichts weiß. Sie erscheint hier in der Gestalt der Ursünderin Eva, die mit der Gabe der Paradiesesfrucht Adam zum Verstoß gegen das göttliche Gebot verführt hat. Die Königin wird des Mordes angeklagt, Lancelot aber verteidigt sie erfolgreich im Gerichtskampf. Dem Gauvain-Bruder Agravain gelingt es, Lancelot und Guinièvre eine Falle zu stellen: als die beiden zusammen sind, werden sie ertappt; Lancelot vermag sich zwar durchzuschlagen, aber die Königin wird des Ehebruchs angeklagt und zum Tode verurteilt. Lancelot befreit sie vom Holzstoß und führt sie fort, tötet dabei jedoch die

Gauvainbrüder Agravain und Gaheriet. Damit ist das Band zwischen König Artus und Lancelot zerrissen, und der König erklärt ihm den Krieg. Viele Ritter müssen dabei ihr Leben lassen, bis der Papst interveniert und Lancelot dazu bewegt, die Königin zurückzugeben und das Land zu verlassen. Währenddessen verrät Artus' illegitimer Sohn Mordred den König: mit gefälschten Briefen proklamiert er dessen Tod und sich selbst als Nachfolger, der auch die Königin heiraten soll; sie aber weigert sich und zieht sich in einen befestigten Turm zurück. Artus, der erfolgreich den römischen Kaiser geschlagen hat, zieht gegen seinen Sohn: im großen Kampf gegen Mordred fallen nahezu alle Artusritter. Artus tötet Mordred, dieser wiederum verwundet seinen Vater tödlich. Artus lässt das Schwert Excalibur (das zweitbeste der Welt nach dem Galahads) in einen See werfen; eine Hand hebt sich aus dem Wasser, schwingt das Schwert drei- oder viermal und nimmt es mit in das Wasser: so ist das Herrschaftszeichen des Königs an seinen mythischen Ursprung zurückgekehrt, eine Parallele zur Heimholung von Gral und Lanze in den Himmel. Ein Schiff mit vielen Damen, unter ihnen Artus' Halbschwester Morgane, fährt mit ihm fort; nach drei Tagen findet man das Grab des Königs in der schwarzen Kapelle. Lancelot entsagt der Welt, wird Priester und lebt vier Jahre ein heiliges Leben; dann stirbt er, und seine Seele wird von Engeln in den Himmel geführt, sein Leichnam wird neben dem seines Freundes Galahaut begraben. Guinièvre hat sich in ein Nonnenkloster zurückgezogen und ist im Vertrauen auf Gottes Gnade gestorben.

Der Schluss des *Prosa-Lancelot* ist eine wahre Ritterdämmerung. Das Artusreich geht zugrunde und die weltlich höfischen Werte erweisen sich als nichtig; bestehen bleibt allein das jenseitige Heil, das durch Bekehrung und sündenloses Leben erreicht wird. Der Ritterkampf im Dienste Gottes und der Nächsten wird nicht problematisiert, wenn er mit der Orientierung auf das jenseitige Heil und sexueller Keuschheit verbunden ist. Das ist die bekannte Verbindung von ritterlichem und mönchischem Geist, und man wird auch hier den Versuch einer Neubegründung kämpferischen Handelns sehen, vergleichbar dem, was Bernhard von Clairvaux in seinem Programm der geistlichen Ritterschaft proklamiert hatte (s. S. 45). Es erscheint daher nicht unmöglich, den Kreis des »Architekten« und der Verfasser unter Mönchen, Zisterziensern etwa, zu suchen, denn es geht nicht um die Vorherrschaft mönchischen Geistes, sondern um die Aufwertung des Rittertums durch die Übernahme und Integration geistlicher Ideale.

Die weitere Rezeption des französischen *Prosa-Lancelot* (etwa einhundert Handschriften und sieben Drucke) spricht dafür, dass hier weniger ein einheitliches ethisch-religiöses Programm als die Totalität der Abenteuer gelesen wurde, wobei der Gral dem Rittertum mythischen Glanz und mystische Aura verleiht. Das Bild der Ritterliteratur im französischen und angelsächsischen Sprachraum ist entscheidend von diesem weiträumigen Roman geprägt worden; einzelne Episoden wie die der Dame von Escalot haben es zu besonderer Berühmtheit gebracht, vor allem aber hat die Gestalt Lancelots in ihrem Zwiespalt eine große Faszination ausgeübt, noch vor der des Guten Ritters Galahad. In ihrem stringenten Erzählablauf bietet die *Mort Artu* ein Gegengewicht zur ausufernden Fülle der Abenteuer im *Lancelot*-Teil und trägt somit zu einer effektvollen Untergangsdramaturgie bei.

Eine deutsche Übersetzung, die vor 1250 begonnen wurde und wahrscheinlich zunächst nur den ersten Teil des eigentlichen *Lancelot* umfasste, war weniger erfolgreich als die französische Fassung. Vermutlich wurde erst um 1300 der zweite Teil sowie die *Queste* übersetzt, die *Mort Artu* möglicherweise noch später. Für die geringere Resonanz ist die Tatsache verantwortlich, dass es im deutschen Sprachraum keine Tradition weltlichen Erzählens in Prosa gab. Die deutsche Übersetzung vertritt ein anderes Konzept als die Adaption der höfischen, arthurischen Versromane mit ihren weitgehenden Umgestaltungen, denn sie folgt der französischen nahezu wörtlich und ist dabei dem deutschen Sprachfluss gut angepasst. Im Spätmittelalter wurde der *Prosa-Lancelot* zur Grundlage der großen Ritterbücherkompilation des Ulrich Füetrer.

Der Erfolg des französischen *Prosa-Lancelot* rief um 1250 einen Autor auf den Plan, der unter dem Namen Roberts de Boron einen dritten Prosazyklus schuf: den *Post-Vulgata-Zyklus*, oder *Roman du Graal* (*Großer Saint Graal*). Er lässt sich allerdings nicht mit Sicherheit rekonstruieren, anscheinend umfasste er eine *Estoire del Graal* auf der Basis des ersten Teils des *Lancelot-Graal-Zyklus*, einen *Merlin*, eine (nur unvollständig erhaltene) *Queste* und eine *Mort Artu*. Der Roman ist noch stärker als der *Lancelot-Graal-Zyklus* auf die Geschichte der Artusherrschaft in Logrien konzentriert. Den ersten Teil bildet die Geschichte Logriens vor Artus, sie schließt eine Geschichte des Grals ein. Da der *Lancelot*-Teil fehlt, wird das Problem der »doppelten Wahrheit« zurückgedrängt, denn der Untergang des Königs erfolgt nicht wegen der Liebe Lancelots zur Königin, sondern ist das Ergebnis von Artus' Sünde mit seiner Halbschwester, die die Geburt Mordreds zur Folge hat. Eine wichtige Rolle spielt der Ritter Balin, der den Gralkönig Pellehan mit der heiligen Lanze verwundet (eine folgenreiche Neudeutung des Schmerzlichen Schlags): deswegen straft Gott das Land, und Galahads Gralsuche resultiert aus dem Bestreben, eben diese Strafe aufzuheben, schließlich heilt er den verwundeten König. Dieses Motiv wird in der Gralkonzeption des 19. Jahrhunderts, so bei Richard Wagner, einen bedeutenden Platz besetzen. Der Sinn der Gralsuche liegt also weniger in spiritueller Erkenntnis als in der Beseitigung eines Fluches. Damit gewinnt der Autor zwar eine größere Einheitlichkeit, es fehlt jedoch die Faszination der großen Liebesgeschichte zwischen Lancelot und Guinièvre und damit der Gegenpol zur Keuschheitsverpflichtung des Grals; vermutlich war deshalb die Resonanz des zyklischen *Roman du Graal* geringer.

Der *Lancelot-Graal-Zyklus* fand seinen Weg in die Neuzeit nicht über die sieben französischen Drucke, sondern über Thomas Malorys *Morte Darthur*, gedruckt im Jahre 1485 durch Caxton. Noch vor Chaucers Werken ist Malorys Adaption im englischsprachigen Raum das wirkmächtigste Werk des Mittelalters geworden. Im Jahre 1934 fand man die Vorlage des Druckes und stellte fest, dass Caxton zugleich der erste Herausgeber war, den Text neu strukturiert und an nicht wenigen Stellen auch verändert hat. Jedoch ist auch die Handschrift wahrscheinlich eine Bearbeitung einer älteren Fassung, so dass es sinnvoll bleibt, von dem gedruckten Text auszugehen, denn dieser ist es, der so folgenreich wurde. Die Hauptquelle Malorys war der französische *Prosa-Lancelot*, er kannte darüber hinaus einen *Merlin*, wahrscheinlich die Fassung des *Roman du Graal*. Daneben wird der französische *Prosa-Tristan* herangezogen und die mittelenglische alliterierende *Morte Arthur*. Für die Gralgeschichte (*The noble Tale of the Sangreal*, Buch XIII–XVII) ist die *Queste* aus dem *Prosa-Lancelot* die einzige Quelle. Hier folgt Malory seiner Vorlage am engsten, zum Teil wörtlich, kürzt sie jedoch erheblich, allerdings nicht durch Zusammenfassungen, sondern durch Auslassung von Episoden. Das betrifft vornehmlich die geistliche Interpretation, so im Falle der drei Tafeln (Abendmahl – Gral – Artus) und des Salomon-Schiffes. Malory reduziert zwar diese Bezüge der *Queste*, aber ändert ihren Geist nicht, das weltliche Rittertum, das von Ehrsucht und Stolz motiviert ist, bleibt sündhaft, während das geistliche Rittertum auf Gott als die Quelle der Stärke und das Ziel der Taten gerichtet ist. Die Fundierung von Lancelots Sünde im Ehebruch mit der Königin wird jedoch reduziert: Während es in der französischen Vorlage heißt, dass er seine Taten aus Liebe zur Königin begangen habe, motiviert Malory diese aus seinem Verlangen nach Ruhm. Ist in der *Queste* die Herleitung der ritterlichen Tugend aus der Frauenliebe unter geistlicher Perspektive falsch, so benennt Malory als die Quelle der Sünde das Geltungsstreben des ersten Ritters, der vergessen hat, Gott für seine Erfolge dankbar zu sein. Doch Malory hat Lancelot positiver gesehen als die *Queste* und eine Episode eingefügt, die im Rahmen der *Mort Artu* Lancelots Vorbildlichkeit in einer nichtkriegerischen Handlung zeigt: Sir Urre, der schwer verwundet ist, kann nur von dem besten Ritter geheilt werden. Alle mühen sich vergebens, aber als Lancelot an den Hof zurückkehrt, gelingt es ihm, den Kranken gesund zu machen. Diese Heilung ist ein Äquivalent zur Heilung des versehrten Gralkönigs durch seinen Sohn Galahad. Lancelot bleibt bei Malory dennoch eine zutiefst ambivalente und darum faszinierende Gestalt. Die Bedeutung der Gralaventiure erscheint zwar reduziert durch den Verzicht auf einige der geistlichen Interpretationen, aber sie bleibt die »wahrste und heiligste Geschichte in dieser Welt«, wie Malory am Ende sagt: sie ist kein Abenteuer unter anderen. Die Tatsache jedoch, dass die Gralgeschichte wohl herausgehoben wird, aber letztlich doch in einer ganzen Reihe von nahezu gleichwertigen Rittererzählungen steht, hat dazu geführt, dass die Grallegende im englischsprachigen Raum nicht die Dominanz erfahren hat, die sie durch Wolframs Werk in Deutschland bekam. In England blieb das arthurische Königtum, nicht zuletzt durch die politische Verwendung seitens der englischen Könige bis in die heutige Zeit (der englische Kronprinz hat unter seinen Namen immer auch den Arthurs), von ganz anderer Präsenz, und die Anspielung auf die Artusherrschaft bei der Apostrophierung der Präsidentschaft John F. Kennedys als »Camelot« wäre in Deutschland nicht verstanden worden.

Die *Morte Darthur* wurde seit 1485 fünfmal aufgelegt, die letzte Ausgabe erschien im Jahre 1634, und im Vorwort heißt es, es handele sich um ein berühmtes Werk der Vergangenheit, das vor dem Abgrund des Vergessens gerettet werden müsse. Erst über einhundertfünfzig Jahre später, 1816 und 1817, wird Malorys Werk wieder gedruckt, diesmal im Rahmen der Wiederbelebung mittelalterlicher Literatur, die mit dem Namen von Sir Walter Scott verbunden ist; er hatte Malory gelesen und in seinem Versepos *Marmion* ausführlich zitiert. Die bedeutendste Malory-Rezeption im 19. Jahrhundert ist zweifellos die von Alfred Tennyson in seinen *Idylls of the king*, deren eine auch den Gral zum Thema hat (s. S. 202). Bei Algernon Charles Swinburne spielt der Gral nur in *The Tale of Balin* hinein; es handelt sich um den Ritter, der den Schmerzlichen Schlag mit der Lanze vollzieht, die den Gralkönig verwundet und dessen Folge die Verwüstung des Landes ist. Ganz in der Tradition von Malory steht die Sicht des Grals als Gefäß mit Christi Blut, das von Joseph von Arimathia in den Norden gebracht wurde. Swinburnes Interesse richtet sich jedoch nicht auf die Heilung des Königs, sondern verfolgt die Lebensgeschichte Balins bis zum Ende, dem Tod von der Hand seines Bruders Balan. Diese bildet auch den einzigen Bezug auf den Gral in John Steinbecks *The Acts of King Arthur and his Noble Knights* (nach der Edition des Winchester-Manuskripts durch Eugene Vinaver), die er 1958/59 geschrieben, jedoch nicht vollendet hat.

6. Kapitel

Der Gral als höchstes Abenteuer: Heinrich von dem Türlin *Diu Crône*

Um 1250 bindet Heinrich von dem Türlin den Gral völlig in die Artuswelt ein und macht damit die Außenstellung rückgängig, die Wolfram ihm gegeben hatte. Er behält zwar seine Position als höchstes Abenteuer, vermittelt jedoch keine spirituelle oder politische Bedeutung mehr, was im Zusammenhang mit dem Sinnloswerden der Abenteuerwelt schlechthin in der *Crône* zu sehen ist. Die Lektüre des (nur in einer vollständigen Handschrift überlieferten) Werkes bietet ein von tieferen Sinndimensionen entlastetes Vergnügen, das Erzähltempo ist durchweg recht schnell, der Bezug auf Gawein hält die Handlung zusammen, die durch die regelmäßige Rückkehr an den Artushof gegliedert wird. In der abstrusen Bildfülle der Wunderketten übertrifft Heinrich alle Vorgänger weit; die Blässe der Gralszenen soll eine wohl kalkulierte Enttäuschung bewirken, da der Autor einen Anti-Gralroman verfassen wollte. Gerade vor dem Hintergrund der religiösen Bedeutungsaufladung in der *Queste* erweist sich die *Crône* als buntes Abenteuerspektakel von erzählerischem Reiz, in dem die Öffnung eines phantastischen Raums neben der Realität in Überbietung der herkömmlichen Aventiurenszenen diesen tatsächlich die »Krone« aufsetzt und sie damit als halbherzig bloßstellt, sobald man die Erfindung von anderen Welten als Erzählprinzip akzeptiert. Sie beginnt als Artusroman mit einem ausführlichen Preis des Königs im Prolog und der Ankündigung, von Artus' Jugend zu erzählen. Der erste Teil zeigt ihn als König mit Schwächen, der auf seinen besten Ritter Gawein angewiesen bleibt. Diese Schwächen sind jedoch nicht ethisch-moralischer Art, sondern liegen im Bereich der herrscherlich-kämpferischen Dimension. Das wird zu Beginn mit einer Tugendprobe gezeigt: nur die sind vollkommen, die aus einem Becher trinken können, ohne zu verschütten. Keine Dame besteht, von den Rittern ist es allein Artus, der damit als würdiger Protagonist eingeführt wird. Doch er ist gefährdet: bei der Winterjagd trifft er auf einen minnesingenden Ritter, Gasozein, der Anspruch auf die Königin erhebt. Er kann den Begleiter des Königs besiegen, der Kampf aber mit Artus selbst wird abgebrochen und an den Artushof verlagert. Damit ist die Bühne bereit für den besten Ritter des Königs, Gawein, der diese Rolle bereits in den vorhergehenden Romanen gespielt hatte; er ist der vollkommene Ritter, ohne dass Bewährungsproben nötig wären. Er wird um Hilfe gebeten und löst sein Versprechen nach einer Reihe von Aventiuren auf dem Weg dorthin auch ein, zu denen die Liebesbeziehung zu Amurfina gehört, die er erst infolge eines Vergessenheitstranks eingeht, aber bereits nach fünfzehn Tagen wieder aufgibt. Auf dem Hoftag von König Artus soll Ginover selbst entscheiden, wem sie folgen will, Artur oder Gasozein. Sie entscheidet sich für den König, damit also für die Stabilität der Institution der Ehe und implizit für die Herrschaft. Gawein befreit daraufhin die von Gasozein entführte Königin, Gasozein widerruft nach einem schweren Kampf seinen Anspruch auf sie, wieder kommt es zu einem Fest. Solche Feste gliedern den Roman, der nicht einer typischen arthurischen Bedeutungsstruktur folgt, in vier Handlungskomplexe. Der nächste Abenteuerkomplex ist um den Erbstreit zweier Schwestern zentriert, eingelagert sind eine Reihe von klassischen Aventiuren wie das Überwinden einer Schwertbrücke und das sog. Kopfabschlagespiel mit dem Zauberer Gansguoter: Gawein darf ihm den Kopf abschlagen, muss dafür jedoch die gleiche Probe bestehen. Während er den Zauberer enthauptet, was folgenlos bleibt, verfehlt dieser mit seinen Schlägen Gaweins Kopf, und damit hat dieser seine Mutprobe absolviert. Es stellt sich heraus, dass Gawein unwissentlich gegen seine eigene Geliebte Amurfina gekämpft hat (sie ist die Schwester, gegen die er sich eingesetzt hat). Das verweist auf die Selbstbezüglichkeit der weder inhaltlich noch strukturell über sich hinausweisenden Aventiuren. Wiederum gibt es ein Hoffest, bei dem Gasozein mit der noch freien Schwester aus dem Erbschaftsstreit verheiratet und damit in die Artusherrschaft eingebunden wird.

Der nächste Handlungskomplex führt zum Gral. Vorangeschaltet ist eine sog. Wunderkette, eine in fast kinematographischer Abfolge gezeigte Sequenz von meist fürchterlichen Begegnungen, auf die der Held jedoch nicht eingeht. Diese »Wunder« verweisen zumeist bildlich (aber nicht inhaltlich) auf die folgende erste Gralbegegnung, z. B. erblickt Gawein ein Schwert und einen Speer, die über zwei weißen Pferden schweben und sechshundert Ritter jämmerlich töten; es handelt sich um die Gralrequisiten, denen er dann nachreitet. Bilder wie aus einem abstrusen Horrorkabinett häufen sich: Gawein begegnet einem schönen nackten Mädchen und einem mit Ketten gefesselten Riesen, dem die Vögel das Fleisch abreißen, er trifft auf blutige ritterliche Waffen sowie einen Ritterkopf auf einem Stab, beklagt von zwei Frauenstimmen. Ein herrlicher Kristallpalast, in dem schöne Mädchen singen, wird zusammen mit ihnen von einem Bauern verbrannt, auf einer Rosenweide liegt ein Jüngling mit einem Pfeil durch die Augen, mit Eisenketten an ein Bett gefesselt; vor ihm liegt eine tote Jungfrau mit einem Zwerg im Arm, daneben ein Ritter mit einer Herzwunde, verursacht durch eine Lanze. Der Jüngling fächelt einen feurigen Wind auf die Rosen, so dass sie verdorren. Der verwundete Ritter lässt an den Gralkönig denken, der blinde Jüngling an Parzival, der die Wunder sieht, aber nicht ihre Bedeutung erkennt und die Hoffnung der Gralleute welken lässt. Gawein kommt schließlich zu einer Burg, die Zugbrücke senkt sich, der Pförtner begrüßt ihn mit Namen und führt ihn in einen geschmückten Palast, wo ein weiß gekleideter alter Mann sitzt und Gawein begrüßt, der jedoch vom Pförtner in eine Kapelle geleitet wird, wo er ein Schwert und eine Lanze erblickt, die stark blutet; ein Donnerschlag lässt ihn niederstürzen und das Bewusstsein verlieren. Am nächsten Tag erwacht er und hört einen Geistlichen in der Kapelle die Messe lesen, sieht ihn jedoch nicht. Mit dem alten Mann geht er zu Tisch, als eine Prozession erscheint: vier Jungfrauen tragen vier Kerzenleuchter, danach kommt eine Jungfrau, die ein kristallenes Gefäß voll frischem Blut trägt. Sie holt aus einem Futteral eine goldene Röhre, durch diese trinkt der alte Mann das Blut aus der Schale. Gawein stellt keine Fragen, die Tafel wird aufgehoben, am nächsten Tag erwacht er auf freiem Feld. Obwohl es nicht ausdrücklich gesagt wird, handelt es sich hier um einen Gralbesuch: Gawein sieht die typischen Requisiten, Schwert, Lanze und Schale, eine Frage wird erwartet, und das Nichtwissen des Helden, wo er sich befindet, gehört auch im *Parzival* zum ersten Gralbesuch. Anders als dort handelt es sich nicht um eine eigentliche Probe, die Schande, die Gawein befürchtet, tritt nicht ein. Die Darstellung des Grals hält bewusst die Schwebe zwischen christlichen und nichtchristlich-magischen Phänomenen: Blutmagie und Eucharistie sind verbunden, das Gefäß ist eine Schale, enthält aber nicht eine Hostie, sondern Blut; das Trinken durch ein Röhrchen entspricht dem vor allem für Kleriker üblichen eucharistischen Brauch der Kelchkommunion.

Die nächste Abenteuerfolge umfasst den Besuch bei der Herrin des Glücks, Frau Sælde, die einen schön geschmückten Palast bewohnt, für deren Schilderung sich Heinrich die Pracht aufbewahrt, die beim Gral fehlt; damit inszeniert er diesen Besuch als Überbietung der Gralburg. Frau Sælde sitzt auf dem Rad der Fortuna, das sich als Sinnbild des wechselhaften Glückes dreht; als Gawein den Saal betritt, steht das Rad zum Zeichen der Unwandelbarkeit von Gaweins Glück still. Die Sælde gibt ihm einen Ring für Artus mit, der den ewigen Bestand seines Reiches sichern soll. Im Unterschied zum Gralbesuch wird hier die Bedeutung der Abenteuerepisode deutlich, wodurch sich der Gral als bedeutungslose Mystifikation erweist. Frau Sælde ersetzt ihn, da sie hier das Glück verleiht, das sonst der Gral schenkt; die *Crône* zeigt sich somit als ein dezidiert weltlicher Roman ohne transzendente Perspektive.

Eine zweite Wunderkette evoziert eine Welt außerhalb dieser Glücksgarantie; mehrfach wird Gawein herausgefordert und um Hilfe gebeten, er geht wieder nicht darauf ein, jedoch ohne seine Vorbildlichkeit zu verlieren. Diese wird deutlich in der Episode mit dem Doppelgänger Aamanz: er sieht Gawein ähnlich und wird ermordet; als sein Haupt zum Artushof geschickt wird, kommt es dort zu einer allgemeinen Klage über Gaweins Tod, denn der Hof bleibt auf seinen besten Ritter angewiesen, Gawein bleibt, so zeigt dieses Abenteuer, auch trotz seines Aventiurenverzichts unsterblich. Die Marginalisierung der Liebe im Roman wird im Jungfrauenland deutlich, wohin nur der Ritter kommen kann, der ohne Schande ist. Gawein, vor die Wahl zwischen Liebe und Land der Herrin oder ewiger Jugend gestellt, wählt Letzteres. So bleibt er der ewige Artusritter, dessen Lebensform die dauernden Aventiuren sind, ohne dass er, wie die Wunderketten gezeigt haben, dem manischen Bewährungszwang unterliegt, jedes Abenteuer bestehen zu müssen.

Die folgenden Episoden beziehen sich direkt auf Wolframs *Parzival*, auf das, was dort von Gawein im VII. und VIII. und X. bis XIII. Buch erzählt wird, die bemerkenswerteste Änderung ist die Reduzierung des Liebesaspekts. Im Streit der Schwestern Flursensephin (»Blume Feinsinn«) und Quebeleplus (»Wer ist schöner«), die für Obie und Obilot stehen, geht es nicht um ein Liebesproblem, und auch die Begegnung mit der Schachspieldame Seimoret (Antikonie) involviert Gawein nicht in eine Liebesbeziehung. Wie bei Wolfram endet die Auseinandersetzung mit der Verpflichtung Gaweins, zum Gral zu fahren. Ebenfalls nach dem *Parzival* werden die Abenteuer um Orgeluse (hier: Mancipicelle) und die Wunderburg (Salie) erzählt. Gawein besteht diese Aventiure und befreit die Mutter des Königs Artus und seine Schwester, die mit Girolemanz (Gramoflanz) verheiratet wird. Auch zwischen Mancipicelle und Gawein gibt es keine Liebesbeziehung. Erneut wird am Artushof ein Fest gefeiert, und die Trauer um Gawein (wegen seines vermeintlichen Todes) hat ein Ende. Er übergibt den Ring der Sælde und will zur Gralburg aufbrechen. Eine erneute Tugendprobe signalisiert deren Bedeutung als höchstes Abenteuer; denn während die Damen alle versagen, bestehen allein Artus und Gawein die Handschuhprobe. Diese Tugendproben bieten jeweils die Gelegenheit, Abenteuer anderer Ritter anspielungshaft einzubringen und damit den Anspruch auf die »Krone« der erzählten Aventiuren aufrecht zu erhalten. Vor dem zweiten Gralbesuch ist wieder eine Intrige eingeschaltet: Giramphiel, die Schwester der Sælde, entführt dem Artushof glückbringende Kleinodien, u. a. den Ring. Gawein gewinnt sie zurück und begegnet dabei dem Zauberer Gansguoter, der, wie sich herausstellt, bereits der Herr des ersten Schlosses gewesen war. Seine Schwester Manbur warnt Gawein, auf der Gralburg einzuschlafen und die Frage zu »versitzen«. Vorher erlebt er eine dritte Wunderkette mit ähnlich assoziativen Schreckensbildern wie die früheren. Dann trifft Gawein auf zwei Gefährten, offensichtlich eine Übernahme aus der *Queste*, wo Galahad mit Bors und Perceval zum Gral kommt. Wieder wird Gawein offensichtlich auf der Gralburg erwartet, denn man begrüßt ihn namentlich. Wieder ist der weißgekleidete alte Mann dort (den Gawein beim ersten Besuch nachts tot aufgefunden hatte), Gawein nimmt neben ihm Platz, der alte Herr ist nicht krank (im Unterschied zum Gralkönig bei Wolfram). Ein Jüngling legt ein Schwert auf den Tisch, und während die Gefährten einschlafen, erscheint die Gralprozession: zwei Mädchen mit Leuchtern, zwei junge Männer mit dem Speer und zwei Jungfrauen. Sie tragen eine Schale (Tobliere), die nun jedoch nicht mehr aus Kristall, sondern aus Gold ist. Nach ihnen erscheint die schönste Frau, die eine goldgeschmückte Reliquienkapsel (einen Gralbehälter?) bringt, darauf eine Jungfrau, die weint und klagt. Gawein erkennt Manbur, die ihn vor den Schwierigkeiten auf der Gralburg gewarnt hatte. Der Speer wird auf den Tisch gestellt und verwandelt sich in drei große Blutstropfen, die in die Schale fallen, der alte Mann trinkt dieses Blut und nimmt aus der Reliquienkapsel ein Stück Brot, von dem er den dritten Teil isst. Gawein weiß, dass er fragen muss, und will daher wissen, was dieses Wunder bedeutet. Die Frage löst große Freude aus, aber sie kann nicht beantwortet werden. Es ist der Gral, den Gawein erblickt, jedoch über das Erblicken hinaus sind Erklärungen nicht möglich, denn die göttlichen Geheimnisse darf keine Zunge zu verkünden wagen. Der alte Mann verschwindet mit den Burgbewohnern, nur Manbur mit ihren Mädchen bleibt zurück; ob auch der Gral entrückt wird, ist nicht eindeutig gesagt. Die Frage hat die Gralgesellschaft anscheinend zum Tode erlost, denn es gab vorher deutliche Verweise darauf, dass es sich bei der Gralburg um eine Welt zwischen Leben und Tod handelt. Die Frage hat eine rein mechanische Funktion. Gawein verhält sich ganz nach den Vorgaben, im Gegensatz zu Parzival bei Wolfram, der die Frage umformulierte. Ob der Gralherr mit dem Zauberer Gansguoter identisch ist, wird offen gelassen, Gawein soll auch nicht Gralkönig werden, für ihn bleibt das Stellen der Gralfrage also folgenlos. Er bricht daher zum Artushof auf, wo es zum Abschluss ein großes Hoffest gibt. Die Aventiuren aber wären prinzipiell fortsetzbar, denn anders als in der *Queste* sind keinesfalls alle möglichen Abenteuer schon bestanden. Die Gralaventiure dient, da sie die höchste ist, lediglich dazu, ein Weitererzählen uninteressant zu machen, unmöglich wäre es jedoch nicht. Durch Gaweins Rückkehr in die Artuswelt erweist sich der Gral als eine unter den arthurischen Aventiuren, er nimmt keine Sonderstellung ein.

Die *Crône* richtet sich zum einen gegen das Minnerittertum Gawans im *Parzival*, relativiert aber vor allem den Gral sowohl in seiner transzendenten wie in seiner lebensgeschichtlichen Bedeutung für den Helden. Sie ist ein Abenteuerroman par excellence und trägt daher zu Recht den Titel »Krone der Abenteuer«. Sinndimensionen werden hier nicht über die Struktur entfaltet, es gibt keinen zielgerichteten Weg des Helden, sondern nur verschiedene – wenngleich an Bedeutung gesteigerte – Abenteuerfolgen, die immer an den Artushof zurückführen. Diese Abenteuer haben keinen Sinn außerhalb ihrer selbst, sie verweisen weder auf den Gewinn von Liebe und Land, noch auf den Weg zum gerechten und friedenschaffenden Königtum. Der Reiz der Erzählung liegt vielmehr im Spiel mit den Sinndimensionen von Tod und Leben: Gawein muss sich immer wieder mit dem Tod auseinandersetzen, Todesbilder durchziehen den Roman, der an manchen Stellen zum Schreckenspanoptikum wird. Lichte Momente bleiben selten, wie der Besuch bei der Sælde sowie eine Szene mit einem Liebespaar, das Gawein beobachtet, wo das sonst umgangene Liebesproblem wie eingekapselt erscheint. Die Bedeutung der Aventiuren ist ganz an die Sinnstiftung durch den Protagonisten verwiesen, mitunter gelingt sie, mitunter gelingt sie nicht. Während der klassische Artusheld sein Ziel durch die Unterordnung unter die Aufgaben von Liebes- und Herrschaftsbewährung erreicht, der Gralheld den Sinn des Lebens in der Gralsuche und dem schließlichen Finden erlebt, gibt es hier nur punktuelle Möglichkeiten der Sinnerfahrung durch den Protagonisten, eine erzählerische Subjektivierung, die prinzipiell unabgeschlossen bleibt. Der Gral ist weder das Höchste, was man auf Erden wünschen kann, wie bei Wolfram, noch die Gewährung der beseligenden Schau wie in der *Queste*, sondern allein der Weg dorthin ist die höchste Herausforderung an den Ritter, die jedoch subjektiv folgenlos bleibt. Damit wird die Position Wolframs bewusst zurückgenommen; in der Fülle, Skurrilität und Phantastik der Abenteuer aber bietet die *Crône* einen einsamen Höhepunkt.

7. Kapitel

Der Gral der Artuswelt: das Brackenseil

Zum wichtigsten deutschen Gralroman des späten Mittelalters ist der *Jüngere Titurel* geworden. Er verdankt dies mehreren Eigenschaften: dem Anspruch, höchste Ritterlehre zu bieten, der ornamentschweren, bedeutungstiefen sprachlichen Gestalt, der Auserzählung von Begebenheiten des hochgeschätzten *Parzival* in der Rolle Wolframs selbst, was für die späteren Rezipienten nicht mehr als Fiktion gegolten hat. Es gibt vierundsechzig Textzeugen, und er wurde noch im Jahre 1477 zusammen mit Wolframs *Parzival* gedruckt; dadurch war er auch im 19. Jahrhundert schon vor der ersten Ausgabe von 1842 bekannt. Ausgangspunkt des Romans in über 6300 siebenzeiligen Strophen ist Wolframs von Eschenbach *Titurel*, von dem zwei Teile insgesamt gut 170 Strophen bieten. Der *Titurel* gehört zum Parzivalstoff, dort sind auch die Grundzüge der Haupthandlung vorgegeben. Wolfram entwickelt die Geschichte von Sigune und Schionatulander, die im *Parzival* nur episodischen Charakter besitzt. Mit Sigune als Heldin wird die im *Parzival* wenig entwickelte Perspektive auf Verfasstheit und Situation der Frau zum Thema.

Der Beginn des ersten Teils holt weit aus, stellt das Gralgeschlecht vor mit dem alten König Titurel, der die Herrschaft seinem Sohn Frimutel übergibt. Dieser hat fünf Kinder: Anfortas, Trevrizent, Urrepanse de Schoye, Schoysiane und Herzeloyde. Schoysiane stirbt bei der Geburt ihrer Tochter Sigune, diese wird von ihrem Vaterbruder aufgenommen und wächst zusammen mit dessen Tochter Condwiramurs auf. Nach dem Tod ihres Onkels kommt sie in die Obhut Herzeloydes, dort lernt sie Gahmurets Knappen Schionatulander kennen. Zwischen ihnen entsteht eine junge Liebe, mit der beide nur im Rahmen der höfischen Konventionen umgehen können: Sigune bindet ihre Hingabe an ritterliche Taten Schionatulanders, der daraufhin Gahmuret bei seinem Orientfeldzug begleitet. Er spricht mit dem Erfahrenen über die Liebe, so wie Sigune mit Herzeloyde. Der zweite Teil setzt wenige Jahre später ein: Sigune und Schionatulander reisen gemeinsam, er fängt einen Jagdhund und bringt ihn Sigune. Das Tier trägt eine edelsteinbestickte lange Leine und ein kostbares Halsband, darauf eine Inschrift. Sigune beginnt sie zu lesen, aber der Hund reißt sich los und Schionatulander kann ihn nicht wieder einfangen. Sigune verspricht ihrem Freund für das Zurückbringen der Leine ihre Liebe als Lohn und damit wohl auch die sexuelle Hingabe.

Die Ausgestaltung von Nebenfiguren mit eigener Handlung, wie hier, ist eine alte Erzähltechnik. Ob Wolfram mit den erhaltenen Teilen eine neue Form der episodischen Heldenballade angestrebt hat oder einen größeren Erzählzusammenhang, ist umstritten. Der Zuhörer/Leser kannte den Horizont der Handlung aus dem *Parzival* und wusste, dass Schionatulander auf der Jagd nach dem Brackenseil (der Hundeleine) von Orilus getötet wurde, und er kannte auch das weitere Schicksal Sigunes mit ihrer lebenslangen Trauer und ihrem frühen Tod. Wolfram hatte womöglich einen Text geplant, der offen und rätselhaft bleiben sollte und die am Schluss des *Parzival* Gestalt gewordene Unmöglichkeit, durch Literatur Erfahrung zu vermitteln, in der Torsohaftigkeit realisiert. Und wie die Geschichte Loherangrins am Ende des *Parzival* die optimistische Utopie des Gralschlusses nahezu in ihr Gegenteil verkehrt, zumindest aber infrage stellt, so stehen hier Tod und Leid am Ende, ohne dass eine transzendente Einordnung geboten würde. Man hat den *Titurel* als Kritik am höfischen Minnebegriff gelesen, der Dienst und Liebe in ein unauflösbares Verhältnis setzt. Wolfram geht jedoch weiter: indem die Liebes- und Todesgeschichte von Sigune und Schionatulander in den großen Rahmen des Gralherrschertums gestellt und vom Gral her »erzählt« wird, erscheint sie als prototypisches Scheitern der Liebe in dieser Welt; jedenfalls wird im Erhaltenen das Unheil nicht durch das Gralheil aufgehoben oder auch nur relativiert. Die Wahl der strophischen Form, die sonst der untergangsorientierten Heldenepik vorbehalten ist, weist ebenfalls auf eine solche tragische Sicht. Rätselhaft bleibt dabei die ausführliche Exposition der Gralfamilie, die nicht allein mit einem genealogisch begründeten Psychogramm oder einer schicksalhaften Determination erklärt werden kann: etwa, dass die Mitglieder des Gralgeschlechts zu radikalen Lebensentwürfen neigen oder an ihren Wesensansprüchen scheitern, und Sigune daran Teil hat. Vielmehr scheint eine deutliche Relativierung der Heilsgarantie des Grals und damit eine negative Vereindeutigung des *Parzival* angestrebt zu sein.

Die Integration der Texte Wolframs in ein umfassendes Werk steht im Zusammenhang mit der allgemeinen Tendenz, die unvollendet gebliebenen Romane vom Anfang des 13. Jahrhunderts mit einer Fortsetzung zu versehen, wie es im Falle von Gottfrieds von Strassburg *Tristan* und Wolframs von Eschenbach *Willehalm* geschehen ist. Der Autor Albrecht, dessen Herkunftsnamen wir nicht kennen, verfasste den *Jüngeren Titurel* (so der Titel seit Anfang des 19. Jahrhunderts) zunächst für Heinrich III., den Erlauchten, von Meißen und seine Söhne, dann für Ludwig II. von Bayern. Albrecht schreibt bis Strophe 5961 unter dem Namen Wolframs und beansprucht damit dessen schon im frühen 13. Jahrhundert bezeugte Autorität als Erzähler und Vermittler von religiöser Lehre in Laienmund. Letztere nimmt im *Jüngeren Titurel* großen Raum ein, immer wieder treten ethische und religiöse Betrachtungen und Belehrungen in den Vordergrund. Mit der Übernahme der heldenepischen strophischen Form bezieht sich Albrecht jedoch, anders als Wolfram, nicht auf die »Untergangsstruktur«, sondern auf die Bedeutung des

Heldenlieds als Vorzeitkunde. Der *Jüngere Titurel* spielt in der Herrschaftszeit des Königs Artus, die in den welthistorischen Prozess eingeordnet ist, Bezugspunkt ist vor allem die Geburt Christi; die chronikalische Struktur tritt sowohl im Zusammenhang mit Artus wie mit dem Gral immer wieder hervor. Schon der Prolog, in dem Elemente aus dem *Willehalm*- und *Parzival*-Eingang montiert werden, stellt das neue Werk in einen gleichzeitig geschichtlichen (*Willehalm*) und mythisch-funktionalen (*Parzival*) Kontext. Die Geschichte des Grals bildet den Rahmen um die Abenteuer, in denen Tschionatulander die Hauptrolle zufällt, der erst im Schlussteil durch Parcifal abgelöst wird. Die Bezüge auf Wolframs Gralroman werden immer wieder aktualisiert, indem bestimmte Episoden daraus vorausgesetzt bzw. nacherzählt werden. Albrecht nimmt für sich in Anspruch, das, was der *Parzival* impliziert enthält, ans Licht zu bringen (Str. 86). Die Geschichte des Gralgeschlechts beginnt mit dem klassischen Topos der weltlichen Ritterhistorie, der Übertragung der Ritterschaft in der traditionellen *Translatio militiae*, von Troja (Griechenland) nach Rom und Frankreich. Die Gralfamilie kommt also aus Kleinasien: Senabor von Kappadozien ist der Ahnherr, als erster wird sein Sohn Parille getauft; das geschieht fünfhundert Jahre vor der Zeit des Königs Artus. Parille heiratet die Tochter des römischen Kaisers Vespasian (der in Roberts de Boron *Joseph* eine wichtige Rolle hatte) und erhält Frankreich, das er zum Christentum führt; Anjou und Cornwall werden von seinen Brüdern regiert. Ihrem Geschlecht entspringen Gandin, Gahmurets Vater, und König Marke, der Gemahl Isoldes. Parille wird auf einem Spanienfeldzug getötet und von seinem Sohn Titurison gerächt, dieser heiratet Elizabel von Aragon, und deren Sohn wird der erste Gralkönig Titurel sein, dessen Name aus den Namen seiner Eltern abgeleitet ist. Ein Engel bringt ihm den Gral; erst am Schluss des Werkes erfahren wir, dass es sich um die aus einem Stein gehauene Abendmahlsschüssel Jesu handelt, die von Joseph von Arimathia aufbewahrt worden war. Albrecht bringt hier Wolframs Vorstellung vom Gral als einem Stein und die Roberts von Boron als Schale zur Deckung. Titurel wird von Engeln zum Muntsalvatsch gewiesen, wo er einen Palast baut, in dem der Gral aus göttlicher Kraft schwebt, so dass niemand ihn berührt oder trägt. Nachdem er ihn vor den Heiden verteidigt hat, baut Titurel ihm einen Tempel auf einem Berg aus Onyx, der so geschliffen wird, dass er wie der Mond glänzt. Es ist eine gewaltige Rotunde mit zweiundzwanzig Chören und einer Nachahmung des Himmelsgewölbes auf ehernen Säulen, die Fenster sind aus Kristall und Beryll und mit Bildern aus Edelsteinen geschmückt. Der Hauptchor mit einem Altar des Heiligen Geistes weist nach Osten, daneben stehen die Altäre von Maria bzw. Johannes und die der zwölf Apostel; der Gral befindet sich in einem eigenen Gehäuse im Tempel. Drei Türen im Süden, Westen und Norden führen herein; das Gebäude ist mit Statuen und Tafelbildern, mit einer Orgel und mechanischen Kunstwerken reich ausgestattet. Diese ins Unwirkliche gesteigerte architekturale Monumentalität und kunsthandwerkliche Fülle entspricht der spirituellen Bedeutung des Kults, in den mittelalterlichen Kirchen repräsentiert sich hingegen vor allem die weltliche Macht der Erbauer, die hier eine geringe Rolle spielt.

Die detailliert beschriebene Tempelarchitektur und Ausgestaltung hat schon früh das Interesse der Altertumsforscher gefunden. Bereits im Jahre 1835 erstellte Sulpiz Boisserée, Freund Goethes, Beförderer des Weiterbaus des Kölner Doms und Kunstsammler, eine Ausgabe der entsprechenden Strophen und versuchte, das Bauwerk im Sinn der Hochgotik zu rekonstruieren, da er den Roman für einen Text des 14. Jahrhunderts hielt. Seine Zeichnungen zeigen einen Zentralbau im Stil des Kölner Doms. Das ist kein Zufall: der Kölner Dom in seiner »trümmerhaften

Unvollendung, in seiner Verlassenheit« war schon von Joseph Görres im Jahre 1814 als Bild Deutschlands verstanden worden, und seine Vollendung galt als »Symbol des neuen Reiches«, einer freien deutschen Nation. Die politische Utopie der Romantiker bediente sich des Mittelalters als Symbol für eine Zeit der Einheit und Freiheit vor dem Partikularismus und der repressiven Fürstenherrschaft. Der Graltempel konnte daher als idealer Ausdruck einer solchen Utopie verstanden werden, er war Symbol eines Mittelalters, wie es Novalis in seiner berühmten »Rede vom ewigen Frieden« *Die Christenheit oder Europa* entworfen hatte, um daraus die Vision einer politischen Erneuerung abzuleiten. Boisserées Rekonstruktion geht, sowohl was die Dimensionen von über einhundertachtzig Metern Durchmesser als auch die architektonische Gliederung des Innenraums angeht, über das Geschilderte noch weit hinaus. Man hat als Quelle für Albrechts Vorstellungen romanische Zentralbauten wie St. Gereon in Köln (vor dem Umbau), byzantinische wie die Hagia Sophia, antike und sogar iranische Konzeptionen verantwortlich gemacht. Festzuhalten bleibt, dass der Graltempel ein Abbild des Kosmos ist, mit einem Gewölbe, das den Himmel, und einem Fußboden, der das Meer darstellt, indem sich unter einer Kristallplatte nachgebildete Meerestiere mit Hilfe einer pneumatischen Mechanik bewegen. Der Tempel steht aber nicht nur für den weltlichen Kosmos, sondern auch für das himmlische Jerusalem, er bedeutet in diesem Sinne das Paradies auf der Erde.

Der Gral weist Titurel eine Frau zu: Richaude, und benennt vierhundert Knappen und achtzig Jungfrauen zu seinem Dienst. Frimutel, der Sohn Titurels, hat mit Clarisse von Granat zwei Söhne, Anfortas und Trefrizent, sowie drei Töchter (Schoysiane, Urrepanse de Schoye und Herzeloyde, die Mutter Parcifals). Mit Strophe 500 beginnt der erste Wolfram-Text in umgedichteter Form (wegen der leicht veränderten Strophenform) und mit vielen Einschüben: Titurel spricht über den Gral, die Erwählten, die Zehn Gebote, deutet Teile der Architektur und der Ausstattung des Tempels im allegorischen Sinne (die drei Pforten bedeuten Freigebigkeit, Enthaltsamkeit und wahre Liebe). Schließlich verkündet er, dass Frimutel Gralkönig werden und Schoysiane den Gral tragen soll. Schließlich wird sie jedoch mit Kyot aus Katelangen verheiratet; sie stirbt im Kindbett, nachdem sie Sigune zur Welt gebracht hat. Albrecht füllt dann die Lücken zwischen den beiden Wolfram-Teilen aus. In die Zwischenzeit fällt die Geburt Parcifals, wobei die Dinge, die aus Wolframs Roman bekannt sind, nur kurz angedeutet werden. Gahmuret fällt im Kampf für den Baruc Akerin und vertraut Tschionatulander die Sorge für Herzeloyde, sein ungeborenes Kind und seine Länder an. Als er die Unglücksnachricht von Gahmurets Tod überbringt, wird er von den Vasallen zum Herrscher auf Zeit ernannt, die Schwertleite findet im Beisein von König Artus statt. Hier beginnt das zweite Wolfram-Fragment, es erzählt von dem folgenschweren Ereignis, dass Sigune die Geschichte auf der Hundeleine nicht zu Ende lesen kann. Sie fordert daher Tschionatulander auf, die Leine zurückzuholen und hält es für das Recht des Grals (ihrer Familie) und des höfischen Frauendienstes, ritterliche Bewährung zu fordern. Die Leine ist nicht einer der Gegenstände ohne Bedeutung, die in anderen Romanen Objekt der ritterlichen Bewährung sind, sondern verweist auf eine Lebenslehre, denn der Hund heißt Gardeviaz: »Achte auf den Weg«. Sigune erwartet also eine für sie wichtige Auskunft, und ihre Forderung ist vor diesem Hintergrund berechtigt. Problematisch wird ihr Verlangen erst, als die Inschrift am Artushof verlesen und damit bekannt gemacht worden ist und nur noch der Besitz des Objekts Ziel der Suche wird. Es handelt sich dann um eine Aventiure, die ihren Sinn allein im Bezug auf Sigune und Tschionatulander hat und keinerlei soziale Dimensionen mehr besitzt, nachdem das

Verlesen der Inschrift den Zuhörern ein fast mystisches Glücksgefühl vermittelt hat, ähnlich wie der Gral seine Diener mit überweltlichem Segen erfüllt. Das Brackenseil ist sozusagen der Gral der Artusgesellschaft, in beiden Fällen ist der Besitz das Ziel, die Suche nach der Hundeleine ist quasi das weltliche Gegenstück zu Parcifals Gralsuche. Während jedoch die weltlich motivierte Suche in den Untergang führt, bewirkt die Gralsuche Heil für den Helden und die Gralgesellschaft.

Zunächst bewährt sich Tschionatulander in zahlreichen Kämpfen bei einem Turnier anlässlich eines großen arthurischen Festes. Condwiramurs erscheint dort, noch bevor sie Parcifal kennengelernt hat, und auch Orgeluse, in die sich Anfortas verliebt. Die Brackenseilinschrift im Umfang von 53 Strophen wird nunmehr öffentlich verlesen: es ist eine Lehre von der rechten Lebensführung und Ausübung der Herrschaft. Eine Tugendprobe zeichnet nun nach Artus und Anfortas auch Tschionatulander aus, bei den Damen bestehen Sigune, Urrepanse und Condwiramurs die Probe. Der Zauberer Klinschor entführt die Mutter Gawans, seine Schwester und dreihundert Jungfrauen; der Leser weiß aus dem *Parzival*, dass Gawan sie befreien wird (Schastel marveile). Tschionatulander bricht in den Orient auf und zeichnet sich immer wieder aus, er wird mehrmals als der »Zweite Gahmuret« bezeichnet, unterscheidet sich jedoch von ihm in einem wesentlichen Punkt: er ist gleichzeitig treu und keusch in der Liebe; eine vergleichbare Konzeption des Rittertums unter dem Zeichen sexueller Enthaltsamkeit kennen wir aus der *Queste*. Die sinnliche Liebe jedoch bleibt sein oberstes Ziel, denn Sigune verspricht sie Tschionatulander zweimal ausdrücklich, indem sie sich ihm, zur Verheißung ihrer Hingabe, nackt zeigt. Tschionatulander rächt Gahmurets Tod in einer sehr breit dargestellten Schlacht, nach seiner Rückkehr muss er dessen Länder gegen Orilus verteidigen. Er hat, wie sein großes Vorbild Gahmuret, den ritterlichen Bewährungszwang verinnerlicht, so unterstützt er König Artus im Kampf gegen Kaiser Lucius. Das Unheil, das ihm droht, wird durch zwei Episoden angekündigt: der Baruc hatte Tschionatulander zur Schwertleite eine kostbare Rüstung geschenkt, diese aber ist auf dem Meer verloren gegangen; als Ersatz schickt er neue Gegenstände aus dem glückbringenden Gold, Ring und Spange, die irrtümlich an Jeschute und Orilus gelangen. Als Sigune Tschionatulander bittet, sie zum Gral zu bringen, begegnen sie Orilus und Jeschute, die die Hundeleine besitzt. Es kommt zum Kampf, bei dem Tschionatulander getötet wird, weil Jeschute das glückbringende Gold bekommen hat. Er stirbt in den Armen Sigunes, sie gibt sich die Schuld an seinem Tod.

Nun folgen die Abenteuer Parcifals: er hört die Klage Sigunes, sie sagt ihm, wer er ist, und er berichtet am Artushof vom Tode Tschionatulanders. Der König sucht Sigune, sie bittet ihn, nach Salvaterre zum Gral gebracht zu werden, die Gralbotin Cundrie verhilft ihr zu einem Sitz auf der Linde. Sie wird von den Gralleuten ernährt und vom Gral beschirmt. Darauf folgt Parcifals Versagen auf der Gralburg; Sigune beklagt das Unterlassen der Frage, und Parcifal reitet weiter. Die Frageunterlassung Parcifals hatte einen neuen, höheren Sinn, denn Anfortas hatte für seine Sünden nicht lange genug gebüßt. Bei der dritten Begegnung klärt Sigune ihren Vetter über die Besonderheit des Gralschwertes auf: es werde beim ersten Schlag zerspringen, jedoch im Brunnen von Karnant wieder ganz werden. Parcifal beklagt seine Trennung von Condwiramurs, damit nimmt ihn der Erzähler vor dem Vorwurf mangelnder Treue in Schutz. Weitere Abenteuer Parcifals sind aus Andeutungen in Wolframs Roman abgeleitet: er findet immer wieder Kämpfe, fährt auf dem Meer und umschifft die Welt, kehrt zurück und sucht den Fischer auf, dem er die goldene Spange Jeschutes gegeben hatte, das Glücksgold, dessen fehlgeleiteter Besitz zum Tode

Tschionatulanders geführt hatte. In einem Kampf tritt Parcifal für die überragende Schönheit von Condwiramurs ein, dabei zerbricht das Gralschwert und wird, wie vorhergesagt, in Karnant geheilt. Er übergibt es Ekunat, der damit Orilus bekämpfen soll, weil er selber ihm Schonung versprochen hat. Beim vierten Besuch in Sigunes Klause ist sie tot, sie wird neben Tschionatulander begraben, die auf ihren Gräbern gepflanzten Weinreben verflechten sich; das ist eine Übertragung aus dem Schluss des alten Tristanromans, wo das Pflanzenwunder die Einheit der Liebenden auch nach dem Tode zeigt. Ekunat tötet Orilus und rächt damit Tschionatulanders Tod. Die Nachricht kommt, dass Parcifal Gralkönig geworden und Anfortas geheilt ist. Der Erzähler verzichtet darauf, weitere Einzelheiten von den Kämpfen von Parcifals Sohn Kardiez mit Lehelin zu erzählen.

An dieser Stelle nennt er sich erstmals mit dem Namen Albrecht; Anlass ist wohl ein Gönnerwechsel, jedoch ist die neue Verfasserrolle an dieser Stelle auch poetologisch begründet: der, wenn auch lockere, Bezug auf Wolframs Werk ist zu Ende, Albrecht muss die Geschichte nach anderen Quellen und eigener Erfindung beschließen. Er zieht Bilanz, was Wolfram nicht erzählt habe: die Geschichte von Parcifals Söhnen, von Condwiramurs, was der Gral eigentlich ist, wer den Gral nach Urrepanses Heirat mit Feirefiz tragen soll. Zunächst ist es Gaschiloie, die bei Wolfram im Zusammenhang mit der Gralprozession genannt wurde, dann die Tochter von Parcifal und Condwiramurs. Die Geschichte von Parcifals Sohn Lohangrin wird nach seinem Abschied aus Prabant (wo er aufgrund der gestellten Frage scheiden musste) berichtet: er heiratet Pelaie, die wegen seiner Vorfahren um seine Beständigkeit fürchtet, weil sie von Gahmuret und von Parcifals langem Fernbleiben weiß. Eine Kammerfrau rät ihr, ein Stück Fleisch ihres Ehemannes zu verzehren, was Pelaie jedoch von sich weist. Eine Intrige führt dazu, dass ihre Verwandten Lohangrin zu diesem Zweck den linken Fuß nehmen wollen, er verteidigt sich und wird dabei getötet. Sein Land wird nach ihm Lothringen benannt, und dort könne man, so sagt der Erzähler, noch seinen einbalsamierten Leichnam sehen. Die anderen Nachkommen Parcifals erhalten später den Gral, dieser aber will in den Orient, wo die Christenheit nicht so sündig ist wie im Abendland, sondern sich mehrt. Parcifal leitet den Zug, an dem auch Titurel teilnimmt. In Marseille schiffen sie sich ein und kommen nach Petitmont, wo die Bürger einen Tempel bauen und die Stadt in Grals umbenennen (was Joseph Görres später als Arles deutet). Die Gralritter fahren jedoch weiter, überstehen gefahrlos einige (literarisch-traditionelle) Orientabenteuer, bekehren Heiden und gelangen nach Indien. Feirefiz erfährt von der Ankunft des Grals, mit Urrepanse begrüßt er Parcifal und Condwiramurs sowie Armidale, Parcifals Tochter, die Gralträgerin wird. (Der Name kommt vermutlich von der Gralträgerin Amide im *Prosa-Lancelot*.) Feirefiz erzählt von einem reichen König, der sich Priester Johann nennt und über die drei Indien und damit drei Viertel der gesamten Welt regiert. Seine Länder liegen nahe am Paradies, sie werden ausführlich beschrieben, so gibt es dort eine Säule mit einem magischen Spiegel wie auf Wolframs Schastel marveile. Die Leute beten, dass der großartige Graltempel nach Indien versetzt wird, Gott erfüllt diesen Wunsch, und der heilige Bau wird zum Wallfahrtsort noch vor Rom und Aachen. Titurel spricht ein letztes Mal über den Gral, der *Jaspis* und *Silix* heißt (eine Erläuterung von Wolframs Namen für den Gral: *Lapsit exilis*) und von der falschen Abendmahlsschale, die in Konstantinopel gezeigt wird, zu unterscheiden ist. Er hat ihn fünfhundert Jahre lang gehütet, jetzt stirbt er. In Zukunft aber wird niemand mehr vom Gral gespeist, und die Könige leben auch nicht so lange wie Titurel. Priester Johann bietet Parcifal die Herrschaft an, und der Gral bestimmt, dass Parcifal König und selbst Priester Johann genannt werden soll, er darf jedoch nicht länger als zehn Jahre herrschen, weil er seine Mutter nicht hinreichend geehrt hat. Nach ihm wird die Herrschaft auf den Sohn von Feirefiz und Urrepanse übergehen, und alle Gralkönige werden den Namen Priester Johann tragen. Indien ist hier das spirituelle Reich, nicht das der gängigen Wunder und Reichtümer, man wird als Grundlage eher die Nachrichten von den Thomaschristen aus der apostolischen Zeit und die Ahnung von buddhistischen Klöstern und erhebenden Bergregionen sehen denn die Abenteuerfahrten Alexanders, die ihn bis zu den Quellen des Indus geführt haben sollen und Anregungen für Wundererzählungen gaben. Albrecht hat die Orientvorgaben der *Queste* mit Wolframs Geistliches und Exotisches vereinender Indienperspektive (Priester Johannes, Feirefiz) verbunden und ausgebaut.

Die weiträumige Erzählung wird – vielleicht infolge eines Gönnerverlusts – sehr schnell zu Ende geführt. Quellen sind Wolframs *Titurel* und *Parzival*, dann vor allem Roberts de Boron *Joseph* und, vermutlich in der französischen Fassung, die *Queste*; daneben andere Romane, darunter auch Heinrichs von dem Türlin *Crône*. Albrecht eliminiert die Ambivalenzen von Wolframs Gralroman mit seiner Relativierung durch den Loherangrin-Schluss, der besagt, es gebe keine verbindliche Lehre, der die Hörer/Leser nachfolgen könnten. Ganz anders Albrecht: Die Lehre wird auf zwei Ebenen vermittelt, einmal durch die Handlung, zum anderen durch moralische Auslegungen und Kommentare. In der Handlung fängt Albrecht durch die Integration des vorgegebenen Tschionatulander-Untergangs in die positiv ausgerichtete Gralhandlung die Irritationen und Problematisierungen auf, die Wolfram in seinem *Titurel*-Torso evoziert hat. Tschionatulander ist bei aller ritterlichen Vollkommenheit und seinem unbedingten Drang nach kämpferischer Bewährung kein Gralritter, er kann nicht zum Gral berufen werden, weil er sich für die

Liebe entschieden hat. Es gelingt Albrecht allerdings nicht, alle Ambivalenzen dieser unerfüllten Liebe zu beseitigen: Sigune gibt sich die Schuld an Tschionatulanders Untergang, weil sie ihn nicht rechtzeitig für seine Dienste mit ihrer Hingabe belohnt hat, andererseits stellt gerade die Keuschheit eine besondere Anforderung an den Ritter dar. Dieses Dilemma wird dadurch beseitigt, dass Tschionatulander im arthurischen Bereich bleibt, der seinen eigenen »Gral« besitzt, das Brackenseil. Die moralisierende Interpretation betrifft nicht nur die Lebenslehre, die auf der Leine geschrieben steht, sondern sie wird angeschlossen, wo immer es sich anbietet, selbst dann, wenn eigentlich gar kein inhaltlicher Anknüpfungspunkt gegeben ist – denn von Grundwahrheiten lässt sich, so sieht es der Erzähler, immer sinnvoll sprechen. Die, teils den Personen, teils dem Erzähler in den Mund gelegten, Tugendlehren erscheinen unter heilsgeschichtlicher Perspektive, nicht nur, indem sie häufig auf die Bibel verweisen oder sich auf Gott als Spender der Tugenden beziehen, sondern auch durch ihre Einbettung in den heilsgeschichtlich begründeten erzählerischen Zusammenhang; denn der Gral als Abendmahlsschüssel ist ein Objekt aus der Heilsgeschichte, das mit dem historischen Erscheinen Jesu verbunden ist. Diese historische Perspektive wird auch weiter durch den Roman verfolgt mit Hilfe von Zeitangaben wie der fünfhundertjährigen Lebenszeit Titurels. Durch die Entrückung des Grals nach Indien wird er für das Abendland unerreichbar, seine Wirklichkeit wird jedoch nicht aufgehoben, denn der Graltempel bleibt als ferner, aber besonders geheiligter Wallfahrtsort bestehen.

Die Ambivalenz, die Albrecht in der Erzählung und in den Kommentaren eliminiert hat, wird in der Komplexität der Sprache zurückgeholt. Die Strophen bewegen sich in einem feierlich schweren Rhythmus, verwenden gesuchte Reimwörter und Wolframsche Konstruktionen in einem anspielungsreichen literarisch gesättigten Stil. Die Trivialität der moralischen Reden wird in der sprachlichen Verrätselung bedeutungsvoll, denn weniger logische, als klanglich musikalische Dimensionen sind bestimmend, zumal wenn man an den Gesangsvortrag denkt, der durch eine Melodie auf dem Vorsatzblatt der Wiener Handschrift belegt ist (und auch in Strophe 6077 genannt wird). Im 15. Jahrhundert galt der *Titurel* für Püterich von Reichartshausen als das »Haupt der deutschen Bücher«, und im Jahre 1461 fordert Graf Gerhard von Sayn in seinem Testament die Söhne auf, den *Jüngeren Titurel* als Bildungs- und Tugendlehre zu lesen. Eine Handschrift des 15. Jahrhunderts beginnt mit der Überschrift: »Hier beginnt ein Lied von der göttlichen Weisheit und von der Welt«. Die Titurel-Strophe wurde vielfach übernommen und nachgeahmt, so im *Buch der Abenteuer* von Ulrich Füetrer (s. S. 148) und in abgewandelter Form im mittelhochdeutschen Lohengrin.

Als der *Jüngere Titurel* zu Beginn des 19. Jahrhunderts wieder entdeckt wurde, galt er als Werk Wolframs und wurde aufs Höchste bewundert. »Ein unerreichtes und einziges Werk seiner Art«, nennt es Bernhard Joseph Docen im Jahre 1810, und Joseph Görres spricht drei Jahre später von »Siegel, Kleinod und Edelstein«, nennt den *Jüngeren Titurel* »die fraglos großartigste, konzentrierteste, reinste Verkörperung mittelalterlich-christlichen Geistes« (Vorrede zur *Lohengrin*-Ausgabe). Karl Rosenkranz vergleicht im Jahre 1829 das Werk mit Dantes *Göttlicher Komödie* und Goethes *Faust*. Diese Hochschätzung der Romantiker wurde seit etwa 1830 infrage gestellt und wich einer weitgehenden Abwertung und Nichtbeachtung; Albrechts Vorstellung vom Gral aber, dass es sich um die aus einem Stein gearbeitete Abendmahlsschale handele, wird weiter tradiert und gelangt über die Nacherzählung durch San-Marte (Albert Schulz) zu Richard Wagner.

8. Kapitel

Der Gral am Ende des Mittelalters

Mit dem Ende des 15. Jahrhunderts bricht die Beschäftigung mit der Gralliteratur ab: der *Parzival* wird, zusammen mit dem *Jüngeren Titurel*, noch im 15. Jahrhundert gedruckt, es gibt darüber hinaus Handschriften aus dieser Zeit, aber dann besetzt die religiöse und konfessionelle Diskussion die Druckerpressen und die Köpfe. Weder heilsgeschichtliche noch lebenspraktische Orientierungen vermochte der Gralmythos, in welcher Gestalt auch immer, noch zu geben. Das wird in der großen Abenteuer-Kompilation Ulrich Füetrers deutlich, in der eine Summe der Ritterbücher gegeben wird. Das hohe Ansehen, das die Gralgeschichte durch Wolfram und Albrecht bekommen hat, ist noch nicht verblasst, wohl aber die ihr ursprünglich eigene Bedeutung.

Über Jakob Püterich von Reichartshausen (gest. 1473) dürfte Ulrich Fuetrer (oder Füetrer) am Hof Herzog Albrechts IV. von Bayern-München an die Vorlagen für sein *Buch der Abenteuer* gekommen sein. Dieses besteht aus drei Teilen: Der erste bietet die Geschichte des Grals und des Artusreichs, der zweite erzählt von sieben vorbildlichen Rittern, der dritte ist eine strophische Fassung des *Prosa-Lancelot*. Fuetrer verwendet die modifizierte Jüngere-Titurel-Strophe und übernimmt damit dessen Anspruch auf Beachtung. Im Jahr 1481 beginnt er mit seinem monumentalen Werk, das er Albrecht IV. (1444–1508) in einem Akrostichon des Prologs widmet. Dieser greift ebenfalls auf den *Jüngeren Titurel*, daneben auf Wolframs *Willehalm* zurück und verweist auf Fuetrers Vorbild. Zu Anfang steht eine Geschichte des Gralgeschlechts nach dem *Jüngeren Titurel* einschließlich des Tempelbaus, jedoch auf die wichtigsten Fakten gekürzt.

Der Erzähler beginnt mit Senabor und Parille, nennt Titurison und Titurel, der Tempelbau nimmt ganze vier Strophen ein gegenüber 734 im *Jüngeren Titurel*. Danach wird Frimutel mit seinen Kindern genannt; hier fügt Ulrich Elemente aus dem *Parzival* Wolframs an, nämlich die Abenteuerfahrten von Trefrezent und Anfortas. Anschließend folgt er dem Grundschema des Robert-von-Boron-Zyklus, der nach dem *Joseph*, der Vorgeschichte des Grals, mit dem *Merlin* die Vorgeschichte des Artusreiches anschließt. Fuetrer geht allerdings noch weiter zurück. Gemäß der Andeutung Albrechts über die Herkunft des Rittertums aus Troja arbeitet er den Trojanischen Krieg nach Konrad von Würzburg ein. Jetzt folgt die Geschichte Merlins nach einer unbekannten französischen Vorlage, die letztlich auf Robert von Boron zurückgeht, aber durch Elemente aus späteren Fassungen des *Joseph* und aus Geoffreys von Monmouth *Historia Regum Britanniae* erweitert wird. Gamoreths Abenteuer werden nach Wolframs *Parzival* erzählt, ebenso die Geburt Parcivals und Hertzenlawts Rückzug in die Einsamkeit. Dann beginnt die Tschionachtulander-Sigune-Liebe nach dem *Jüngeren Titurel* bis zum Tode des jungen Helden. Die Inschrift, die bei Albrecht in voller Länge wiedergegeben wird, erwähnt Ulrich nur: sie sei »süßer Sprüche voll« gewesen. Parcivals Jugend nach Wolfram wird in stark gekürzter Fassung geboten: auf der Gralburg ist die Mantelgabe eine Kleiderausstattung unter anderem, es gibt keine Schwertschenkung und die Gralprozession besteht aus einem Knappen mit dem blutigen Schwert, dann kommen zwölf Jungfrauen mit zwei Messern und schließlich die Gralträgerin; Parcival unterlässt die Frage seiner guten Erziehung wegen. Die Krankheit des Burgherrn kommt nur bei der Begegnung mit dem »traurigen Fischer« zur Sprache, er heißt auch »der traurige Gastgeber«; der Gral selber wird *ain masse* genannt, was eigentlich ein ungeformtes Stück Metall bezeichnet und die Vorstellung Wolframs (nicht von

Menschenhand geformt) und Albrechts (Gefäß aus Edelmetall) zu verbinden scheint. Ulrich harmonisiert auch die Gralhistorie nach Wolfram/Albrecht und dem *Joseph*: Nach der ersten Graltafel wird das heilige Gefäß von Gott wegen der Sünden der Menschen in den Himmel geholt und später der Gralsippe wieder übergeben, eine Verknüpfung, die Immermann (s. S. 167) übernehmen wird. Parcival trifft Sigune wieder, besiegt Orilus, sieht die Blutstropfen, wird an den Hof geführt, in die Tafelrunde aufgenommen, von Gundrie verflucht. Es folgen Gawans Abenteuer vor Bearotsch und in Tschamphentzun. Parcivals weitere Abenteuer erzählt Ulrich nach dem *Jüngeren Titurel*: die Begegnung mit Sigune, ihre Informationen über das Gralschwert, verschiedene Kämpfe und Turniere, das Zerbrechen des Schwertes, seine Zusammenfügung und die Übergabe an Echkunot für die Rache an Orilus. Parcival kommt am Karfreitag zu Trefrezent, was in stark gekürzter Form nach Wolframs IX. Buch berichtet wird. Er erfährt von seinem Oheim die Geschichte des Gralherren Anfortas, der durch die vergiftete Lanze eines Heiden verwundet wurde. Am Gral sei eine Inschrift erschienen, es werde ein Ritter kommen, der ihn durch die Frage erlöse. Daraufhin beichtet Parcival sein Frageversäumnis und berichtet von der Speisung der Gralgesellschaft; diese Kraft erhalte der Gral, so sagt Trefrezent (mit Wolfram), von einer Hostie, die an jedem Karfreitag eine Taube bringt. Die Hostie wird auf den Gral gelegt, zieht sich dann zusammen und sinkt in den Stein (eine Vorstellung, die sich bei Wolfram nicht findet). Jeden Samstag wird der Gral vor Anfortas gebracht, dadurch bleibt dieser am Leben. Aus seiner Wunde rinnen blutige Tropfen; mit den beiden silbernen Messern, die Parcival gesehen hat, wird das Blut von der Wunde abgeschnitten. Im Unterschied zu Wolframs Trevrizent formuliert Fuetrers Einsiedler die Gralfrage nicht vor. Die Geschichte des Grals wird nicht weiter berichtet, weil sie ja nicht zu dem stimmt, was Fuetrer im Merlin-Teil erzählt hatte: dort war es der Abendmahlskelch, der Joseph von Arimathia von Jesus selbst übergeben wurde und für den er die Graltafel eingerichtet hatte; der Widerspruch zu der Auffassung als »Masse« wird nicht aufgelöst. Nach der Einkehr bei Trefrezent folgen Gawan-Abenteuer, die auf die *Crône* zurückgehen, darunter die Liebesbeziehung zu Amorfina. In dem Maße, in dem Parcival zusätzliche Abenteuer aus dem *Jüngeren Titurel* erhält, wird auch Gawan mit einer gegenüber dem *Parzival* erweiterten Abenteuerfolge ausgestattet, um das Gleichgewicht beider Helden zu wahren. Es folgt der Streit um die Königin, ihre Entführung und Befreiung, die Geschichte mit dem Streit der Schwestern und, nach einer gekürzten ersten Wunderkette, das Abenteuer bei dem »Altherren«: beim ersten Gralbesuch findet Gawan den Burgherren auf einem Bett, das an Pracht das Titurels am Gral übertrifft. Nach dem Mahl sieht er vier Jungfrauen mit Kerzen und eine fünfte, die einen Napf aus Gold trägt, der mit vielen Edelsteinen besetzt ist. Dieser ist mit frischem Blut gefüllt, in dem eine Hostie schwimmt. Der »Altherre« isst die Hostie und trinkt das Blut durch eine goldene Röhre, wie in der *Crône* berichtet. Gawan erblickt noch eine schöne Kapelle; als alles dunkel wird, tastet er sich in den Palast zurück und findet den »Altherren« tot und prachtvoll aufgebahrt, die Burg aber ist verlassen. Im Stall legt er sich schlafen, am nächsten Morgen findet er sich auf freiem Feld. Ähnlich wie bei Heinrich von dem Türlin bleibt unklar, ob es sich wirklich um eine Gralbegegnung handelt: einerseits hat Ulrich die Bezüge verstärkt, indem er von Titurel spricht und die Hostie einführt, andererseits denkt, anders als in der *Crône*, Gawan nicht an eine Frage, der Rätselcharakter bleibt also gewahrt. Er zieht zu Frau Sælde, es folgen weitere Abenteuer aus der *Crône*, so der Tod des Doppelgängers, bevor der Erzähler zu Wolfram zurückkehrt und die Ereignisse aus Buch X–XIII in komprimierter Form berichtet; Ulrich greift hier nicht auf die Neufassung in der *Crône* zurück. Es kommt zum Kampf zwischen Gawan und Parcival, dann zwischen Parcival und Gramoflans und schließlich zur allseitigen Versöhnung. Im Zweikampf zwischen Parcival und Ferafis zerbricht das Itherschwert, und beide erkennen sich als Brüder; sie gehen an den Artushof, wo Gundrie erscheint und verkündet, dass Parcival zum Gralkönig berufen ist. Das hat Urrepanse ebenso am Gral gelesen wie die Botschaft, dass Anfortas durch Parcivals Kommen geheilt werde und Cundwuramursch mit Lohergrim dorthin kommen sollte, auch Ferafis ist zum Gral berufen. Auf der Burg lässt sich Parcival vor den Gral führen, er wirft sich vor ihm nieder und betet für die Heilung des Anfortas, die dann auch, ohne dass die Frage gestellt wird, erfolgt. Ferafis kann den Gral nicht sehen, und Titurel, der wegen seines Podagra auf dem Bett liegt, erklärt, dass nur Getaufte das Heiligtum erblicken können. Man reitet Condwuramursch entgegen, beim Zusammentreffen mit ihr und den Söhnen wird Kardiez mit den Ländern belehnt, die anderen aber und Lohergrim ziehen auf die Gralburg. Vorher wird Sigune zusammen mit Tschionatulander in einem Sarg begraben. Ferafis lässt sich taufen und heiratet Urrepanse, mit der er in seine Länder zieht. Weitere Gawan-Abenteuer nach der *Crône* schließen sich an; eine Gralbotin (es ist nicht Gundrie, sondern ein schönes Mädchen) verkündet Gawan, dass Artus mit seinem Gefolge zur Gralburg berufen ist. Näheres darüber aber weiß Ulrich, wie er sagt, nicht; die zweite Chrétien-Fortsetzung ist ihm offensichtlich unbekannt, vermutlich kannte er das Motiv aus dem mittelhochdeutschen ›Lohengrin‹ (s. S. 179). Es folgen die Abenteuer Lohergrims: seine Fahrt nach Prabant, wobei seine Erwählung als Befreier und seine Fahrt mit der Schwanenbarke ausführlich dargestellt werden. Er verbietet Els, nach Namen und Herkunft zu fragen, und heiratet sie. Kämpfe des Helden schließen sich an, die Intrige der Frau von Kleve, die Frage sowie sein Abschied und der Tod von Els. Er heiratet Pelaye, es folgt die Geschichte mit dem Stück Fleisch aus seinem Bein und der Tod Lohergrims nach dem *Jüngeren Titurel*. In Montsalvatsch ist Parcivals Tochter Elis Gralträgerin geworden, sie liest am Gral, dass er nicht in Salvaterre bleiben will. Er wird daher nach Indien überführt. Parcival wird für zehn Jahre Herrscher unter dem Namen Priester Johann, dann folgt ihm der erste Sohn von Ferafis. Damit endet der erste Teil des *Buchs der Abenteuer*. Der Schluss ist eine Kombination aus den Abenteuern des *Lohengrin* und des *Jüngeren Titurel*. Der Gral spielt noch einmal eine Rolle im dritten Teil, dem *Lannzilet* (6143 Strophen). Grundlage ist hier der *Prosa-Lancelot* mit *Queste* und *Mort Artu*. Damit entstehen Widersprüche zum ersten Teil des *Buchs der Abenteuer*, einmal in der Tatsache, dass nicht mehr Parcival, sondern jetzt Galat der Gralheld ist, dann auch bei der Überführung des Grals in den Orient und seinem weiteren Schicksal dort. Während er am Ende des ersten Teils zur Rechtsinstanz geworden war, die das Unrecht ausrottet (wer in Sünden gefunden wird, dem schlägt man ein Loch in die Hand, büßt er, so wird es wieder heil), wird er hier in den Himmel entrückt. Die geistliche Sinngebung des ganzen *Prosa-Lancelot* wird jedoch weitgehend aufgegeben. Zwischen Lannzilet und Ginevra besteht nur eine höfische, nicht eine körperliche Liebesbeziehung, so dass von Ehebruch keine Rede sein kann. Dementsprechend sind die Relativierungen von Lancelots Rittertum durch seine Sünde gestrichen, und das Artusreich geht auch nicht an den Folgen des Ehebruchs zugrunde. Die höfische Minne in ihrer Spannung zwischen höchstem weltlichen Gut und Todsünde unter geistlicher Perspektive ist jetzt offensichtlich kein wirkmächtiges Paradigma mehr. Das Artusreich geht zugrunde, weil es von dieser Welt und damit der Vergänglichkeit unterworfen ist wie alles Irdische.

Das fünfte Buch des dritten Teils adaptiert die *Queste*. Ulrich erwähnt, dass er *Merlin* und *Kyot* gelesen hatte. Beide sind ihm die Gewährsmänner für die über Wolfram und Albrecht hinausgehende bzw. von ihm abweichende Geschichte vom Gral. Ulrichs Publikum konnte das als unterschiedliche Nachrichten von dem geheimnisvollen Gegenstand verstehen, der eben dadurch noch rätselhafter wurde – so wie Robert de Boron gesagt hatte, man könne zweihundert Bücher über den Gral schreiben: der Gral ist das alle möglichen Mitteilungen stets Überschießende. Ulrich folgt weitgehend seiner Vorlage, reduziert aber auch hier geistliche Auslegungen: Galat wird in einer Abtei zum Ritter, er sitzt auf dem Gefährlichen Sitz und gewinnt das Schwert. Der Gral erscheint, speist alle, und Galat gelobt als erster die Gralsuche, alle anderen Ritter schließen sich an. Er gewinnt den weißen Schild mit dem roten Kreuz (unter diesem Zeichen hatte schon König Evalet in der ersten Gralzeit gesiegt), hier wird die Geschichte des Schildes ausführlich dargestellt. Es folgen Rittertaten Galats, Gawans, Lannzilets und Parcifals sowie Hestors. Die drei Gralritter kommen zum Salomonsschiff, dessen Verbindung mit dem Paradiesesholz hier nicht berichtet wird. Aus der ungenannten Königin, die Salomon zum Bau des Schiffes bringt, wird die wohlbekannte Königin von Saba. Galat erhält das Davidsschwert und Parcifals Schwester gürtet es ihm um; sie opfert ihr Blut und Leben für die aussätzige Burgherrin. Lannzilet scheitert auf der Gralburg; als er die Gralmesse sieht, darf er nicht in die Kapelle vordringen und kehrt zum Artushof zurück. Galat, Parcifal und Boort kommen zum Gral, Joseph von Arimathia (nicht Josephus, wie in der *Queste*) erscheint, zwei Engel bringen den Gral. Joseph erklärt, dass es sich um die Schüssel für das Osterlamm und den Kelch für den Wein handle, der von Gott selbst »Gral« genannt wurde. Er teilt zwölf Hostien aus, das Kind, das in der Schüssel erscheint, bricht die Stücke von seinem eigenen Leibe. Ein Engel bringt den blutenden Speer, und Galat bestreicht den verwundeten König damit und heilt ihn. Es bleibt eine gewisse Unklarheit, ob nur der Kelch als Gral bezeichnet wird oder beide heiligen Reliquien zusammen; jedenfalls sollen die drei Gralritter sie und die Tafel zum Schiff bringen. Sie segeln nach Sarras, Tafel und Gral werden auf die Burg geholt. Ein Schiff bringt den Leichnam von Parcifals Schwester, die dort begraben wird; an ihrem Grab werden Kranke geheilt, was zu einer Ausbreitung des Glaubens führt. Der König aber will die Christen vertreiben, so dass Engel den Gral in den Himmel holen; das findet hier zu einem früheren Zeitpunkt als in der *Queste* statt. Galat ist die beseligende Schau nicht zugestanden; hier zeigt sich Ulrichs Tendenz, die mystische Wirkung des Grals zugunsten seiner dekorativen und liturgischen zurückzudrängen. Die drei Ritter werden gefangengesetzt, als jedoch der König stirbt, wird Galat sein Nachfolger. Er regiert als ein gerechter Herrscher, der Friede und gutes Gericht schafft, und bekehrt viele zum Christentum. Nach einem Jahr stirbt er sündenrein und wird bei Parcifals Schwester begraben; hiermit unterstreicht Fuetrer das Motiv der geistlichen Brautschaft. Parcifal wird Klausner, stirbt als Heiliger und wird ebenfalls bei seiner Schwester bestattet. Boort hingegen zieht nach Britannien und erzählt die Abenteuer, die Artus aufschreiben lässt. Das VI. Buch bringt die *Mort Artu* nach der mittelhochdeutschen Prosa: die Entfremdung von Lannzilet und Ginoevra durch die Dame von Kaloth, die Anklage wegen des vergifteten Apfels, Lannzilet in die Falle gelockt (im Unterschied zur Vorlage bleibt jedoch unklar, ob die Königin überhaupt mit ihm in dem Gemach ist). Als Artus von der Entdeckung Lannzilets bei der Königin (die so gar nicht dargestellt war) erfährt, lässt er sie zum Tode verurteilen, Lannzilet befreit sie und erschlägt dabei Gabans Bruder, so dass der Krieg unvermeidlich ist. Als der Papst die Versöhnung anordnet, wird Lancelot verbannt. Nun folgt die Morderoth-Intrige: Artus hatte ihm Land und Königin anvertraut, aber Morderoth lässt fälschlich den Tod des Königs melden, um die Herrschaft zu übernehmen und die Königin heiraten zu können. Sie zieht sich jedoch in einen befestigten Turm zurück und schickt eine Botschaft an den König, der zurückkehrt. Es kommt zum Zweikampf mit Morderoth, der Vater erschlägt den Sohn, dieser verwundet Artus tödlich. Das Schwert wird in den See geholt, und ein Schiff führt Artus fort; später wird sein Grab gefunden und berichtet, dass Morgane ihn zurückgebracht hätte. Die Königin wird Nonne und stirbt nach drei Monaten. Lannzilet rächt Artus, nach dem Sieg wird er Mönch und führt ein klösterliches Leben; als dann sein Ende naht, bittet er, bei seinem Freund Galat begraben zu werden. Seine Mitbrüder sehen, wie Lannzilets Seele von Michael in den Himmel geführt und von Engeln begrüßt wird. Als Letzter der Artusritter entsagt Boort der Herrschaft, wird Eremit und stirbt ebenfalls selig. Das *Buch der Abenteuer* schließt mit einer ausdrücklichen Absage an Frau Welt und der Bitte um die Seligkeit für den Autor. Als Beispiel der weltlichen Dinge passieren nahezu alle Heldinnen und Helden des *Buchs der Abenteuer* und noch weitere mittelalterliche Romanfiguren am Schluss Revue. So schlägt das *Buch der Abenteuer* den großen Bogen vom Beginn des Rittertums bei den Trojanern bis zu seinem Ende in der Gestalt von König Artus und seinen Helden, vor allem Lancelots. Die bunte Welt der Vergangenheit, die hier gemalt wird, kann die Gegenwart am Münchener Hof verschönern, vorbildlich sein allenfalls in der Erkenntnis ihrer Endlichkeit und der Notwendigkeit einer Wendung zu Gott, die jedoch eher aufgesetzt wirkt.

Fuetrer hat mit dem *Buch der Abenteuer* eine große Synthese der Artus- und Gralliteratur geschaffen: ein chronikalischer Rahmen in Buch I und III umschließt einen eher locker gestalteten Mittelteil mit nicht unmittelbar aufeinander bezogenen Rittergeschichten. Im Vergleich zum moralisch-didaktischen Anspruch des *Jüngeren Titurel* ist diese Komponente hier ebenso reduziert wie die heilsgeschichtliche des *Prosa-Lancelot*. Dafür tritt die konkrete Anbindung an den Münchener Hof in wiederholten Huldigungen an Herzog Albrecht in den Vordergrund: Albrecht hätte, gäbe es Artus noch, in der Tafelrunde gesessen und wäre er Gralkönig, so würde es den Gral noch geben. Die Wirklichkeit soll die Literatur überbieten, Albrecht wäre der ideale Tafelritter und der beste aller möglichen Gralkönige. Darum kann der Gral entrückt werden und das Artusreich zugrunde gehen, denn der regierende Fürst übernimmt diese Aufgaben.

Fast vierhundert Jahre später wird sich mit König Ludwig II. wieder ein Bayernherrscher als Lohengrin und Parzival stilisieren, seine Burg Neuschwanstein mit entsprechenden Dekorationen ausstatten lassen und ein »Nicht-von dieser Welt Sein« verbunden mit einem charismatisch-absoluten Herrschaftsanspruch daraus ableiten. Fuetrers *Buch der Abenteuer* wurde schon früh durch Felix Hofstätter (1816) in reimlose Verse übersetzt und daher im 19. Jahrhundert rezipiert, während eine vollständige Textedition erst 1999 abgeschlossen wurde.

9. Kapitel

»Von der Pforte des töthlichen Vergessens«: der Gral im 18. Jahrhundert

Der Parcival – ein Gedicht in Wolframs von Eschilbach Denckart Eines Poeten aus den Zeiten Kaiser Heinrich des VI. erschien ohne nähere Verfasser- oder Übersetzerangabe 1753 in Zürich. Mehr als 250 Jahre hatte sich niemand für die Graldichtung interessiert, sie passte nicht in den literarischen Geschmack des Barocks oder der Aufklärung, war zu abenteuerlich, zu bunt und kraus erzählt, mystisch-religiös überladen und, ganz abgesehen davon, auch sprachlich nicht mehr leicht zu verstehen. Dass sich das in der Mitte des 18. Jahrhunderts geändert hat, verbinden wir mit dem Namen von Johann Jakob Bodmer, dem Urheber des eben zitierten Parcival-Gedichts; von der »Pforte des töthlichen Vergessens« habe er die altdeutsche Literatur geholt, sagt er selber. Vorher hatte man sich nur für lehrhafte Texte interessiert, die Romanliteratur aber und der Minnesang, auch das Heldenepos waren vergessen. Die Voraussetzungen für die Wiederentdeckung und »Neuerfindung« der mittelalterlichen Literatur sind im Wesentlichen drei: ein Paradigmenwechsel in der Poetik, ein neues literaturgeschichtliches Verständnis und eine lokalpatriotische Faszination. Den poetischen Paradigmenwechsel könnte man mit »von Frankreich nach England« überschreiben. Die klassizistische Regelpoetik wird, wenngleich nicht ganz aufgegeben, so doch überschritten in der Erkenntnis des Regellosen als des Natürlichen und Wahren. Beispielhaft dafür ist die Aufwertung Homers gegenüber Vergil: die Größe des Griechen gegenüber der Schönheit des lateinischen Autors. Diese neue Perspektive wird historisch begründet: die homerische Regellosigkeit ist aus den zeitlichen und örtlichen Umständen zu erklären. So argumentiert Thomas Blackwell im Jahre 1735, und das wird von Johann Jakob Bodmer begeistert aufgenommen und auf die Stauferzeit übertragen. Es gibt nach dieser Theorie Perioden in der menschlichen Entwicklung, die der Entstehung von Poesie besonders günstig waren. Und so tritt zu dem homerischen Zeitalter der Griechen das »schwäbische« der Deutschen hinzu, deshalb vergisst Bodmer auch nicht, bei seinem *Parcival* die Zeitangabe hinzuzufügen. Dieser poetische Paradigmenwechsel zeigt sich in der Diskussion über das Wunderbare und Wahrscheinliche, Bodmer führt sie mit dem »Leipziger« Johann Christoph Gottsched. Während Gottsched die Phantasie und das Wunderbare ablehnt und die strikte Nachahmung der Natur fordert, ist das für Bodmer unkünstlerisch und nüchtern, er sucht in der Poesie vielmehr mögliche Welten mit einer eigenen Wahrscheinlichkeit, die zudem noch von den jeweiligen geschichtlichen Umständen abhängig ist. Bodmer geht nicht so weit wie später Johann Gottfried Herder, der die Poesie für eine »allgemeine Welt- und Völkergabe« hält, aber er relativiert die klassizistische Norm durch die erwähnte historische Perspektive. Hinzu kommt sein Schweizer Lokalpatriotismus. Bodmer war seit 1731 Professor für vaterländische Geschichte, die »schwäbischen« Kaiser, die Staufer, gehören zu diesem Vaterland, und, so erkennt er, noch heute ist die Schweizer Mundart die Fortsetzung des klassischen Mittelhochdeutschen. Damit wendet er sich gegen die Hegemonieansprüche des auf mitteldeutscher Grundlage basierenden Hochdeutschen: im Mittelalter hätten auch die »Sachsen« Schweizer Mundart gesprochen, so schreibt er an Klopstock: »komm denn die Sprache zu hören die ehemals Thüringens Herman / mit dem von Veldek und Eschilbach redte […]«. Mit Bedacht wählt er hier als Kronzeugen Protagonisten aus dem mittleren Deutschland. Diese Aufwertung des Schweizerischen hat nicht nur eine kulturelle, sondern auch eine politische Komponente: die alte

Eidgenossenschaft gilt als Vorbild der Demokratie, so dass die künstlerische und sprachliche Abwertung der »Sachsen« nicht zuletzt den Absolutismus und Partikularismus des in viele Herrschaften zersplitterten Deutschen Reiches abwies. Bodmer begann folglich, nach mittelalterlicher Literatur zu suchen, und stieß dabei auf den *Parzival*, den ausgerechnet Gottsched bereits im Jahre 1733 erwähnt hatte. Er besorgte sich den Druck von 1477, fand aber offensichtlich, dass das Werk eine sprachliche und erzählerische Gestalt hatte, die einer Aufnahme hinderlich sein musste. Der epische Reimpaarvers des Mittelalters war für ein episches Gedicht im 18. Jahrhundert stilistisch zu anspruchslos und die Erzählweise zu vertrackt und nicht konzentriert genug. Die Folgerung daraus war eine sprachliche und strukturelle Neugestaltung. Bodmer teilte seinen *Parcival* in zwei Gesänge ein: im ersten kommt der Held auf die Gralburg, stellt die Frage nicht und wird von Sigune darüber belehrt, im zweiten kommt er zu Treverisentis, dem Einsiedler, erhält Aufklärung von ihm, und nach einem Zweikampf mit seinem Bruder Ferafis wird er zum Gral berufen, wo er mit seiner Frau Kondüramor wiedervereinigt wird. Vorbild für die Konzentration der Handlung auf die wesentlichen Momente, den unmittelbaren Einstieg in medias res unter Verzicht auf die Vorgeschichte und die Erlebnisse Parcivals bis zur Gralburg, ist Homer, wie auch für den Hexameter, der als die einzige, einem epischen Gedicht angemessene Sprachform galt. Die »dichtart, denkart, bilder« hat Bodmer (der Vorrede nach) jedoch beibehalten, und tatsächlich verzichtet er darauf, den Text noch weitergehend zu »homerisieren«. Er gibt also nicht die stereotypen Beiwörter für die Personen, die Wiederholungen von Sprachformeln, die Auflösung von Handlungen in Reden, all das, was als typisch »mündlicher Stil« gelten darf. Vor den Momenten des Wunderbaren warnt Bodmer schon auf dem Titelblatt durch ein Motto aus Pindars 1. *Olympischer Ode*: »Wahrlich, ein

Wunder sind die vielen Dinge / und irgendwo in bestimmter Weise / betrügen auch den Sinn der Sterblichen / über die wahre Rede hinaus kunstvoll / mit bunten Lügen geschmückt – die Mythen.« Bodmer warnt vor der »Lüge«, d.h. der Zurückstellung der Wahrheit, die nur gerechtfertigt wird durch die Kunst und die Faszination, die »die wunderwerke, die sternenkräfte, die bezauberten oder wie sie damals hiessen, die gelypten Waffen, die negromantischen kynste« ausübten. Legitimiert wird diese Abweichung von der Wahrheit durch den Hinweis auf die historische Dimension. Damals habe man diese Dinge »fyr wahrscheinlich genug« gehalten. Das eigentliche Interesse liegt nicht darin, sondern in der menschlichen Dimension. Darin ist Bodmer ganz der aufgeklärte Literat, für den das Studium des Menschlichen die eigentliche Aufgabe ist, und so legt er seine Bearbeitung auch den »Spæhern der Menschen und der menschlichen Sitten« vor, um ihnen neue Aspekte zu bieten.

Zwei Jahre später zieht er ein weiteres Handlungsstück aus dem *Parzival* heraus und konzentriert die Erzählung in ähnlicher Weise: den *Gamuret*. Wieder ist es eine Hexameterversion, nun nach dem I. Buch Wolframs, der Begegnung Gamurets mit der Mohrenkönigin Pelikane, ihre Befreiung und die Heirat. Um seinen Lesern deutlich zu machen, dass er nur die sprachliche Form, nicht aber die Bilder verändert hat, gibt er in Fußnoten bei besonders auffälligen Stellen den mittelhochdeutschen Text an. Wie der *Parcival* wird auch der *Gamuret* durch einen Musenanruf eröffnet, ganz im Stil Homers, dem ein kurzer Inhaltsüberblick als Prolog folgt.

Seine nächste Wolframbearbeitung verfasst er erst sechsundzwanzig Jahre später. Denn inzwischen hatte er ein neues poetologisches Modell kennengelernt: die »Volksballade«. Im Jahre 1765 hatte Thomas Percy *Reliques of Ancient English Poetry* veröffentlicht, 191 Texte verschiedener Herkunft aus alten Handschriften, aus Aufzeichnungen nach mündlicher Überlieferung, aus alten Drucken und auch von neueren Autoren. Der Herausgeber findet in ihnen eine »angenehme Einfachheit und viel ungekünstelten Charme«. Es handelt sich um Dichtung, die außerhalb der klassizistischen Regeln als spontan und imaginativ gesehen wird. Bodmer studiert die *Reliques* im Jahre 1775, ihren großen Einfluss üben sie dann auf Bürger und Herder (Volkslieder 1778/79) und Brentano/Arnims *Des Knaben Wunderhorn* aus. Die Balladen Percys geben Bodmer ein Versmaß, das er als dem Wolframs entsprechend sieht, als »Eschilbachs Versart«, die Irregularität der vierzeiligen Strophe erscheint ihm als einfach und wahr. So dichtet er eine Ballade über *Jestute* (Verlesung des *c* in Jeschute), man könnte sie »Die unrecht behandelte Braut« (so in Strophe 73) betiteln. Es handelt sich um eine balladeske Reduktion der Geschichte von Jeschute: Parzifal, der Knappe, trifft sie im Zelt, raubt ihr Kuss und Ring, sie wird von Orilus unter Anklage gestellt und bestraft. Parzifals Abenteuer, seine Ankunft am Artushof, die Tötung Ithers, die Begegnung mit Gurnemanz und Lyasse, seine Heirat mit Kondüramor, sein Besuch auf der Gralburg werden nur summarisch erwähnt. Wichtig ist die Wiederbegegnung mit Jestute, Parzifal besiegt Orilus im Zweikampf und erzwingt Jestutes Wiederannahme; bei Treverisenz' Klause leistet er einen Reinigungseid.

Bodmer entdeckt in Wolframs Werk »das Gefühl des Herzens«, eine »zärtliche Lebhaftigkeit« und eine »Einfaltigkeit der Ausbildung«, reagiert also auf die menschlichen Dimensionen, aber weder auf den Gralmythos (der ist ihm nur Anlass zur Darstellung des großen Aufzugs), noch auf den Lernprozess Parzifals und schon gar nicht auf die Poetologie Wolframs mit ihrer Verankerung eben dieses Prozesses in seinem Gelingen und Misslingen in der Struktur.

Zu einer Ausgabe des *Parzival* kommt es im Jahre 1784 durch den Bodmer-Schüler Christoph Heinrich Myller zusammen mit anderen mittelhochdeutschen Dichtungen, u. a. dem *Nibelungenlied*. Die Resonanz bleibt zunächst sehr begrenzt; viel zitiert wird das Urteil Friedrichs des Großen, der diese Texte für »nicht einen Schuß Pulver werth« und für »elendes Zeug« hielt. Einem allgemeinen Publikum wird der *Parzival* erst durch die poetische Übersetzung von San-Marte (Albert Schulz) im Jahre 1836 erschlossen. Fünf Jahre später gibt er auch eine Nacherzählung des *Jüngeren Titurel* heraus, beides findet sich in der Bibliothek von Richard Wagner.

10. Kapitel

Vom Menschengedicht zum Mythos: der Gral in der Romantik

Während für Bodmer das Interesse am Menschen bei seiner Beschäftigung mit der mittelalterlichen Literatur im Zentrum steht, ist es für die Romantik der Mythos. Je älter die literarischen Zeugen sind, desto näher sind sie am Urmythos, der allen Völkern und Literaturen gemeinsam ist. Beispielhaft wird das von Joseph Görres (1776–1848) in seiner *Mythengeschichte der asiatischen Welt* von 1810 dargelegt. Er fragt darin nach dem Ursprung der Geschichte und der Kultur, durchmustert die asiatischen Länder, vor allem Indien, Persien, das alte Israel und Griechenland und findet wenige große Ideen in allen Mythen. Er schließt daraus auf gemeinsame Urtraditionen, die durch das Wachstum einzelner Völker verändert wurden: in das Neue ist jedesmal das Alte aufgenommen (S. 653). Der Bezugsraum Asien, vor allem Indien, ist bereits von Herder eröffnet und durch Friedrich Schlegels indische Studien weiter in den Blickpunkt getreten. Er verdrängt die Hochschätzung des griechischen Altertums: man könnte (Goethes *Werther* abwandelnd) sagen, dass nunmehr die Veden den Homer verdrängt haben. Wird der Gral in Görres' *Mythengeschichte* nur erwähnt, spielt er in seiner Einleitung zur Ausgabe *Lohengrin, ein altdeutsches Gedicht* von 1813 die entscheidende Rolle. Der Gral gehört zu diesen Urmythen, die Verchristlichung ist erst eine sekundäre Erscheinung, und noch später erfolgt das Hineinziehen in die westeuropäische Geschichte. Der Graltempel hat sein Vorbild in der Hagia Sophia in Konstantinopel, doch auch diese stellt sich zusammen mit der arabischen Moschee und mit indischen Tempeln als Konkretisierung einer allen Völkern gemeinsamen Uridee dar.

Die Wendung zur alten Literatur bedeutet damit eine Annäherung an diesen Urmythos, der jedoch auch im Mittelalter bereits in veränderter, ja entstellter Form erscheint – eine Position, die Richard Wagner später übernehmen wird.

Neben diese Hochschätzung der altdeutschen Literatur unter dem Aspekt des Mythischen tritt die Aufwertung des Mittelalters als Vergangenheitsutopie, als »Goldene Zeit«, die den Maßstab zur Wiederherstellung einer idealen Weltordnung in der Zukunft bildet. Exemplarischen Ausdruck findet dies in der Rede *Die Christenheit oder Europa* von Novalis (Friedrich von Hardenberg) vom November 1799 (vollständig gedruckt erst 1826). Das Mittelalter erscheint hier als ideale Einheit, als ein Reich unter einem geistlichen Oberhaupt und unter einer gemeinsamen Idee. Das ist möglich, weil damals die »höhere Stimme des Weltalls« vernommen wurde. Diese ideale Welt ist aber nun nicht mehr durch die Religion, sondern durch die »Weltmission der Poesie« wiederherzustellen, auch hier wird Wagner anschließen. Damit tritt neben die Aufgabe der Aneignung der alten Texte durch Kommentierung der Edition, wie wir sie bei Görres' *Lohengrin* finden, die der geistigen Programmbildung durch Aufnahme »mittelalterlicher« Ideen, wie es im *Heinrich von Ofterdingen* des Novalis geschieht. Erstaunlicherweise kommt es in der Romantik zunächst nur zu einer mittelbaren Gestaltung des Gralmythos: E. T. A. Hoffmanns *Goldner Topf* (1813/14) kann man als eine ironische Adaption verstehen. Archivarius Lindhorst, für den der Student Anselm arabische (!) und koptische Manuskripte kopiert, ist ein Elementargeist, ein Salamander, der für eine Untat zu einem »gemeinen Leben« verdammt ist. Erlöst werden kann er erst, wenn seine drei Töchter, darunter Serpentina, mit drei jungen poetisch empfindenden Männern vermählt werden. Ihre Mitgift ist ein goldener Topf, der »das Leben in der Poesie« symbolisiert. Anselmus zögert zunächst und will im Bürgerlich-Alltäglichen bleiben, entscheidet sich dann jedoch für Serpentina und wird mit ihr nach Atlantis entrückt. Die im goldenen Topf erblühte Lilie ist Zeichen des Glücks und des »heiligen Einklangs aller Wesen«, das tiefste »Geheimnis der Natur«. Lindhorst kann wieder in seine eigentliche Gestalt als Salamander zurückkehren. Charakteristische Momente des Gralmythos hat Hoffmann übernommen: die Probe, den Übergang in ein magisches Reich, schließlich das signifikante kostbare Objekt, das der Autor allerdings (in einem Brief an Kunz) als »goldenen Nachttopf mit Juwelen besetzt« ironisiert. Diese Perspektive ist in dem Märchen aufgegeben zugunsten einer mythischen Bedeutung des Gefäßes: das Gold des Topfes steht für »die Urkraft der Erde«, das »Geheimnis der Natur«. Im Sinn einer romantischen Sakralisierung der Natur und der Poesie als Einklang mit ihr wird aus dem christlichen Heilsgefäß ein »poetisches«.

Wolframs Werk, das bekannt war und bewundert wurde, reizte zunächst nicht zu einer Aneignung, vielleicht war gerade die Erklärungssucht des mittelalterlichen Autors ein Hinderungsgrund für eine Adaption. Friedrich de la Motte Fouqué (1777–1843) plante zwar seit 1815 eine Graldichtung, zu der er durch August Wilhelm von Schlegel ermutigt wurde, schrieb aber erst im Jahre 1831/32 einen *Parcival*, der zudem unveröffentlicht blieb. Es handelt sich um eine Art Lesedrama in einer Gattungsmischung, wie sie von Ludwig Tiecks *Kaiser Oktavian* vorgegeben war. Es gibt Erzählungen in Vers und Prosa, Dialoge, Szenen, Gesänge, kurz, der ganze Umkreis der Poesie soll den »ganzen Umkreis des Lebens« abbilden. Die Reflexion über das Werk wird in den Dialogen zwischen Meister Wolfram und Meister Friedrich in den Text aufgenommen. Fouqué fühlt sich als neue Verkörperung des Rittersängers, der, nachdem ihm die kämpferische Verwirklichung im Leben nicht mehr möglich ist, den Kampf um eine bessere Zukunft mit der Poesie aufnehmen will. Die

Gralszene ist in Form eines Oratoriums gestaltet: ein Erlösungstableau mit Chor und Harfenmusik, mit Halbchören und lateinischem Choral; das Religiöse wird zum dekorativen Mysterium, aber nicht zur Gestaltung einer politisch-gesellschaftlichen Utopie. Am Schluss steht der Rückzug in die Wahrheit der Subjektivität: Parcival und Kunduiramur werden vereint, ihre Liebe ist wichtiger als der Gral. Der Mythos kann zwar noch als Ziel des Helden erscheinen und seinen Weg strukturieren, aber nicht mehr die Erfüllung geben, diese ist allein in der Liebe zu finden – eine Position, die an Richard Wagners *Ring des Nibelungen* in seiner endgültigen Gestalt erinnert und als Lösung des Gralproblems noch 160 Jahre später von Adolf Muschg aufgegriffen wird. Schon Bodmer hatte seinen *Parcival* mit allgemeinem »kyssen« beendet, dort aber ist es eine empfindsame Vergesellschaftung, während bei Fouqué die Liebe als subjektiver »mystischer« Bezirk erscheint.

Merlin, der Teufelssohn und Zauberer, der Anreger der Tafelrunde, er war im Unterschied zu Parzival, dem Gralsucher, nicht völlig vergessen. Johann Wolfgang Goethe zitiert ihn (angeregt durch Ariosts *Orlando furioso*, wo sein Name dreimal fällt) in seinem *Ersten kophtischen Lied* von 1787: »Merlin, der Alte im leuchtenden Grabe«, er gehört zu den »Weisesten aller der Zeiten«, der die amoralisch menschenverachtende Lehre verkündet, unverbesserliche Toren als Narren zu behandeln. Diese Lebensweisheit ist zwar ursprünglich dem »Großkophta«, hinter dem der faszinierende Betrüger Cagliostro steht, in den Mund gelegt, wurde aber schon von Zeitgenossen auch als eine Dimension des Dichters selbst verstanden. Hier knüpft Immermann an. Er hat ein anderes Bild von Merlin: es ist nicht der zynische Weise, sondern der Gefangene, der auf den Helden hofft, der die Welt von Zynismus und Eigensucht befreit, so jedenfalls in seinem Gedicht (das auf Goethe anspielt) *Merlin, tief im Grabe*. Deutlicher wird er noch in der Szene *Merlins Grab* von 1822: das tätige Leben »aus des Herzens Fülle« ist die eigentliche Wahrheit, nicht das zynische Zauberwort. Auch in seinem Drama *Merlin. Eine Mythe* von 1832 bezieht er sich auf Goethe, genauer auf Goethes *Faust*, den er überbieten, widerlegen will. Das beginnt schon mit dem Titel, der an *Faust. Eine Tragödie* anknüpft und gegen die reine Immanenz derselben den transzendenten Bezug setzt, die »Mythe« ist jedoch nicht der Gral, sondern der Zauberer Merlin selbst und sein Versuch, sich als Erlöser zu erschaffen, indem er die Menschen auf den Gral verweist. Er selbst aber scheitert und stirbt mit dem »Vater unser« auf den Lippen, denn die Kunst ist unfähig zur Rettung, erlösen kann nur Gott. »Eine Mythe« bedeutet aber auch, dass der Schluss offen bleibt, keine endgültige Antwort darauf gegeben wird, ob Merlin gerettet ist; es bedeutet weiterhin, dass es einen richtigen Weg gibt, ob man aber auf diesem das Ziel erreicht, bleibt ungesagt. Der Gral wird entzaubert, am Schluss nach Indien entrückt, und die Gralsucher verschmachten und verirren sich. Immermanns *Merlin* ist rätselhaft, auslegungsbedürftig und auf mehreren Ebenen zu lesen. Da ist einmal der Goethebezug, der offen parodistische Züge hat, wenn Klingsor auf Castel merveil mit Goethes künstlerischer Biographie und entsprechenden Zitaten ausgestattet wird und als Egomane gezeichnet im Wahn der Selbstbeglückung stirbt. Da ist aber weiterhin die Abrechnung mit dem in Goethe verkörperten Anspruch der Poesie als höchstem Wert; doch auch das romantische Konzept der Erneuerung der Welt aus dem Geist des Mythos wird widerlegt, allerdings nicht mit der Ironie eines Heinrich Heines, sondern mit existentiellem Pathos in der Darstellung menschlicher Ohnmacht gegenüber dem Schicksal und der Angewiesenheit auf Gott. Für Immermann kam ein Parzival nicht infrage, denn das hätte die Positivität des Grals bedeutet, den Immermann als das »Getrübte, Abgewichene, Verfärbte« bezeichnet. Er nimmt den Gral aber immerhin so ernst, dass er den Punkt von Merlins Scheitern markiert und nicht lediglich »der alte Schnack vom Gral dem Fronen« ist, als den ihn Klingsor bespöttelt. Nicht der Gral stellt die Probe, wie in der Parzivalgeschichte, sondern er wird auf die Probe gestellt und versagt bei der Rettung des Menschen. Den Bezug zu Goethes *Faust* zeigt die Struktur von der »Zueignung« über ein »Vorspiel« (das nun nicht zwischen Gott und Teufel, sondern zwischen Satan und Luzifer, also zwischen Ober- und Unterteufel spielt), und der schnellen Szenenfolge mit Überschriften wie »Feld« und »Nacht«, die auf Goethes Drama verweisen. Damit wird der Anspruch des Weltgedichts erhoben. Die Wahl des Artus- und Gralmythos bedeutet einen programmatischen Paradigmenwechsel einerseits gegenüber der klassischen Antike, wie auch andererseits gegenüber Goethes stärker gesellschaftlich verortetem Spätmittelalter im *Faust*. In der »Zueignung« (in der Strophenform des *Jüngeren Titurel*) werden programmatisch die Poesie und die Fabel als Schülerin der ewigen Wahrheit gezeigt, die mit Kelch, Anker und Kreuz (Liebe, Hoffnung, Glaube) auftritt. Als Kronzeugen dafür sind Wolfram von Eschenbach, Dante und Novalis genannt, dessen Haltung zum Christentum als Hort der ewigen Wahrheit von Immermann hier vereindeutigt wird. Im »Vorspiel« zwischen Satan und Luzifer greift Immermann dann auf die Merlinsage zurück: der Teufel plant, gegen die Menschwerdung Jesu und die Erlösung der Menschen einen eigenen Sohn in die Welt zu setzen, indem er eine reine Jungfrau verführt. Der Hochmut des Mädchens Candida lässt sie dem Satan anheimfallen, der mit ihr Merlin zeugt; dieser aber wird von Placidus getauft und damit vor der teuflischen Bestimmung gerettet. Merlin, den er nach Britannien gebracht hat, diktiert ihm die Geschichte des Grals in Titurel-Strophen: es ist die Abendmahlsschale, in der Joseph von Arimathia bei der Kreuzigung Jesu Blut aufgefangen hat; der Name

»Gral« wird von *sanguis realis* abgeleitet. Bei der Zerstörung Jerusalems holt Gott den Gral wieder in den Himmel, dann aber kommt er erneut herab und wird vom »Blöden Titurel« mit »seiner Zunft der eingeengten Ritter« gehütet. Schon hier zeigt sich die Unzulänglichkeit und Lebensferne, ja -feindlichkeit des Grals. In der Begegnung Merlins mit Satan bleibt der Teufelssohn unabhängig von seinem Vater, er revoltiert gegen ihn und weist ihn auf Gott. Die Artuswelt bietet den Gegensatz dazu: Artus ist der Liederkönig, er »tut, was die Sänger sangen«, dichtet selber das Lied des Minstrel über sich weiter und erweist sich damit als fiktionaler König. Die romantische Aussage, das »Weltgeheimnis ist irgendwo, es ist nicht hier und ist nicht dorten«, sondern nur »in des Sängers blühenden Worten«, erweist sich im Verlauf des Dramas als trügerisch. Lanzelot befreit die Königin von der Bedrohung durch den Zwerg Klingsor: erst die Befreiung von Goethes Schatten macht die romantische Tafelrunde vollkommen, aber es bleibt eine trügerische Vollkommenheit. Auch die Liebe ist eine Täuschung, selbst als Artus Lanzelots dienende Werbung um die Königin akzeptiert, muss dieser seine Liebeserklärungen an eine Staude, Ginover die ihre an eine Eiche richten. Nach der Abrechnung mit der romantischen Poesie kommt die große Auseinandersetzung mit dem Goetheschen Konzept. Merlin hält Klingsors Weisheit die Arbeit und das praktische Leben entgegen: alles, was lebt, ist wichtiger als die Poesie. Diese »Weltgedanken« vertreten die romantischen Dichter, aber auch sie lassen sich verleiten, der Chimäre des Grals zu folgen. Artus und die Ritter träumen vom Gral (wieder in Titurel-Strophen), und Merlin hält sich für den Heiligen Geist, den Paraklet, und krönt Artus zum Gralkönig. Doch nicht diese Anmaßung führt zu Merlins Ende, sondern die Liebe. Er verliebt sich in die Schwester der Königin, in Niniana, und verrät ihr das Zauberwort, das ihn bannt, so muss er dann im Grabe (das, anders als bei Goethe, nicht leuchtet) schmachten. Der Gral wird nach Indien entrückt, Titurel bleibt Pfleger, Parzival König und Lohengrin der Bote auf die Erde. Aber die Erde ist leer und öde, die arthurischen Gralsucher haben sich zerstreut, Rettung bietet allein die Religion. Merlin stirbt im Gebet.

Immermann bekämpft das »alte Deutschland«, die Goethe'sche »Kunstperiode«, mit den Mitteln der Romantik, kritisiert aber deren utopische Hoffnungen auf die Wiederherstellung eines »Goldenen Zeitalters« durch die Poesie. Es ist eine Kritik der Romantik von innen heraus, nicht von außen wie im Fall des Jungen Deutschland. Immermanns *Merlin* bleibt ein enigmatisches Werk, das ungeachtet dessen viel gelesen wurde und bis zur Jahrhundertwende auf dem Lehrplan von Gymnasien stand. In Richard Wagners implizierter Gralkritik im *Lohengrin* ist mehr von Immermanns Ambivalenz als von romantischer Affirmation.

Immermann hat für seinen Merlin vornehmlich die Übersetzung des französischen mittelalterlichen Prosaromans (*Merlin*-Suite, der Überarbeitung des *Prosa-Lancelot* des *Post-Vulgata-Zyklus*) durch Dorothea Schlegel benutzt, die Friedrich Schlegel im Jahre 1804 herausgegeben hat. Die Verbindung zum Gral ist hier jedoch nur lose, insofern Merlin als Gegenstück zur Graltafel die Artusrunde gründen lässt. Dazu kam Ludwig Tiecks Übersetzung von William Rowleys *Die Geburt des Merlin oder Das Kind hat einen Vater gefunden* von 1829. Das Gralmaterial stammt aus Ulrich Füetrers *Buch der Abenteuer*, das ihm über die (durch Nacherzählungen verbundene) Übersetzung in ungereimten Strophen von Felix Franz Hofstätter (*Altdeutsche Gedichte aus den Zeiten der Tafelrunde*, Bd. 2, 1811) zukam. Die Form der Titurelstrophe kannte er aus Karl Rosenkranz' Abhandlung von 1829, auch Hofstätter gibt ein Beispiel davon. Darüber hinaus hat er vielleicht den *Jüngeren Titurel* in dem Druck von 1477 gekannt, denn 1831 notierte Immermann, er »lebe mit Titurel und Tristan«. Wie später Richard Wagner schuf er sich mit Hilfe verschiedener mittelalterlicher Quellen seinen eigenen Mythos: den vom sich selbsterschaffenden Erlöser, der sich jedoch nicht selbst erlösen kann und seine Hoffnung auf Gott allein setzen muss.

11. Kapitel

Der ferne Gral: Richard Wagners *Lohengrin*

In Paris, in seiner entbehrungsreichsten Zeit, lernte Richard Wagner den Gralmythos kennen. Er war auf der Suche nach neuen Stoffen, neuen Gestaltungsmöglichkeiten, wollte weg von der großen Historienoper à la Meyerbeer, der er selbst in seinem *Rienzi* gehuldigt hatte, so dass man ihn ironisch »Meyerbeers beste (oder schlechteste) Oper« nennen konnte. Carl Maria von Webers *Freischütz* war er mit seinem »Volksgedicht« vom verfluchten Kapitän und seiner Rettung durch die Liebe im *Fliegenden Holländer* gefolgt. Er strebte jedoch offensichtlich einen Weg an, der beides vereinte: das Geschichtliche als das Politische und das Mythische als das Menschliche. Zu diesem Zweck beschäftigte er sich mit der mittelalterlichen Geschichte, arbeitete erst an einem historischen Drama über Kaiser Friedrich II., dann über seinen Sohn Manfred, fand aber dort nicht das mythische Potential, das er brauchte. So wandte er sich der mittelalterlichen Literatur zu, einem Buch von Christian Theodor Ludwig Lucas, *Über den Krieg von Wartburg*, erschienen 1838, hervorgegangen aus Vorlesungen in Königsberg; vielleicht kannte Wagner Lucas aus seiner Zeit dort. Der Autor bietet ein interpretierendes Referat der mittelalterlichen Dichtung vom *Wartburgkrieg* in ihren verschiedenen Formen und des damit verbundenen *Lohengrin*. Während Wagner im *Wartburgkrieg* die dramatische Grundsituation für seinen *Tannhäuser* fand, stieß ihn der *Lohengrin* eher ab, sicherlich einmal wegen der nicht endenden Fülle von höfischen Szenen und Schlachten und des mangelnden dramatischen Potentials, dann aber war es auch der Held, der ihn irritierte als »zwielichtig-mystische Gestalt« in seiner Unentschiedenheit zwischen seinem sehr diesseitigen Frauen- und Kriegerrittertum und seiner Bindung an das Fragetabu des Grals, die erst nach vielen tausend Versen unvermittelt wieder virulent wird. Erst als Wagner dann im Sinne von Joseph Görres unter den zeitbedingten Trübungen und Übermalungen den ursprünglichen Mythos erkannte, das »Gedicht des Volkes«, wie er es verstand, begann der *Lohengrin* ihn wieder zu faszinieren. In seinem »altgermanistischen Sommer« 1845 in Marienbad las er die Einleitung zu Joseph Görres' Lohengrinausgabe (s. S. 164) und Wolframs von Eschenbach *Parzival*, wohl in der Übersetzung von San-Marte.

Wolfram hatte als erster die Schwanrittersage mit dem Gral verbunden (die Einbeziehung in der vierten Fortsetzung von Chrétiens *Perceval* von Gerbert de Montreuil kannte er sicher nicht). Anlass der Verknüpfung ist das Fragetabu: der Schwanritter darf nicht nach seiner Herkunft gefragt werden. Das verknüpft Wolfram scheinbar spielerisch mit der Fragebedingung für die Gralnachfolge und die Erlösung des leidenden Königs. Damit relativiert er die Gralutopie. Sein Schwanritter, dem er (nach einer altfranzösischen *Chanson de geste*) den Namen Loherangrin gibt, scheitert, mit ihm wird die Gralgenealogie erneut infrage gestellt. An Wolframs Verbindung knüpft der anonyme Autor des mittelalterlichen *Lohengrin* an: er legt ihn im Anschluss an das sog. Rätselspiel aus dem *Wartburgkrieg* der Gestalt Wolframs in den Mund. In 767 zehnzeiligen Strophen erzählt er, wie die Fürstin Elsam (auch Elsani) von Prabant von Friedrich von Telramunt verklagt wird, ihr Eheversprechen gebrochen zu haben. In ihrer Not bricht sie vom Fuß eines Jagdfalken ein Glöckchen und läutet damit, um Hilfe zu erlangen. Dieses Läuten wird am Gral vernommen und beunruhigt Artus mit seinen Helden und Parzival, die sich dort (wie sich später herausstellt: in Indien) befinden. Man versucht, den Gral zu einer Auskunft über die Ursache des Läutens zu bewegen, erst nach verschiedenen Zeremonien gelingt es: eine Frau in Bedrängnis braucht einen Helfer. Der Gral benennt Parzivals Sohn Lohengrin, und als dieser aufbrechen will, kommt eine von einem Schwan gezogene Barke, die ihn nach Prabant bringt.

Wie der Gral im *Lohengrin* zu denken ist, wird nicht klar: auf ihm erscheinen Inschriften wie in Wolframs *Parzival*. Lucas glaubt, es handele sich um ein Bild, eine Darstellung Gottes, eine *vera icon*, aber er versteht den mittelhochdeutschen Text nicht richtig. Görres spannt in seiner Einleitung hingegen den Bogen ganz weit und sieht im Gral einen Urmythos, der erst später verchristlicht wurde. Auch Wagner hat das bei seiner Beschäftigung mit Wolframs *Parzival* Ende der fünfziger Jahre so verstanden, im *Lohengrin* aber bleibt er bei der durch seine Quelle vorgegebenen Verbindung mit dem christlichen Kult. Diese ist dort deutlich enger als bei Wolfram, der ein stark höfisches Gralzeremoniell mit schönen Damen und reicher Tafel zeigt. Hier gibt es mehr Liturgisches, allerdings auch drei elegant gekleidete Jungfrauen, die dem Gral zu Ehren Falken fliegen lassen, allerdings werden keine festlichen Mahlzeiten aufgetischt.

In Antwerf ist ein Gerichtskampf angesetzt, um die Klage Friedrichs von Telramunt zu entscheiden. Lohengrin erscheint auf der Schwanenbarke, Elsani holt ihn an Land, beide verlieben sich ineinander. Lohengrin kämpft für sie und siegt, wobei ihn der Anblick der Geliebten motiviert, ganz wie es in den höfischen Romanen der Fall ist. Nach seiner Niederlage wird Friedrich hingerichtet. Lohengrin will, seinem Auftrag getreu, zurück zum Gral, Elsani aber beansprucht ihn als Ehemann, und er wird ihr zugesprochen (wie Gahmuret der Herzeloyde im *Parzival*). Daraufhin stellt er die Bedingung, dass sie eine bestimmte »Rede« unterlassen müsse; worum es sich handelt, erfährt aber nur sie. Nach der Hochzeit leistet Lohengrin dem Kaiser Heerfolge.

Es handelt sich hier trotz des historisch unzutreffenden Kaisertitels (Wagner hat das in seiner Skizze nachträglich korrigiert) um König Heinrich I. aus dem sächsischen Haus, der als Begründer des Deutschen Reiches gilt. Der mittelhochdeutsche *Lohengrin* stellt seine Kämpfe gegen die Ungarn ausführlich heraus und bindet ihn, nach Abschluss der Handlung, in die Genealogie der sächsischen Kaiser bis Heinrich II. ein.

Lohengrin zeichnet sich in vielen Kämpfen für Kaiser und Reich aus und kehrt nach langer Zeit zu seiner Frau zurück. Nun kommt es zur Katastrophe: früher einmal hat Lohengrin beim Turnier den Herrn von Kleve verletzt, und dessen Frau provoziert Elsani zur Frage nach Lohengrins Abkunft. Sie begründet den Bruch des Gebots vor allem mit der Sorge um die Geblütsreinheit ihrer Kinder. Lohengrin erklärt dann öffentlich vor Kaiser und Fürsten, dass er ihr die Frage verboten habe, nennt seine Herkunft, die Umstände seiner Aussendung und die notwendige Rückkehr zum Gral nach Indien. Er befiehlt Frau und Kinder dem Kaiser und der Kaiserin, seinen Söhnen vermacht er Horn und Schwert als Herrschaftszeichen, seiner Frau einen Ring. Der Schwan holt ihn zurück zum Gral, die Herrschaftsnachfolge aber bleibt in Prabant gesichert.

Die Schwanrittersage ist ursprünglich eine genealogische Sage, die von mehreren Geschlechtern in Anspruch genommen wird. Sie führt diese (vergleichbar der Melusinengeschichte) auf einen anderweltlichen Spitzenahn zurück, die genealogische Dimension spielt in allen mittelalterlichen Fassungen eine große Rolle. Der Gral dient hier aber lediglich dazu, der anderweltlichen Herkunft Lohengrins nicht nur eine mythische, sondern auch eine christliche Weihe zu geben, ihn zu einer eindeutig positiven Gestalt zu machen im Unterschied zu anderweltlichen Gestalten wie etwa Melusine. Das Interesse im mittelhochdeutschen *Lohengrin* richtet sich jedoch mehr auf die Kaiser- und Reichsgeschichte als auf die des Hauses Prabant: der Kaiser wird durch die in Lohengrin verkörperte Hilfe Gottes als gerechter und friedensstiftender Herrscher ausgezeichnet. Wegen dieses Bezugs hat man den *Lohengrin* in den Umkreis Kaiser Ludwigs IV. von Bayern um 1330 datieren wollen, es gibt jedoch auch gute Argumente für eine Datierung zwischen 1283 und 1288.

In ihren *Deutschen Sagen* aus dem Jahre 1816 hatten die Brüder Grimm Nacherzählungen des mittelalterlichen *Lohengrin* sowie des *Schwanritters* von Konrad von Würzburg und andere Schwanrittersagen zusammengestellt. Wagner sah diese Nacherzählungen als Läuterung des im mittelhochdeutschen Gedicht getrübten Mythos an und wurde durch sie zu seiner eigenen »Arbeit am Mythos« motiviert. Die Lohengrinsage ist jedoch in der überlieferten Form ohne dramatisches Konfliktpotential. Das fand Wagner in der Schwanenkindergeschichte: hier geht es um eine Intrige einer bösen Frau gegen eine gute, um Verzauberung und Erlösung. Die Brüder Grimm erzählen sie nach dem altfranzosischen *Chevalier au Cygne*.

Ein junger König heiratet eine Frau mit einer andersweltlichen Aura, die ihnen geborenen sieben Kinder tragen alle eine silberne Kette um den Hals. Die Mutter des Königs will sie zunächst töten lassen. Als das misslingt, lässt sie ihnen die Ketten nehmen, worauf sich die Kinder in Schwäne verwandeln: ein Sohn aber ist diesem Anschlag entgangen. Er kommt an den Hof, rechtfertigt seine Mutter von der Anklage der Unzucht und erlöst seine Geschwister. Ein Bruder jedoch muss die Schwanengestalt behalten, da die Silberkette eingeschmolzen wurde. Der Schwan bringt den Bruder zu einer bedrängten Frau, und hierauf folgt die bekannte Lohengringeschichte mit Frageverbot und Tabubruch. Nach seiner Rückkehr lässt der Held aus dem Silber der eingeschmolzenen Kette eine neue schmieden und erlöst damit nach einem Gebet in der Kirche auch den letzten verwandelten Schwan.

Während der *Lohengrin* den erzählerischen Rahmen abgibt, liefert die Schwanenkindergeschichte das Potential für die dramatische Gestaltung. Der Grundkonflikt jedoch bleibt der mythische Gegensatz zweier Welten in der Verbindung eines jenseitigen Wesens mit einem Menschen. Wagner war durch diese Konstellation (die die Erzählforschung als »Mahrtenehe« bezeichnet) von Jugend auf fasziniert, und wir finden sie von den *Feen* über den *Fliegenden Holländer* bis zum *Tannhäuser* (nur dass dieser beides ist: menschlicher Partner für Venus und andersweltlicher für Elisabeth).

Die Grundstruktur der Mahrtenehegeschichte ist ein Mangel auf beiden Seiten: der andersweltlichen Figur fehlt die Nähe, die Menschlichkeit, der diesseitigen Figur die Fülle und die Schönheit, die Liebe bringt beide zusammen, entfremdet sie aber damit wechselseitig ihrer Herkunft. Das führt zur Katastrophe für beide: meist ist der menschliche Partner den Anforderungen nicht gewachsen. Diese Anforderungen verkörpern sich in einem Tabu, das der Mensch einzuhalten hat; hier ist es die Frage nach der Herkunft. Das Tabu stellt die Gefühlssicherheit, den unbedingten Glauben, der zur Liebe gehört, auf die äußerste Probe, und das ist es, was Wagner an der Schwanrittergeschichte faszinierend findet. Der erste Entwurf, 1845 in Marienbad entstanden, schildert detailliert das Schwanken Elsas zwischen Sicherheit des Gefühls und Zweifel sowie die Ängste Lohengrins, ob sie seinen Bedingungen gewachsen sein wird; denn seine Anforderungen sind nicht von ihm gesetzt, sondern ihm vom Gral auferlegt. Der Gral wird zum Symbol der Anderswelt, erhaben, schön und – fern. Der Zuschauer erfährt wenig über ihn und das erst durch Lohengrins Gralerzählung im 3. Akt, das erste Stück, das Wagner komponierte: der Gral ist ein Gefäß, von Engeln gebracht (also kein Stein wie bei Wolfram, vielleicht der Abendmahlskelch), es erhält seine Kraft durch eine Taube, die als Symbol des Heiligen Geistes für seine Verbindung zu Gott steht. Der Gral stärkt die Ritter für ihre Mission zu Frieden und Recht, erlegt ihnen jedoch das Fragetabu auf, was mit der unnahbaren Heiligkeit des Mysteriums begründet wird. Alle eher banaleren Wirkungen wie die Spendung von irdischem Überfluss und Reichtum, die Wagner noch im Prosaentwurf als Wirkungen der weiteren Herrschaft Lohengrins dargestellt hatte, fallen im Opernbuch fort, ebenso wie der ursprünglich komponierte zweite Teil der Gralerzählung, die die Umstände von Lohengrins Erwählung und Aussendung nach dem *Lohengrin* berichteten. Wagner beschwor Liszt, der am 28. August 1850 den *Lohengrin* zur Aufführung brachte, kurz vorher zur Streichung dieser Passage, weil sie »einen erkältenden Eindruck« machen würde, denn der Mythos kann nicht erklärt werden, jede Rationalisierung und Explikation wirkt daher »erkältend«. Überzeugung des Gefühls durch die magisch-charismatische Präsenz soll die Wirkung sein, nicht die Vermittlung von Wissen: das Wesen des Mythos liegt in seinem Geheimnis.

Dramaturgisch wird diese Qualität des Mythos im Vorspiel sinnfällig. Wagner komponierte es als letztes Stück der Partitur, nachdem er ursprünglich erwogen hatte, eine zweiteilige Ouvertüre analog zum *Tannhäuser* zu entwerfen, in der der Gegensatz der beiden Welten Gestalt geworden wäre. Die Konzentration auf die Herabkunft des Grals, sein beglückendes Erscheinen und sein Verschwinden machen den Zuhörer selbst zum Teilhaber der irdischen Welt und nicht zum außenstehenden Betrachter eines Konflikts. Was für Elsa der Traum vom Silberritter ist, der ihre Sicherheit begründet (ähnlich wie bei Kleists *Käthchen von Heilbronn*), ist für das Publikum die über die Musik als höchste Form der Offenbarung vermittelte Gewissheit von der überwältigenden Macht und Schönheit des Grals. Hier sucht nicht der Mensch den Gral, sondern der Gral sucht den Menschen, den, der fraglos an ihn glaubt in der Gestalt des Gralritters. Wagner zeigt den Gral als Vision und steigert dafür das traditionelle Mittel einer reinen Oberstimmenmusik ohne Bassgrundlage durch die Teilung der Violinen; der Streicherklang ist der »ätherischste« der Orchesterklänge. Die irdische Sphäre Elsas ist demgegenüber durch die der Körperlichkeit enger verbundenen Holzblasinstrumente gekennzeichnet. Die Gegenwelt Ortruds wird durch tiefe Streicher und Bassklarinette charakterisiert, während für die repräsentative historische Handlung mit Hof- und Gerichtstag die traditionellen Blechbläser (»Pauken und Trompeten«) aufgeboten werden.

Der Gral entzieht sich der visuellen Darstellung und verbalen Beschreibung, er hat keine inhaltliche Bedeutung. Seine Musik kommt nur in Elsas Traum und bei Lohengrins Ankunft andeutend vor, um ihm die andersweltliche Aura zu geben, die erst in der Gralerzählung begründet wird. Wagner lässt also den Zuschauer im Unklaren über Lohengrin, er muss selbst die gleiche Gefühlssicherheit aufbieten wie Elsa, die Sicherheit, die ihm durch die »reinen« Klänge des Vorspiels vermittelt ist.

Das Historiendrama, das sich um Lohengrin und Elsa abspielt, verwendet die spektakulären Tableaus in der Tradition der französischen Großen Oper. Das aber ist nicht nur äußere Form, sondern verweist auch auf eine neue Sinndimension des Mythos, die politische. Der Mythos ist offen für verschiedene Aktualisierungen, für unterschiedliche Problematiken, und Richard Wagner hat in späteren Äußerungen Vorgaben für einige dieser Dimensionen gemacht, diese können jedoch das Werk nicht erschöpfen. Das gilt für die Künstlerproblematik, die er in der *Mitteilung an meine Freunde* anspricht, wo er Lohengrin als das Künstlerindividuum versteht, das sich dem Volk zuwendet und von ihm anerkannt werden möchte, jedoch daran scheitert. Auch die Geschlechterproblematik, dass Lohengrin in Elsa den »anderen Teil seines Wesens« liebt, ist nur eine mögliche Aktualisierung des mythischen Potentials. Wagner versteht Elsa als »den Gegensatz, der in seiner [Lohengrins] Natur überhaupt mitenthalten und nur die notwendig von ihm zu ersehnende Ergänzung seines männlichen besonderen Wesens ist«. Elsa sieht er als das Unbewusste, Lohengrin hingegen als das Bewusste. Wagner formuliert hier Ansichten, die in der Tiefenpsychologie des 20. Jahrhunderts von C. G. Jung vertreten werden: die Konzeption von Animus und Anima, wobei die Anima der unbewusste verdrängte Anteil der männlichen Psyche ist. Diese Verdrängung konstituiert die männliche Identität, aber bleibt als verlockendes übersteigendes Einheitsphantasma gegenwärtig. Wagner versteht Lohengrin nicht als vollkommenes Wesen, an dem Elsa scheitert, sondern sieht auch ein Scheitern Lohengrins an der unbedingten Liebe Elsas. Die Tragik liegt in der Unvereinbarkeit beider Ansprüche, die Liebe darf keine Bedingungen stellen, daher macht das Fragetabu, das Lohengrin auferlegt ist, ihn zur wahren Liebe unfähig. Liebe muss aber auch fraglos sein, und dagegen verstößt Elsa. Die Oper ist also im tiefsten Sinne tragisch, weil keiner seine Bedingungen überschreiten kann.

Das Werk in seiner Bühnengestalt verteilt die Gewichte zwischen Lohengrin und Elsa nicht gleich. Lohengrins Ergänzungsbedürfnis ist zu wenig gezeigt, er erscheint als »kalter Himmelssoldat« (Thomas Mann). Schärferes Licht fällt auf das Scheitern Elsas als auf das Scheitern Lohengrins, der sich gegen die Bedingungslosigkeit der Liebe vergehen muss, da die dramaturgisch höchst wichtige Intrige Ortruds Elsa mit dem Geschlechterstereotyp der leicht beeinflussbaren Frau brandmarkt. Auf politischer Ebene wird das Legitimationsbedürfnis Lohengrins zu wenig gezeigt, und der Zuschauer hat den Eindruck, er könne sehr wohl ohne Volk regieren. Grund für diese Unausgewogenheit ist die Überwertigkeit des Gralmythos, der im Vorspiel aus der Macht der Musik sozusagen neu geboren wird und über die innovativen ästhetischen Mittel eine Gefühlsevidenz erzeugt, gegen die die berechtigten Ansprüche Elsas verblassen.

Die im Prosaentwurf zu beobachtende psychologische Herausarbeitung des Schwankens zwischen Glauben und Zweifel, Hoffnung und Verzweiflung dient der Glaubwürdigkeit, erschöpft aber ebenso wenig den Sinn des in verschiedene Richtungen offenen Zwei-Welten-Schemas. Sicherlich besitzt die (von Wagner später verschwiegene) politische Dimension eine wichtige Bedeutung: auf der einen Seite steht die legitimistisch-dynastische Herrschaft, die von Ortrud kraft ihrer Abkunft und von Friedrich von Telramund kraft seiner Designation als Ehemann Elsas beansprucht wird, auf der anderen Seite die charismatische Herrschaft Lohengrins, die keiner weiteren Begründung bedarf. König Heinrich erscheint als dritte Möglichkeit, als utopischer Volkskönig, der für die deutsche Einheit kämpft und unter christlichen Vorzeichen für Frieden und Gerechtigkeit eintritt, dabei auch Konflikte mit dem Geltungsanspruch der Aristokratie nicht scheut. In ihm verkörpert sich Wagners Hoffnung auf ein Deutsches Reich unter einem republikanisch legitimierten König, implizit bedeutet das Kritik am preußischen König Friedrich Wilhelm IV. und am Zarismus, denn Wagner trat politisch für eine konstitutionelle Monarchie mit einer Bindung an eine Herrscherperson ein, der König sollte »der erste und allerechteste Republikaner« sein. Lohengrin als charismatischer Herrscher, der vom Volk akklamiert wird, scheitert jedoch am legitimistischen Bedürfnis. Die politische Dimension wird am Schluss besonders herausgestellt durch die Erlösung des in den Schwan verwandelten Bruders Elsas. Der Schwanritter hinterlässt geordnete Verhältnisse: der dynastisch legitimierte Herrscher soll mit seinen Insignien Horn, Schwert und Ring regieren, aber nicht Herzog sein; so wenig wie Lohengrin so genannt werden wollte (»Schützer«), so wenig soll auch Gottfried den dynastischen legitimistischen Aristokratentitel tragen, sondern »Führer« sein. Gottfried ist utopischer Herrscher einer »Goldenen Zeit«, der mythische

Kind-König. Wagner ersetzt damit die noch im Prosaentwurf von *Lohengrin* als verloren beschworene »Goldene Zeit« unter dessen eigener Herrschaft. Sie wird in dem mythischen Schwankönig Gottfried sinnfällig für die Bühne. Nicht der Gral und der Gralritter können also die politischen Probleme lösen, sondern der Tierkönig, der eine »natürliche« Kompetenz mitbringt, kann es. Der Gral bleibt letztlich fern, die Hoffnung auf Friedensherrschaft richtet sich auf den neuen unbelasteten Führer, der gleichwohl dynastisch legitimiert ist. Insofern entspricht der Schluss des *Lohengrin* dem politischen Konzept Wagners am Ende der vierziger Jahre, die Komposition aber verschleiert es durch die Macht der Gralmusik.

Hier ersetzt die ästhetische Legitimation die politische, und es ist daher kein Wunder, dass eine Aufführung des *Lohengrin* für Ludwig II. von Bayern ebenso zum Schlüsselerlebnis wurde wie für Adolf Hitler. Gerade diese ästhetische Dimension wurde im französischen *Wagnérisme* wirksam, man sah in dem Komponisten den Meister des Symbolismus, der alle Mittel, Wort, Klang und Bild, für ein neues, ein retheatralisiertes Theater eingesetzt habe. Charles Baudelaire, seinem eigenen Eingeständnis nach unmusikalisch, erlebte beim *Lohengrin*-Vorspiel synästhetische Vorstellungen, die ihn zu der Überzeugung brachten, auch ohne Wortdichtung handele es sich um ein poetisches Werk. In seinem großen wirkungsreichen Essay aus dem gleichen Jahr zitiert er aus seinem Gedicht *Correspondences*, das die Wiedergabe von Gedanken durch Klänge und Farben, und nicht nur durch Worte, feiert.

Von allen Wagner-Opern ist der *Lohengrin* seit einer Wiener Erstaufführung 1858 am häufigsten parodiert worden, die früheste Parodie stammt von Johann Nestroy (1859). Der Autor folgt der Vorlage in der Handlung der Szenen und erzielt die satirischen Effekte durch Trivialisierung der Verhaltensweisen und die Verwendung der Wiener Mundart. Lohengrin erscheint, von einem Lamm gezogen (»Nun sei bedankt, mein gutes Schaf / Kehr wieder heim zum Zauberschlaf«). Friedrich von Telramund, alias Mordigall von Wetterschlund, wird zum schlappen Pantoffelhelden, Elsa zum naiven bürgerlichen Weibchen, das Lohengrin gekonnt sein Geheimnis entlockt. Der mythische Gehalt des Grals wird zerstört und der Lächerlichkeit preisgegeben. Im Jahre 1870 komponierte Franz von Suppé eine Bearbeitung der Nestroy-Parodie unter dem Titel *Die Prinzessin von Dragant*! Die Musik bleibt im Stil der Wiener Operette mit Couplets und Walzern; ohne Wagners Musik zu parodieren, zitiert Suppé gelegentlich eine Melodie.

Literarisch und programmatisch anspruchsvoller ist das Puppenspiel *Lohengrin* (1912) von Friedrich Huch. Lohengrin ist hier ein vertrockneter Keuschheitsapostel, der Elsas Verlangen nicht befriedigen kann, sie vertreibt ihn daher absichtlich durch den Bruch des Frageverbots und nimmt sich Telramund als Liebhaber. Huch hat Parsifals Askese auf Lohengrin übertragen (und die »Genealogie«, dass der Vater nach dem Sohn entstanden ist, entsprechend ironisiert) und damit beide Gralopern Wagners gleichzeitig ad absurdum geführt.

Der *Lohengrin* avancierte zur Lieblingsoper des spätwilhelminischen Bürgertums, wie es Heinrich Mann in seinem *Untertan* (1914) karikiert hat. In diesem Roman schreibt er eine Parodie auf den Lieblingskomponisten seines Bruders Thomas, er will damit dessen Blindheit gegenüber politischen Konsequenzen des Wagnerismus, wie sie in den *Bekenntnissen eines Unpolitischen* zum Ausdruck kommen, geißeln. Er ironisiert aber auch die seiner Ansicht nach preziöse ästhetische Rezeption Wagners in der Leitmotivtechnik des Bruders, die dieser seit den *Buddenbrooks* immer weiter verfeinert hat. Daneben trifft er auch die *Lohengrin*-Bezüge in *Der kleine Herr Friedemann* (1897): dort sind die Geschlechterrollen umgekehrt, Friedemann übernimmt die Rolle Elsas und Gerda von

Rinlingen die Lohengrins, durchaus mit der Kälte und Unbarmherzigkeit, die der »Himmelssoldat« ausstrahlen kann. Der *Lohengrin* hörte trotz aller Bedenken nicht auf, Thomas Mann zu faszinieren, wie er in seinem Essay *Leiden und Größe Richard Wagners* kundgibt.

Der *Lohengrin* blieb Wagners populärste Oper nicht nur in den dreißiger Jahren, sondern auch nach dem Krieg, wo man in Bayreuth nicht mehr »Führer«, sondern »Schützer« sang; erst seit den siebziger Jahren zog der *Ring des Nibelungen* die Deutungsarbeit der Regisseure verstärkt auf sich.

12. Kapitel

Der Gral als Bühnentableau: *Parsifal*

Wolframs von Eschenbach *Parzival* ist die wichtigste Quelle für Wagners »Bühnenweihfestspiel«, obwohl er »von der Unfähigkeit des Dichters schroff abgestoßen« war, wie er am 30. Mai 1859 an Mathilde Wesendonk schreibt. Im Sommer 1845 hatte er den mittelhochdeutschen Gralroman in Übersetzung gelesen, sowie die Nacherzählung von Albrechts *Jüngerem Titurel*. Er nahm daraus nicht nur etwas für seinen *Lohengrin* mit, sondern behielt ganz offensichtlich die Grundzüge der Geschichte im Gedächtnis, denn während seiner Arbeit am *Tristan* wollte er den Gralsucher Parsifal am Lager des tödlich Verwundeten vorbeikommen lassen, notierte auch eine Melodie zu den Worten »wo find ich dich, du heil'ger Gral, dich sucht voll Sehnsucht mein Herze«, die er am 1. Mai 1858 an Mathilde Wesendonk schickte. Ganz offensichtlich gab es für ihn einen Gegensatz zwischen Tristan als Märtyrer der Liebe und Parzival als Gralsucher, und diese Spannung zwischen dem Zauber der Geschlechterliebe und dem Zauber des im Gral verkörperten jenseitigen Heiles bleibt konstitutiv für seine Auffassung von Parzival. Der Gral bedeutet die Erlösung vom irdischen Leiden durch die Heilstat Jesu. Schon im *Lohengrin* war der Gral ein »Gefäß von wundertät'gem Segen«, aber ein Zusammenhang mit der Passion Jesu wurde dort nur durch die jährliche Herabkunft der Taube gestiftet. Wagner kannte die Vorstellung vom Gral als Trinkschale des Abendmahls und als Passionsreliquie zur Aufnahme des göttlichen Blutes durch Joseph von Arimathia aus dem *Jüngeren Titurel*, und sie wird für die Konzeption seiner Graloper bestimmend. Ob die verschollene erste Prosaskizze von Ende April 1857 sie bereits enthielt, ist schwer zu sagen. Da ihre Konzeption jedoch mit einer Karfreitagsimagination Wagners zusammenhängt, stand die Verbindung von Gral und Erlösung durch Jesus vermutlich im Zentrum; jedenfalls spricht er am 1. Oktober 1858 davon, dass der geplante III. Akt am Karfreitagsmorgen spielen sollte. Er hatte, wie schon vorher im *Tristan*, die Handlung in drei Hauptstationen zusammengefasst, ähnlich wie San-Marte seine *Parcival*-Übersetzung in drei Teile gegliedert hatte: 1. Der Sang von der Einfalt, 2. Der Sang von dem Zweifel, 3. Der Sang von dem Heile. In dem erwähnten großen Brief an Mathilde Wesendonk zeigt sich Wagner zunächst durch Amfortas fasziniert. Er ist für ihn der Prototyp der leidenden Menschheit, hingerissen zwischen den Wundern der irdischen Liebe und dem Wunder des Grals, das er, wie kein Anderer, erfahren hat. Seine Speerwunde im Herzen (und nicht, wie bei Wolfram, in den Genitalien) ist der Antitypus zur Speerwunde Jesu, bei Amfortas Leiden wegen der Sünde, bei Jesus Leiden für die Sünder. Wagner vermisst bei Wolfram gerade die Christusanalogien, vor allem in Bezug auf den Gral: während Wolfram die Nähe zur kirchlichen Kulthandlung vermied, den Gral als Stein aus dem Bezug zum Christentum gelöst und in seinem gesamten Auftreten entgeistlicht hat, sieht Wagner den Sinn nur im Bezug auf Abendmahl und Passion Jesu, alles andere ist für ihn Entstellung des Mythos. Wie im Falle seiner anderen Bühnenwerke muss er diesen aus den Entstellungen der Überlieferung herauspräparieren – hier betrifft es sowohl die mittelalterliche Korruption des Gralmythos wie die jüdisch-christliche Tradition des Erlösungsmythos, in der die Gestalt Jesu entstellt worden sei. Das eigentliche Interesse darf daher nicht dem leidenden Amfortas gelten, sondern dem Erlöser Parzival. Im christlichen Verständnis brauchte Amfortas ja keinen menschlichen Mittler, sein Glaube an die Erlösungstat müsste ihm die Gnade Gottes sichern. Wagner hingegen erkannte die Notwendigkeit eines menschlichen Erlösers als das, was er den echten Zug der Sage nannte: wie wird ein Mensch zum Erlöser. Nicht, indem er fragt, sondern indem er mit-leidet: die Frage aus der Graltradition erschien Wagner als »so ganz abgeschmackt und völlig bedeutungslos«, denn sie ließ den Helden als »kaltlassenden Deus ex machina« erscheinen. Parsifals »Entwicklung, seine erhabenste Läuterung« muss daher Hauptgegenstand des Werkes werden, das also seinen Weg vom nichtwissenden Toren zum durch Mitleiden Wissenden zeigen muss. Verzweiflung, Leiden und Erlösung des Amfortas sind mehr als der Prüfstein für Parzival, sie machen seine Fähigkeit zum wahrhaften Mitleiden sinnfällig, »nicht durch abstrakte Begriffsverbindung, sondern durch anschauliche Gefühlserfahrung«, wie Wagner am 5. Oktober 1858 an Mathilde Wesendonk schreibt. Hier ist die Rede von Buddha, und für den Buddhismus in seiner schopenhauerischen Variante bildet das Mitleiden das grundlegende Erlösungskonzept nicht allein für den Menschen, sondern für die ganze Schöpfung. Der Karfreitag als »Unschuldstag der Natur«, an dem durch das Leiden Jesu die ganze Welt erlöst und geheilt wird, ist das Zentrum des *Parsifal*, nicht die Gralerwählung, die eine letztlich fragwürdige, wenngleich höchst bühnenwirksame Verbildlichung bedeutet. Wenn Wagner von »drei Hauptsituationen von drastischem Gehalt« spricht, auf die der Stoff konzentriert werden müsse, so können die beiden äußeren auf San-Martes Einteilung zurückgehen, und Wagner hat tatsächlich den »doppelten Kursus« von Misslingen und Gelingen beibehalten, wenngleich nicht mehr an das Frageritual gebunden. Die mittlere Station jedoch muss neu konzipiert werden, da Zweifel wie Bekehrung Parzivals als völlig ungenügend erscheinen. Es kann nicht um den Glauben an die Gerechtigkeit Gottes und das Vertrauen auf Gottes Gnade unter Hintanstellung des eigenen Willens gehen, wie es Wagner im *Parzival* gelesen hat, denn daran scheint es Amfortas ja nicht zu fehlen, sondern um das Erwerben des Mitleidens. Hier hat Wagner Wolfram offensichtlich nicht genau genug gelesen, seine Kritik ist unberechtigt, denn auch bei ihm geht es zwar zunächst um eine Neugiersfrage (»Was ist mit dieser Burggesellschaft?«), dann aber um eine Frage nach der Krankheit des Burgherren (»Herr, was ist mit eurer Krankheit?«), die Parzival noch persönlich umformuliert (»Oheim, was fehlt dir?«). Jedoch bleibt das Mitleid mit Amfortas sowohl in Parzivals eigenen Reflektionen über sein Versagen vor dem Gral wie in den Ermahnungen Trevrizents völlig am Rande, und als die zwei größten Sünden nennt er die Erschlagung Ithers und den unwillentlich verschuldeten Tod der Mutter.

Schon in der Prosaskizze von 1857 bestand der II. Akt aus einer Verführungsszene und der damit verbundenen Erkenntnis Parzivals, die ihn zum Mitleiden mit Amfortas befähigt. Wagner identifiziert nun die Gralbotin mit dem »wunderbaren, zauberischen Weib« im Zauberschloss des II. Aktes, und damit gewinnt er die dritte Hauptfigur. Auch sie ist eine große Leidende in ihrer Doppelnatur zwischen Dienen und Verführen und ihrem Wunsch nach Erlösung von diesem Zwiespalt; wie Amfortas ist sie zu immer neuem Leben und Leiden verdammt. Während er geheilt wird, wird sie von Parzival zum Tode erlöst.

Am 30. August 1865 schloss Wagner den ersten ausführlichen Prosaentwurf ab. Dieser beginnt mit der kausalen Verbindung von Verführung und Verwundung des Amfortas (wobei die Analogie zur Seitenwunde Jesu hier aufgegeben ist), so dass dann der Kuss Kundrys Parzival (hier noch diese Namensform) die Möglichkeit gibt, sich in Amfortas' Seele zu versetzen und dessen Leiden zu fühlen: seine Zerrissenheit zwischen Liebesverlangen und Erlösungssehnsucht. Auch bei Wolfram gibt es ja eine geheime Verbindung zwischen dem Helden und dem kranken König: beide lehnen sich gegen die Lenkung ihres Lebens durch Gott auf; bei Wagner ist es die Gefährdung durch den sexuellen Trieb und den Wunsch nach Befreiung von ihm. Diese Erlösungssehnsucht, verkörpert in der Vorstellung vom »Wundergral«, lässt Parzival seine eigene Sündhaftigkeit in »dem ungeheuren Pflichtversäumnis« empfinden und ermöglicht ihm so, der Verführung durch Kundry zu widerstehen. Folglich kann er auch die Lanze, mit der Klingsor erscheint, um ihn, wie Amfortas, zu verwunden, diesem entreißen, sie zum Gral bringen und Amfortas damit heilen. Noch bleibt unklar, wie die heilige Lanze in die Hände Klingsors gelangte, ob er sie gefunden oder Amfortas entwendet hat, als dieser der Verführung erlag. Wagner entschließt sich für letztere Möglichkeit, um die beiden Passionsreliquien, Gral und Lanze, enger miteinander zu verbinden. Nach diesem Entwurf beschäftigte sich Wagner erst mehr als zehn Jahre später wieder mit dem *Parsifal.* Am 23. Februar 1877 beendete er den zweiten Prosaentwurf, der in den meisten Einzelheiten bereits die Endfassung vorwegnimmt, die am 19. April 1879 fertig wurde. Wagner änderte hier den Namen des Titelhelden in Parsifal, wobei er auf eine Vorstellung von Joseph Görres zurückgriff: *Parsi-* oder *Parseh-Fal* sei arabisch und bedeute »der reine oder arme Dumme«. Während der Name bei Wolfram sich auf die kämpferischen Qualitäten (»richtig durch die Mitte«) bezieht und seine Hartnäckigkeit bei der Lösung seines Lebensproblems, der Gralsuche, verdeutlicht, zeigt Wagner an der neuen Namensform das neue Problem, wie aus dem »reinen Toren« in der Voraussetzung seiner Reinheit ein intuitiv Wissender und Mitleidender werden kann.

Wagner hat von Wolfram neben dem Handlungsgerüst des zweimaligen, zunächst erfolglosen, dann erfolgreichen Gralbesuchs viele einzelne Ideen übernommen. Klingsors Zauberburg ist Gawans Schastel marveile, an Gawan aber erinnert nur seine Erwähnung im Mund des Zweiten Ritters, dass er auf Suche nach Heilkräutern für Amfortas unterwegs ist; er wird damit dem Gralbereich zugeordnet. Die orientalische Einkleidung des Wunderschlosses wurde durch Gahmurets Orientabenteuer nahegelegt. Auch bei Wolfram ist Clinschor ein Entmannter, aber ihm widerfuhr die Kastration als Strafe, während Wagners Zauberer Hand an seine Männlichkeit legte, um dadurch die von den Gralrittern verlangte Keuschheit zu erreichen (ein Motiv, das aus der Biographie des Kirchenvaters Origines stammt). In Kundry sind neben der Gralbotin und Orgeluse (deren Verführungskunst Parzival widerstanden hat) auch Züge von Sigune (Wissen über Parzivals Herkunft, vor allem über seine Mutter) eingegangen, die beiden »Lehrer« Parzivals, Gurnemanz und Trevrizent, sind in der Figur von Wagners Gurnemanz zusammengefasst. Die Belehrungen des I. Aktes kommen von Gurnemanz, Parsifals Sündeneingeständnis im III. kommt aus der Trevrizent-Szene. Die Szene mit dem Schwan im I. Akt, die Parsifals unwissende Grausamkeit ebenso wie seine Fähigkeit zum Mitleid zeigt, greift auf eine Episode, die Wolfram aus Parzivals Jugend berichtet, zurück. Während es dort allgemein die Vögel sind, die er tötet und beklagt, ist es hier das Tier, das (in Anlehnung an Trevrizents Gralbericht) bereits der *Lohengrin* in engen Zusammenhang mit dem Gral gebracht hatte (und das das Lieblingstier des bayrischen Königs Ludwigs II. war). Gleichzeitig nützt Wagner die symbolische Kraft der Blutstropfenszene (wo ein Falke eine Gans verwundet hatte), die Parzival an seine Frau denken und sie damit als Erinnerte bei seiner Aufnahme in die Tafelrunde dabei sein lässt. Hier ist es gerade anders: Parsifals Sensibilität zeigt sich nicht in der Erinnerung an eine Frau (die er ja gar nicht haben darf), sondern im Mitleiden mit dem von ihm selbst verwundeten Tier und präfiguriert damit seine spätere Einstellung gegenüber Amfortas. Gleichzeitig weckt (wie die Blutstropfenszene) der Schwanenmord seine Erinnerung, er denkt an seine Mutter, die, wie Kundry ihm sagt, tot ist. Die Keuschheit als unbedingte Anforderung an den Gralhüter kommt aus der *Queste*, aber schon bei Wolfram müssen die Gralritter, die Templeisen, ehelos leben, und mit dem Problem des Verzichts auf die sexuelle Lust hatte Wagner sich bereits in seinen buddhistischen Studien (Skizzierung des Dramas *Die Sieger*, 1856) beschäftigt. Auch die Schopenhauersche Konzeption vom Verzicht auf den Eros als der einzigen Möglichkeit, der Leidensgeschichte des »Willens« zu entgehen, hatte Wagner schon 1854 kennengelernt, allerdings im *Tristan* kühn einen neuen, entgegengesetzten Heilsweg entdeckt, nämlich die Willensberuhigung durch die volle Wirklichkeit der Geschlechtsliebe. Im *Parsifal* kehrt Wagner zu Schopenhauers ursprünglicher Konzeption zurück. Der asketische Gralsucher ist als Gegenbild zu Tristan konzipiert, so wie Amfortas als die äußerste Steigerung des Liebeshelden. Zum Kuss Kundrys im II. Akt erklingt der Tristanakkord, doch der »Zauber des Entsagenden« übertrifft den »Zauber des Begehrenden« (erster Prosaentwurf). Der Verzicht auf die sexuelle Lust ist in verschiedenen Religionen eine Annäherung an Gott und steht für eine Möglichkeit des Freiseins von der Welt zur Begegnung mit der Transzendenz, wobei Wagner die Vorstellung eines Weisen, der den Verführungen der Töchter der Dämonen widersteht, aus einer buddhistischen Legende kannte. Im II. Akt äußert sich nicht eine grundsätzliche Geschlechtsfeindschaft, denn man darf nicht übersehen, dass im Klingsorreich eine manipulierte Sexualität herrscht und kein naturwüchsig »reines« Begehren. Der »Zauber des Entsagenden« bedeutet vielmehr eine umfassende Triebkontrolle, die den Menschen frei zum Mitleid macht und zur Wahrnehmung des Lebensganzen in der Natur im »Karfreitagszauber«. Parsifal erfährt den Zauber des Begehrens, um ihn zu überwinden; der Kuss Kundrys wird von ihm erwidert, er vereint beide in einem symbolischen Geschlechtsakt. Das Empfinden des Selbstvergessens, des Selbstverlusts dabei hat zwei Dimensionen: einmal die der irdischen Lust, dann die der Vereinigung mit dem Göttlichen, für die der Gral steht. So ruft der Kuss die Gralszene herbei und erzwingt Parsifals Entscheidung für die Lösung vom Irdischen und für seine Aufgabe als Erlöser des Amfortas. Kundry ist somit nicht nur Verführerin, sondern Führerin zu Parsifals Heil, wenngleich anders, als sie selber es zunächst will: nicht durch die Erfüllung des sexuellen Begehrens kann sie erlöst werden, sondern durch das Mitleid. Sie ist ein weiblicher »Fliegender Holländer«, sucht seit Urzeiten die Erlösung im Tode, und diese widerfährt ihr auch. Die andersweltliche dämonische Person, die nur im Sterben der Erlösung durch Jesus teilhaftig werden kann, ist ein altes erzählerisches Motiv, das wir z. B. aus der Melusinengeschichte kennen. Es ist daher nicht richtig, die Gestalt der Kundry als Verkörperung frauenfeindlicher Vorurteile zu verstehen, sie ist vielmehr ein prototypischer »Mensch in seinem Widerspruch«, das weibliche Gegenstück zu Amfortas.

Wagner hat die Gralszene, vor allem die erste, zu einem Bühnentableau gestaltet, das auf die Tempel- und Kirchenszenen der französischen Großen Oper zurückgreift, sie aber weit überbietet. Er hat hier um der mystisch-existentiellen Wirkung willen Momente des katholischen Kultes verwendet und sich zu diesem Zweck auch mit ausführlichem fachkundigen Rat von dem Münchener Pater Petrus Halm versorgt. Buddhistische Rituale von vergleichbarer Repräsentativität und Sinnfälligkeit gibt es nicht, kann es der Eigenart des Buddhismus gemäß gar nicht geben; hätte Wagner erfundene asiatische Riten verwendet, so wäre das als exotischer Orientalismus wahrgenommen worden und hätte damit den Anspruch verkleinert. Dennoch sind die Gralszenen kein »Hochamt« (Cosima Wagner, 20. Januar 1878), sondern entwerfen auf der Basis vor allem von Roberts de Boron Tafel-Liturgie ein eigenes Ritual, das zwar kirchliche Züge hat, aber mit der Messe nicht identisch ist. Es handelt sich um eine Amalgamierung von Konzeptionen des Kanons der heiligen Messe (die Wandlung von Brot und Wein in Leib und Blut Christi) mit solchen aus den Gralromanen, wie des Reliquiencharakters des Grals und der heiligen Lanze, sowie der wunderbaren Speisung der Gralgesellschaft. Die Tischgemeinschaft und das Gedächtnismahl der Erlösung mit der Enthüllung des Grals bilden die Gralliturgie. Es geht also nicht, wie Nietzsche meinte, um »Roms Glaube ohne Worte«, sondern um »Roms Worte ohne Glauben«. Denn das Mitleiden, das Wagner als Essenz der Religion vorstellt, ist ebenso buddhistisch wie christlich, Ersteres sogar noch im höheren Maße, da eine die ganze Schöpfung verbindende Totalitätskonzeption dahintersteht, während das Christentum das Mitleiden auf Jesus als Gottessohn und die Menschen begrenzt. Die Erregung der Affekte durch eine als heilig suggerierte Handlung, die zur Gefühlserkenntnis führen soll, ist Opernästhetik, Wagner hat jedoch eine inhaltliche und nicht nur ästhetische Sakralisierung zumindest nicht verhindert, sich wohl sogar selber daran berauscht. Seine Äußerungen dazu sind widersprüchlich; gegen die Gleichsetzung mit kirchlichen Handlungen hat er sich jedoch wiederholt ausgesprochen und ein Eigenrecht des Gralmythos behauptet (18. Juni 1878). Selbst ausgemachte Gegner der Botschaft des *Parsifal* konzedieren der Musik eine erhebende, entrückende, körperlösende Wirkung. Das ist ganz im Sinne der romantischen Ästhetik, dass nur die Musik bildlos das Geheimnis verkörpert, das nicht benannt und auch nicht eigentlich gezeigt werden kann.

Die Gralszenen sind nicht dramaturgisch unverbundene Tableaus, sondern in die Handlung integriert. Beim ersten Gralbesuch ist Parsifal unfähig zu einer erlösenden Handlung. Er weiß nicht, welches Ritual er zu vollziehen hätte (auch der Zuhörer nicht), weil ihm das Bewusstsein des Leidens der Welt fehlt, er kann es zwar in der Gestalt Amfortas' wahrnehmen, aber keine affektiven Folgerungen daraus ziehen. Das wird erst möglich in der Begegnung mit Kundry. Die Gralerfahrung ist jedoch die notwendige Voraussetzung für die Gefühlserkenntnis, die er dort erlebt. Was hätte er bei seinem ersten Besuch am Gral tun sollen, da doch keine Frage von ihm erwartet wurde? Die Gralleute scheinen selber nicht zu wissen, was Amfortas hätte heilen können. Dass es der Speer ist, der den Verwundeten gesund macht, weiß Parsifal erst, als er selbst die Zauberwunde des Begehrens spürt. Die zweite Gralszene ist dann die Einlösung dieser Erkenntnis, aber auch mehr: sie endet mit dem Rätselspruch »Erlösung dem Erlöser«, den Wagner selbst als die Quintessenz seines Werkes bezeichnet hat. Das bedeutet zunächst die Erlösung des Erlösers Jesus aus den schuldbefleckten Händen des Amfortas, dann aber auch die Vorstellung, dass die Erlösung kein ein für allemal abgeschlossener Prozess ist. Ebenso wie Amfortas nicht durch Jesus allein erlöst wurde, sondern ein irdischer Erlöser durch sein Mitleiden die Erlösungstat Jesu für ihn fruchtbar machen musste, so ist auch Parsifal selber als Erlöser auf Erlösung angewiesen. Der *Parsifal* endet, ähnlich wie die *Götterdämmerung*, mit einem offenen Schluss mit Appellcharakter, inhaltlich ebenso wie musikalisch in der plagalen Kadenz, die nicht als bekräftigend erlebt wird. Damit ist Wagner gar nicht so weit entfernt von Wolframs Relativierung der Gralutopie.

Der Gral hat bei Wagner eine typisch mythische Mehrdeutigkeit. Die politische Vision einer Herrschaft des mitleidigsten Menschen ist mittelbar über eine Bewusstseinsveränderung der Zuschauergemeinde zu erzielen. Eine solche fordert auch die Religion, nur dass diese sich nicht auf eine Gefühlserkenntnis beschränkt, sondern Glauben und ethisches Handeln einfordert, was als Selbstentfremdung erfahren werden kann. Wenn die Erlösung aus der Transzendenz in die Immanenz des Menschlichen transponiert wird, ist dafür eben nicht die Religion, sondern die Kunst als Quelle der Erneuerung zuständig. Der Gral wird damit Symbol einer gesellschaftlichen Regeneration durch die Kunst, wie sie Wagner in seinen Schriften aus der Entstehungszeit breit dargelegt hat. Hier kann dann die konservative *Parsifal*-Rezeption mit ihrer Kritik an einer zivilisatorischen Moderne anknüpfen. Der Gral erweist sich als Kunstmythos über die Kunst und ihre prägende Rolle für die Erneuerung der Gesellschaft nach Verfall und Entfremdung des Menschlichen.

Der *Parsifal* ist aber auch eine »Geschlechtsoper« (Thomas Mann), die nicht einfach auf die Propagierung von Askese und Triebverzicht reduziert werden darf, es geht nicht nur um den Durchgang durch die Geschlechterliebe als Bedingung der Entsagung, sondern auch um eine Überwindung des Leidens an der Geteiltheit der Geschlechter. Der *Parsifal* ist, ähnlich wie der *Tristan*, ein Zeugnis für die Macht der Geschlechterliebe, nur zielt er auf eine andere Lösung. Psychoanalytische Interpretationen erhellen die Bedeutung der Zusammenführung von Lanze und Gral als Vereinigung des Männlichen und Weiblichen und das Verständnis der blutenden Wunde des Amfortas als Symbol einer »Feminisierung«. Die Heilung bedeutet dann die Erlösung, sowohl vom ersten phallischen Zustand des Amfortas wie vom zweiten zu einer übergeschlechtlichen Reinheit. Der *Parsifal* ist somit die Fortsetzung des *Tristan* mit anderen Mitteln und einem sozialen Ziel, die Aufhebung des Leidens an der Individuation nicht in einem völligen Verlöschen, sondern einer »Aufhebung« in einer Allverbundenheit, die im Mitleiden aktiv tätig und gemeinschaftskonstituierend wird. Die »reale« Welt, wie sie in den *Meistersingern* präsent war, bietet hier jedoch keinen Bezug mehr, die »Männer und Frauen«, die noch den Brand Walhalls in der *Götterdämmerung* »in höchster Ergriffenheit« erlebt hatten, sind verschwunden, die Gralgemeinschaft ist eine die ästhetische Dimension der ethischen Lösung symbolisierende Gruppe, keine soziale Utopie.

Wagner hat, indem er die Frage aus dem *Parsifal* verbannte, die Fragwürdigkeiten seines Werks nicht vermieden; die Gralgemeinschaft ist nicht ideal, in ihrer Konstitution jenseits der Geschlechterspannung bleibt sie doch an eine Männerrunde gebunden, die (im Sinne des mittelalterlichen Mönchstums) das »dritte Geschlecht« darstellen soll, aber die Projektion von Geschlechtsangst auf das Weibliche nicht vermeiden kann. Eine »mitleidende Frau« beim Gral fehlt wohl nicht nur aus dramaturgischen Gründen, es gibt auch keine Gralträgerin wie in den mittelalterlichen Gralromanen. Wagner hat seinen *Parsifal* als seine »letzte Karte« bezeichnet, und er hat in mehrfachem Sinne recht: theatralisch, indem die Ereignisfolge zum Ritual erhöht, also die äußerste Möglichkeit der Bühne ausgeschöpft, ja im neuzeitlichen Verständnis überschritten wird; werkbiographisch insofern, als die Motive seiner früheren Opern aufgegriffen, gebündelt und in dramaturgisch und musikalisch stark durchgeformter Weise präsentiert werden. Dass jedoch das Geschlechterproblem nicht lösbar war, hat er gewusst: er starb bei der Abfassung einer Schrift über *Das Weibliche im Menschen*.

Unmittelbare und weitreichende Resonanz fanden beide Gralopern Wagners bei König Ludwig II. von Bayern. Er war schon als Kronprinz fasziniert von Wagners Werk, ehe er am 2. Februar 1861 zum ersten Mal den *Lohengrin* hörte. Bereits mit zwölf Jahren hatte er das *Kunstwerk der Zukunft* und *Zukunftsmusik* gelesen und sich in Wagners Dichtungen vertieft. Der Schwanritter sollte nicht nur seine Herrschaftsvorstellungen, sondern auch seine bau- und bildkünstlerischen Aufträge bestimmen. Als er mit achtzehneinhalb Jahren als Ludwig II. den bayerischen Königsthron bestieg, ließ er sofort Richard Wagner suchen, um ihn nach München zu rufen. In der Korrespondenz, die über sechshundert Briefe und Telegramme umfasst, führt er gelegentlich den Namen *Parzival*, schon bevor er Wagners Prosaentwurf kannte. Als Lohengrin kleidete er sich gelegentlich, denn dieses Werk war es, das »den ersten Keim der Begeisterung und blühenden Liebe« zu Wagner in sein Herz gelegt hatte. Er kannte die Geschichte vom

Schwanritter bereits aus dem für seinen Vater, Maximilian II., in freien gotischen Formen wiederhergestellten Schloss Hohenschwangau, in dem, in Anlehnung an den Namen des Geschlechts derer von Schwangau (aus dem der Minnesänger Hiltbolt von Schwangau stammt), die den Schwan im Wappen führten, die Schwanrittersage dargestellt war. Seine »neue Burg Hohenschwangau«, die seit 1886 Neuschwanstein heißt, verstand er als Burg Lohengrins, in der er dann auch im Wohnzimmer Szenen aus der Lohengrinsage durch Wilhelm Hauschild darstellen ließ. Er legte Wert darauf, dass die Sagen in ihrer ursprünglichen Gestalt und nicht in Wagners Fassung dargestellt wurden und so erscheint unter den Gemälden »Die Erwählung Lohengrins durch den Heiligen Gral«. Als am 11. November 1865 Richard Wagner persönlich in Hohenschwangau zu Gast war, sagte er: »Da bin ich in der Gralburg, in Parzivals erhabenem Liebesschutz«, und gab damit Ludwig die Anregung, seinen Neubau als Gralburg zu verstehen. Die Verbindung zum Gral hatte sich für Ludwig zur gleichen Zeit aus der Geschichte seiner Vorfahren ergeben: der Münchener Kunst- und Literaturhistoriker Hyacinth Holland hatte im Jahre 1870 in einem Buch über das Stift Ettal und Ludwig den Bayern eine Verbindung zu Albrechts Schilderung des Graltempels gesehen: Ludwig habe die Absicht gehabt, den Plan aus dem *Jüngeren Titurel* in die Wirklichkeit umzusetzen. Wenn Ludwig II. sich also selber seine Gralburg baute, stand er damit in der Tradition seines Vorfahren. In das Konzept gehen noch weitere Gedanken ein, wie der Wille, die Wartburg zu überbieten, den Ort von Wagners *Tannhäuser*, der ebenfalls eine große Faszination auf Ludwig ausübte. Er selbst hatte auf Anregung Wagners im Jahre 1867 inkognito den Schauplatz des Sängerkriegs besucht, als der Wiederaufbau gerade abgeschlossen war. Einen Sängersaal sollte auch Neuschwanstein erhalten, er musste mit dem Parzivalstoff ausgemalt werden. Und als er Wagners Parzivaldichtung kannte, verkörperte sich in dem

Helden der Kampf gegen die sexuelle Versuchung, mit der er selber heftig rang. Im Sängersaal wurden dann Szenen aus Parzivals Jugendleben und aus seinem Gralkönigtum dargestellt, während die Gawangeschichten in den Eingang verbannt wurden. Fünfzehn Fresken wurden durch August Spieß, Ferdinand von Piloty und Joseph Wunsch ausgeführt, darunter Parzivals erste Begegnung mit Anfortas, seine Inthronisation als Gralkönig und Lohengrins Aufbruch von der Gralburg, denn für Ludwig gipfelte die Welt des Mittelalters in der Gralsage. Für Schloss Berg am Starnberger See ließ er sich von Eduard Ille ein monumentales Aquarell mit Szenen aus dem *Parzival* malen. Der Gral ist dreimal als blaue gefußte Schale dargestellt; bei dem ersten Gralbesuch von der Gralträgerin auf blauem Tuch getragen, beim Besuch bei Trevrizent im Zentrum eines Dreifaltigkeitsbildes, eines Gnadenstuhls mit Gottvater, Gottsohn und der Taube als dem Heiligen Geist, wobei Vater und Sohn gemeinsam den Gral halten, und bei der Aussendung Lohengrins steht er auf einem Altar. Die Vorstellung von der Gegenwärtigkeit der Trinität im Gral geht auf die Inszenierung der erlösenden Frage bei Wolfram zurück: Parzival fällt der Trinität zu Ehren dreimal auf die Knie, das wird auch in San-Martes (in der 2. Auflage seiner Übersetzung dem Text vorangestellten) Inhaltsangabe besonders betont. Im Thronsaal von Neuschwanstein ließ Ludwig sich durch Eduard Ille Entwürfe anfertigen, die sich an den Graltempel aus Albrechts *Jüngerem Titurel* anlehnen und byzantinisch-romanische Formen nach dem Vorbild der Hagia Sophia benutzen, ein Gedanke, den bereits Joseph Görres ins Spiel gebracht hatte. Der byzantinische Stil erschien Ludwig als einem wahren Königtum von Gottes Gnaden besonders angemessen. Auch weitere Burgen, wie das Projekt Falkenstein bei Pfronten und einen Palast in der Nähe von Linderhof, der eine verkleinerte Nachbildung der Hagia Sophia als Kapelle enthalten sollte, plante Ludwig ebenfalls im »altbyzantinischen« Baustil.

Der Dom von Siena als Kulisse des »Bühnenweihfestspiels«
Ab 1882 Bühnenbild der *Parsifal*-Inszenierung

Den *Lohengrin* ließ Ludwig 1864 als Musteraufführung auf der Hofbühne realisieren, während er der Uraufführung des *Parsifal* am 26. Juli 1882 in Bayreuth fern blieb. Doch kam es zu einer Serie von Ludwig allein vorbehaltenen Separataufführungen in den Jahren 1884/85 in München, wofür die Dekorationen aus Bayreuth herbeigeschafft wurden. Ob ihm das Bühnenbild nach den Vorstellungen des jungen russischen Malers Paul von Joukowsky, der Wagners Anregung durch den Dom von Siena umsetzte, wirklich zusagte, darf bezweifelt werden: sein Gralkönigtum führte er lieber auf die Theokratie der spätbyzantinischen Herrschaft zurück.

Die Faszination Ludwigs durch den Gralmythos und die Helden Lohengrin und Parzival, mit denen er sich identifizierte, trifft sich mit seiner Auffassung vom charismatischen Königtum, das seinen Ursprung nicht in weltlich politischen Institutionen und Instanzen hat, sondern eine gläubige Anerkennung seiner in Gottes Willen gebundene Herrschaft einfordert. Ludwig war kein »Märchenkönig«, sondern propagierte ein im Mythos gegründetes Königtum. Das war eine Kritik an und eine Verweigerung der politischen und gesellschaftlichen Moderne, und so grüßt ihn dann Paul Verlaine in seinem Sonett *À Louis II. de Bavière* als »den einzigen wahren König dieses Jahrhunderts, der sich an aller Politik und an dem Wahnsinn dieser [politischen mechanistischen] Wissenschaft rächte, die alles zerreißt, die Rede, das Lied, die Kunst und die Musik. Sie waren Dichter, Soldat, der einzige König dieses Jahrhunderts [...] und ihre Seele sei stolz von Gold und Eisen geleitet mit prächtiger und freudiger Musik von Wagner.« Diese Musik von Wagner können wir uns gut als das *Lohengrin*-Vorspiel vorstellen, das in Frankreich seit der Interpretation von Baudelaire (1881) und dem Gemälde von Henri Fantin-Latour schon selbst zum Mythos geworden war.

13. Kapitel

Der Gral in England: Tennyson, Burne-Jones, Eliot

In England ist die Zeit des 17. und 18. Jahrhunderts ebenfalls die dunkle Zeit des Grals. Wird Arthur auch gelegentlich erwähnt, plant Milton immerhin eine Arthur-Dichtung, so ist der Gral als Verkörperung religiösen Aberglaubens oder zumindest katholischer Sakramentengläubigkeit zum verachteten Unding geworden. Erst zu Beginn des 19. Jahrhunderts erwachte im *Arthurian Revival* das Interesse neu, gestützt auf die Ausgaben von Malorys *Morte Darthur* (1816/17). Motivierend war die Konzeption von Arthur als britischem Nationalhelden einerseits und das im Gefolge der deutschen Romantik noch verstärkte Interesse an volkhafter und »alter« Überlieferung, die neue Erzählstoffe bereitstellte, andererseits. Alfred Tennyson begann mit einer Ballade über die aus Liebe zu Lancelot sterbende *Lady of Shalot* (die Dame von Astolat), eine Ballade, die Anstoß zu einer Fülle bildlicher Darstellungen gab: Holman Hunt, Robert Scott Lauder (1852), John Everett Millais. Gerade Tennysons kritisierte »Dunkelheit« wirkte anregend auf die künstlerische Rezeption. Während das Thema enttäuschter Liebe eine lange Tradition hat und die Dichtungen um Arthur sich auf englische Geschichtswerke beziehen konnten, war der Gral wegen seiner übernatürlich-mystischen Qualitäten und religiösen Dimensionen weniger leicht in den literarischen Diskurs zu integrieren. Stützend wirkte hier die Diskussion um die religiöse Erneuerung, die vom sog. *Oxford Movement* um John Keble und John Henry Newman angeführt wurde. Es ging um eine spirituelle Neuorientierung mit einer allgemeinen Hochwertung affektiver Andacht und Religiosität, um eine stärker geistliche Lebensführung, wie Ehelosigkeit der Priester, und eine intensivere Einbindung in den kirchlichen Kult mit einer Neubewertung der liturgischen Rituale. Das hatte eine Wendung zu mittelalterlichen Formen zur Folge, die sich als neues Interesse auch in der Literatur auswirkte. Charles Hoyle hatte in *The Pilgrim of the Hebrides* (1830) die Gralgeschichte nach Albrechts *Jüngerem Titurel* aufgenommen (vermutlich nach dem Referat von Karl Rosenkranz 1829 oder nach Hofstätter, s. S. 157).

Als Beginn des *Oxford Movement* gilt das Jahr 1833 – etwa in der gleichen Zeit beschäftigt sich Tennyson mit dem spirituell geläuterten Gralsucher Galahad, einem religiösen Verwandten der romantischen Wahrheitssucher bei Wordsworth, die die Einsamkeit wählen; Galahads Isolation ist jedoch die des ritterlichen Kämpfers. Tennyson zeigt den Gral als Vision, der der Sucher unablässig folgt. Nach seiner Veröffentlichung 1842 wurde die Ballade bald sehr bekannt und inspirierte u. a. das Gemälde von George Frederic Watts: die Konzeption des einsamen reinen Suchers, die Verbindung von Rittertum und Frömmigkeit traf und formte die Idealvorstellungen einer ganzen Generation vom jungen Gentleman – und nicht nur von ihm. So wollte Edward Burne-Jones eine Bruderschaft, die in den Slums von Ost-London arbeiten sollte, den »Orden von Sir Galahad« nennen. Im Falkland-Krieg trug dann eines der beiden englischen Kriegsschiffe den Namen »Sir Galahad«.

Sir Galahad ist der einsame Reiter, der für die Ehre der Frauen kämpft, aber ihre Liebe verschmäht, weil sein Herz von Höherem angezogen ist; von einem religiösen Mysterium, das mit Hymnen, Gebeten, Kerzen, Altarbildern, Glocken und Weihrauch erscheint: »The Holy Grail« (Tennyson benutzt als erster die englische Form), getragen von drei weißgekleideten Engeln. Er enthält das Blut des Gottessohnes. Aus seiner Reinheit als »maiden knight« gewinnt Galahad die Kraft, seine Suche durch alle

Fährnisse fortzusetzen, bis Gott ihn als gerechten und treuen Ritter zum Gral beruft. Die archaisierende Balladenform kontrastiert mit der modernen Reflexion des Helden über seinen Glauben und sein Ziel, dessen Erreichen als subjektive Gewissheit erscheint. Die dekorativen Elemente der Vision nehmen präraffaelitische Bilder vorweg und inspirierten entsprechende, wie die elaborierte Zeichnung von Burne-Jones auf Pergament von 1858 (heute in Cambridge, Mass.). Tennysons zweites Gralgedicht *The Holy Grail* gehört zu dem Kranz arthurischer Kurzerzählungen in reimlosen Versen, *Idylls of the King*, in mehreren Folgen seit 1859 veröffentlicht. Tennyson hatte zunächst Hemmungen, den Gral einzubeziehen, weil er den Vorwurf der mangelnden Ehrfurcht vor einem Mythos fürchtete, der den alten Dichtern in höherem Sinne religiöse Realität gewesen war. Der Gral ist hier aus der Perspektive der erfolglosen Gralsucher dargestellt – zur Hauptsache Percevals, der seine Sucheabenteuer dem Mönch Ambrosius berichtet. Tennyson greift vorwiegend auf die *Queste* in Malorys Fassung zurück: die Erscheinung des Grals am Artushof, das Gelöbnis der Gralsuche durch alle Ritter und die Trauer des Königs über das mutmaßliche Ende der arthurischen Herrlichkeit, die unterschiedlichen Gralerlebnisse von Perceval, Bors und Lancelot und Galahads Gralkönigtum, das nur als ferne Vision Percevals erscheint. Perceval trifft auf seiner Suche eine Jugendgeliebte wieder, heiratet sie und könnte »ein Arthur« in seinem eigenen Königreich werden; doch der Drang nach dem Gral treibt ihn weiter, bis er, ohne die vollen Geheimnisse gesehen zu haben, an den Artushof zurückkehrt. Arthur zieht die Bilanz: er konnte nicht auf Suche reiten, weil er seine Herrschaft bewahren muss, denn er ist wie der Bauer, der sein Feld nicht verlassen darf, ehe die Arbeit getan ist. Visionen kommen, aber sie sind nicht wirklich, wirklich ist nur der Mensch und Gott. Perceval berichtet verständnislos von Arthurs Rede, seine

Stimme klingt wie aus dem Grabe, denn sie wird nur nacherzählt: er ist zu Beginn der Dichtung als Mönch gestorben. Die Visionen vom Gral sind faszinierend, aber sie locken die Ritter fort von ihren eigentlichen Aufgaben, die in der Bewältigung der Realität liegen. Die Suche, die in *Sir Galahad* idealisiert wurde, ist hier ein lebensfeindliches Phantasma. Schon der Beginn mit Percevals Schwester, die den Gral als erste geschaut hat, deutet dies, allerdings noch unbestimmt, an: sie ist nur aufgrund einer Liebesenttäuschung Nonne geworden. Tennyson verbindet in der Gestalt Arthurs ein nüchternes Arbeitsethos – und ein Verhältnis zu Gott, das der Wunder und Reliquien nicht bedarf, aber auch von Gawains oberflächlichem Abenteuergenuss abgehoben wird. Der Gralmythos hat abgedankt, er steht für einen letztlich sinnlosen Suchedrang und eine Vernachlässigung der wirklichen Aufgaben eines englischen Gentleman. Auch hier besteht eine Verbindung zu den religiösen Tendenzen der Zeit. In der Folge von Newmans Konversion zur Römischen Kirche war eine Gegenbewegung entstanden, die sowohl bestimmte Aspekte »heiliger« Lebensführung wie den Zölibat als auch die Hochwertung von Ritual und Liturgie heftig kritisierte. Tennyson hat diese Tendenzen in seiner Kritik am Gral und seiner Lebensfeindlichkeit aufgenommen, er nimmt damit eine Position ein, die der Immermanns im deutschen Kontext nicht fern ist.

Die letzte der Idyllen, die in losem Zusammenhang mit dem Gral steht, ist *Balin and Balan*, entstanden zwischen 1872 und 1874, veröffentlicht 1885. Es ist dies eine Episode, die aus der *Merlin-Suite* des *Postvulgata-Zyklus* in Malorys *Morte Darthur* gekommen ist, und deren Verknüpfung mit dem Gral im sog. Schmerzlichen Schlag (*Dolorous Stroke*), mit dem der Ritter Balin den Gralkönig Pellam verwundet, zu sehen ist. Balin und sein Bruder Balan kämpfen gegeneinander und töten sich wechselseitig. Auch in diesem Gedicht wertet Tennyson den Gralbereich um König Pellam ab und stellt ihm Arthurs Reich mit seiner pragmatischen Orientierung an der Landesherrschaft entgegen. Pellam hält sich für reiner als Arthur, weil er sich einem zwanghaften Keuschheitsgebot unterwirft und Reliquien, wie Dornen der Dornenkrone Jesu, Partikel des Kreuzesholzes und vor allem den heiligen Speer, verehrt. Er scheint damit als eine Art Kryptokatholik, der einem magischen Aberglauben huldigt. Ihm ist Arthur entgegengesetzt, der die beiden Brüder Balin und Balan als Einziger besiegen kann, weil er nicht zum Spiel kämpft, sondern zur Verteidigung seines Reiches. Er vermag die Helden für sich zu gewinnen und kann damit die Runde Arthurs verstärken. Balin verehrt die Königin, ahnt auch ihre Beziehung zu Lancelot, und wird dazu geführt, an ihrer Ehre zu zweifeln. Er reißt die Krone, die sie ihm als Schildzeichen gegeben hat, von seinem Schild, wird daraufhin von seinem Bruder nicht erkannt und im Zweikampf getötet. Arthurs Hof wird in seiner Ambivalenz gezeigt, einerseits geprägt von Luxus und Verfeinerung sowie von einem dubiosen Frauendienst, andererseits aber ist er pragmatisch auf die Herrschaft ausgerichtet, die unbedingtes Vertrauen verdient. Tennyson wertet hier, deutlicher noch als in *The Holy Grail*, die mythischen Dimensionen als religiösen Aberglauben ab und propagiert eine bedingungslose Loyalität zum weltlichen Herrscherhaus. Dieser Tradition wird später T. H. White mit *The Once and Future King* folgen. Die Tendenz, die Gralwelt als wirklichkeitsfern und unzulänglich gegenüber den Aufgaben des tatsächlichen Lebens darzustellen, ist ein ergiebiges literarisches Muster, das bis in unsere Zeit (Adolf Muschg) beibehalten wird. In der englischen Tradition wird jedoch der Hof Arthurs als positives Gegenbild gesetzt, während in der deutschen der Sucher Parzival im Mittelpunkt steht. Pointiert könnte man sagen, während die deutschen Autoren das Spiel vom Suchen spielen, spielen die englischen das Spiel vom Finden, allerdings nicht des Grals, sondern einer politisch-gesellschaftlich bezogenen Lebenspraxis.

Schon bevor Tennyson den Gral aus der Perspektive des praktischen Lebens relativierte, hatte sich der Maler William Dyce mit diesem Thema auf ähnliche Weise beschäftigt. Er lehnte die religiösen Aspekte ab und reagierte besonders scharf auf die Relativierung ritterlicher Werte durch die spirituellen. In seinem Bild »Frömmigkeit: Die Ritter der Tafelrunde brechen zur Suche nach dem Gral auf« (1849) stellt er Arthur besonders heraus, der über den Verlust seiner Ritter und ihr sinnloses Unternehmen klagt. Er bezieht sich dabei auf Malorys *Morte Darthur*, in dem der König sagt: »Ihr habt mich in große Betrübnis versetzt, denn ich zweifle, daß meine liebe Gesellschaft sich jemals wieder trifft.« Es fehlen alle Indizien für eine religiöse Motivation; es gibt keine Gralvision, keinen Engel oder keine zur Suche auffordernde Graljungfrau; die bevorstehende Auflösung der Tafelrunde wird zum Zentrum der Aussage. Das Bild sollte den Ankleideraum der Königin im neuen Palast von Westminster schmücken, es wurde aber als zu tragisch zurückgewiesen. Zwei Jahre später entwarf Dyce das Fresko »Adion: die Vision des Ritters Galahad und seine Begleiter«, wiederum nach *Morte Darthur*, eine Vision des thronenden Christus mit den vier Evangelisten schwebend in der Mitte; Bors, Percival und Percivals Schwester schauen auf die Erscheinung, Galahad aber schreitet als Einziger nach vorn. Am Rand steht ein Priester mit einem Messkelch, der nicht als Abbild des Grals verstanden werden kann. es handelt sich vielmehr um eine protestantische Umdeutung des Gralmythos, in dem die Mittlerschaft der Reliquie abgelehnt und der direkte Weg zu Jesus gesucht wird.

Tennysons Gedicht *The Holy Grail* reizte wegen seiner differenzierten Problematisierung des Grals nicht zur bildlichen Darstellung, Malory als Quelle war ergiebiger. Edward Burne-Jones (1833–1898) schuf die bedeutendsten

Der Gral als ästhetisches Ereignis
Tapisserie von Edward Burne-Jones (1895/96)

Illustrationen der Gralsuche. Seine Zeichnung von 1858 wurde schon erwähnt, aber erst 1886 kehrte er zum Gralthema zurück und schuf Entwürfe für Glasfenster in seinem Haus, beginnend mit dem Scheitern Gawains, der den Gral nicht sieht, weil seine Augen geblendet werden durch die Gedanken an die Taten der Könige; Lancelot scheitert, weil die Königin zwischen ihm und dem Gralengel, der sich abkehrt, steht; nur Galahad ist erwählt, ihm wendet sich der Engel zu, und er folgt ihm in die Stadt Sarras, die in der Unterschrift als die Stadt des Geistes bezeichnet wird. Dort steht der Gral auf einem Altar und wird von drei Engeln behütet. Im Jahre 1891 gestaltete Burne-Jones dann einen Zyklus von Wandteppichen für das Speisezimmer des australischen Bergwerksbesitzers William Knox D'Arcy. Im ersten Teppich erscheint die

Graljungfrau bei Hofe und ruft die Ritter zur Suche auf. Im zweiten werden die Ritter bewaffnet, und sie brechen auf, um den Gral zu suchen. Die Königin überreicht Lancelot die Waffen; damit ist sein Scheitern infolge der ehebrecherischen Liebe bereits vorhergedeutet. Es folgt das Versagen von Gawain und Uwain an der verlassenen Kapelle; die Unterschrift lautet: »Wie Sir Gawaine und Sir Uwaine ihren Weg nahmen, um den heiligen Gral zu suchen, aber auf keine Weise seinen Anblick erreichen konnten, sondern in Schande gebracht wurden wegen des bösen Lebens, das sie vorher führten«. Weil sie nur den Ruhm der Welt gesucht haben, versperrt ihnen ein Engel in liturgischen Gewändern die Tür der Kapelle, durch deren vergittertes Fenster helles Licht fällt, zum Zeichen, dass sich der Gral darin befindet. Ähnlich ist das Versagen Lancelots dargestellt: im Schlaf hat er eine Vision des Grals, aber er erkennt, dass er nicht würdig ist, ihn zu erblicken; am Eingang zu einer Kapelle, aus der wiederum das Grallicht fällt, liegt der schlafende Lancelot. Dann folgt das Schiff, das die drei Gralritter nach Sarras bringt, und schließlich die Schlussszene mit der Vision des Grals, die im vollen Maße nur Galahad zuteil wird. Er kniet vor der Tür einer hell erleuchteten Kapelle, in der ein großer Kelch auf einem weißgedeckten Tisch steht, hinter ihm drei Engel. Die beiden anderen Gralsucher am linken äußeren Rand werden durch drei weitere Engel daran gehindert, näher zu treten; einer von ihnen trägt die blutende Lanze. Die volle Schau wird somit keinem der Ritter gänzlich zuteil; vielleicht verbot der Ort, für den die Teppiche bestimmt waren, diese letzte religiöse Steigerung. Dass es ein Speisezimmer sein sollte, ruft die Funktion des Grals auf, die bei Malory keine Rolle spielt, nämlich die des Spenders von Speisen und der Stiftung der Tischgemeinschaft als geistliche Form der Vergesellschaftung. Die Gralteppiche sind ein Höhepunkt der englischen *Arts-and-Crafts*-Bewegung, sie wurden mehrfach angefertigt und im Jahre 1900 in Paris auf der *Exposition Universelle* im britischen Pavillon ausgestellt, sowie später auf der *British Empire Exhibition* von 1924/25. Diese Karriere zeigt einerseits, dass Malorys *Morte Darthur* über einen langen Zeitraum zur kulturellen Identität Englands gehörte, und andererseits wie sehr es William Morris und William Dyce gelungen war, mit ihrer künstlerischen Bewegung einen Stil zu schaffen, der einerseits als typisch englisch gelten durfte, andererseits aber den internationalen Jugendstil und darüber hinaus die bildende Kunst und das Kunstgewerbe bis in die zwanziger Jahre, die Art déco und die religiösen Bildwerke auf lange Zeit beeinflusste.

Der Gralmythos, nicht als Thema, sondern als Hintergrund, ja als geheimes Programm erscheint dann in T. S. Eliots *The Waste Land*. Schon der Titel deutet darauf, er bezieht sich auf Jessie L. Westons *From Ritual to Romance* (1920), wo Betrachtungsweisen aufgegriffen werden, die auf den romantischen Mythensynkretismus etwa eines Joseph Görres zurückgehen. Jessie L. Westons Interesse am Gralmythos begann mit der Begegnung mit Richard Wagner; sie übersetzte Wolframs *Parzival* ins Englische und verfasste eine Ballade über die Lohengrinsage. In ihren mythengeschichtlichen Studien zur arthurischen Literatur bestimmt sie den Gral von seinen verschiedenen Funktionen, nicht von seinen Erscheinungsformen her. Sie sieht die überlieferten Texte als Zeugnisse eines vergangenen Meditationskults und die christlichen Auslegungen als zeitbedingte Überformungen. Der Gralkult bezieht sich auf den sterbenden und wiedererweckten Vegetationsgott und seine Heilung bzw. Auferweckung und Ablösung durch den Helden; die Frage, die er nach den Ritualobjekten bzw. nach der Krankheit stellen muss, zeigt das Bewusstsein seiner Rolle und qualifiziert ihn damit zur Herrschaft. Die Gralzeremonie ist also ursprünglich ein Fruchtbarkeitskult, der sich aber nicht nur auf das Physische, sondern auch auf das Geistige und Transzendentale bezieht und daher der christlichen Repräsentation der Eucharistie angenähert werden konnte. *The Waste Land*, *Das unfruchtbare Land*, ist also ein vorübergehender Zustand, der von einer neuen Fruchtbarkeit abgelöst werden kann, darauf spielt der Titel von T. S. Eliots Gedicht an. Der Gral gehört zu den vielen verbrauchten Mythen, die zitiert werden; vielleicht geben die Zitate indischer Worte am Schluss eine Hoffnungsperspektive an, die sich zwar auf die in den zwanziger Jahren aktuelle Präsenz indischer Weisheit bezieht, aber auch seit dem Mittelalter eine erlösende Perspektive des Gralmythos ist.

14. Kapitel

Der Gral im frühen 20. Jahrhundert: Lyrik, Roman, Programmschrift, Drama und der *Parsifal*

Der große Eindruck, den Richard Wagners *Parsifal* machte, verhinderte eine Zeit lang die weitere Beschäftigung mit dem Gralthema. Erst um die Jahrhundertwende hat der Gral bis in die zwanziger Jahre hinein wieder Konjunktur, eine erneute Beschäftigung beginnt dann wieder in den achtziger Jahren des 20. Jahrhunderts. Es sind Umbruchzeiten, Epochen der Neuorientierung, in denen der Gral thematisiert wird, in unterschiedlichen Zusammenhängen und auf unterschiedliche Weise.

Der erzählerisch und musikdramatisch entfaltete Gralkomplex bietet um die Jahrhundertwende ein Mythenreservoir, aus dem die verschiedensten Themen und Motive herausgeholt werden. Da ist einmal der Gral als Faszinosum, als Ziel der Suche, wegen seiner Unbestimmtheit ganz unterschiedlichen Deutungen offen. Die von Wagner in Nachfolge von Robert de Boron und dem Prosa-Lanzelot höchst sinnkräftig unternommene Annäherung an eucharistische Rituale wird künstlerisch kaum rezipiert, wohl aber seine Poetologie der Ästhetisierung und Theatralisierung des Rituals, die vom Symbolismus und Ästhetizismus der Jahrhundertwende begierig aufgenommen wurde. ›Gral‹ kann dann zugleich die existentielle Feier der Kunst wie auch die Kritik daran im Namen einer höheren Wahrheit heißen; welche sie auch sein mag, sie wird als umfassend, ganzheitlich, überwältigend konzipiert – in emphatischer Bestimmung wie in Problematisierung. In dem Maße, wie angesichts des immer beschleunigteren Wandels, des allgemeinen Pluralismus, die Propagierung bestimmter Ideale oder gar Werte obsolet wird, fasziniert die Sehnsucht, die (vergebliche) Suche nach Ganzheit, nach Wesentlichem außerhalb aller sozialer und ästhetischer Konkretisierung; eine Suche, die Züge eines Martyriums und inszenierten Selbstopfers annehmen kann. So bleibt oft nicht mehr die im Werk gestaltete Vergeblichkeit. Mehr als das mythische Objekt steht die Suche danach im Zentrum. Das Interesse gilt dem Gralhelden unter zwei Aspekten: der eine ist die unablässige Suche, ohne zu wissen, wann sie erfolgreich ist, ja nicht einmal, wie genau das Ziel aussieht; der andere ist die Leistung der Heilung, der Erlösung des Kranken, worin Wagners *Parsifal* gipfelt. Die Fähigkeit zum Mitleid, die bei Wolfram eine eher marginale Rolle spielt, ist nur die eine Voraussetzung für die Erlöserfunktion; daneben steht die des »torenhaft« unreflektierten Duldens und Suchens, weniger des Lernens durch Irrtum. Es wäre ein Fehler, die Zitierung des Gral- oder Gralsucher-Mythos lediglich als kultur- oder sozialkonservatives Signal zu verstehen. Er ist zuerst ein poetologisches Paradigma der Einschreibung in eine Tradition, sei es in der Aufnahme bestimmter Dimensionen oder in der Abgrenzung von ihnen. Es gibt neben der katholischen literarischen und ethischen Erneuerungsbewegung um Richard Kralik und die Monatsschrift *Der Gral* den Gralhelden als Individualisten jenseits ethischer Prinzipien als den wegen seines Zweifels Erwählten. Der Gral kann metaphorisch gebraucht werden als höchstes Ziel und Sinn des Lebens über und jenseits der Trivialität des Alltags einer als entleert verstandenen Moderne. Auf kulturpolitischem Gebiet ist es die 1906 gegründete kulturelle Monatsschrift *Der Gral*, die einer seelenlosen Moderne die Besinnung auf wahre Werte, wie sie von der katholischen Kirche vertreten werden, entgegenhält. Metaphorisch gebraucht wird der Gral auch im Titel des Romans von Erwin Guido Kolbenheyer *Montsalvasch. Ein Roman für Individualisten.* Bei den Autoren ist eine literatur- und geistesgeschichtliche Bewusstheit in der Verwendung des mythischen Materials teils deutlich, teils kaum existent.

Hugo von Hofmannsthal gehört zu den Ersteren: sein Anzitieren von Wolframs *Parzival* reflektiert Wagners »Bühnenweihfestspiel« mit.

Sein Gedicht *Künstlerweihe* von 1891 spricht schon im Titel den hohen Anspruch des Künstlers aus, verweist auf religiöse Handlungen wie Priester- und Ritterweihe, beansprucht aber auch im Hinblick auf die Aufgabe des Dichters, Perspektiven zu geben. Diese wird zunächst von negativen Formen des Künstlertums abgegrenzt: nicht »tote Dinge preisen«, nicht »erregen« und »entrücken«, weil dabei die Seele »erstickt«. Hofmannsthal kritisiert die rein ästhetische Existenz, die sich mit substanzlosen Erregungszuständen begnügt und damit die innere Harmonie verfehlt. Jedoch wird auch die Umorientierung von der Kunst vorgegeben: Wolframs *Parzival* mit der Episode von Parzivals Verfluchung wegen der versäumten Frage. Das aber ist die Aufgabe des Künstlers: »In Mitleid ahnend stumme Qual befreie«. Hofmannsthal nimmt hier Wagners »Torenspruch« aus dem *Parsifal* auf: »Durch Mitleid wissend der reine Tor«. Aber während Wagners Held durch eigene existentielle Erfahrung zum Mitleiden gelangt, ist es in dem Gedicht die Lektüre eines alten Buches. Hofmannsthal bricht also aus dem ästhetischen Zirkel nicht aus, erweitert ihn lediglich um die Kunst der Vergangenheit, die dem gegenwärtigen Künstler Impulse geben kann. Nicht die direkte Erfahrung des Sozialen motiviert ihn, sondern die einer künstlerisch gestalteten sozialen Erfahrung. Er greift ein Wort Nietzsches über Wagner auf, dieser sei »der Orpheus allen heimlichen Elends«: die Verpflichtung des Künstlers bleibt die Befreiung »stummer Qual« durch die Sprache. Man wird Hofmannsthals Sonett auch als Selbstbehauptung des Dichters neben dem »Bühnenweihfestspiel« Wagners sehen, das mit den Mitteln von Musik und Szene das Gral- und Kundryerlebnis Parsifals für den Zuschauer affektiv nachvollziehbar macht, ihn letztlich aber nur »erregt« und »be-

SIEBEN SONETTE

KÜNSTLERWEIHE

WIR wandern stumm, verschüchtert, bang gebückt
Und bergen scheu, was wir im Herzen hegen,
Und reden Worte, die uns nicht bewegen,
Und tote Dinge preisen wir entzückt.

Die Seele ist vergraben und erstickt ...
Verfaultes leuchtet fahl auf nächt'gen Wegen ...
Und sind wir müde, soll uns Kunst erregen,
Bis wir im Rausch der leeren Qual entrückt.

Jüngst fiel mein Aug auf Meister Wolframs Buch
Vom Parcival, und vor mir stand der Fluch,
Der vom verlornen Gral herniederklagt:
„Unseliger, was hast du nicht gefragt?!"
In Mitleid ahnend stumme Qual befreie:
Das ist einzig – eine Künstlerweihe!

1890

Hugo von Hofmannsthal: *Künstlerweihe.* In: H. v. H.: *Nachlese der Gedichte.* Berlin: S. Fischer, 1934

rauscht«. Das Gefühlswissen, das dem Publikum ästhetisch vermittelt wird, erscheint als dubios, die Aussprache der Qual durch den Dichter hingegen wirkt befreiend. Die »Künstlerweihe« ist Dichterweihe, zeichnet ihn als Propheten eines neuen Ethos aus. Wagner hatte die Frage und damit das Wortritual verworfen, Hofmannsthal setzt es, indem er Wolfram gegen ihn ausspielt, wieder in sein Recht ein. Mit dem Rückgriff auf das »Buch« statt der Er-

Nachdem der Held im ersten morgengrauen
das Ross gelenkt vom heiligen Schloss des Gral
und durch den finstern Wald hinab ins Thal
gedanken schwer und ohne aufzuschauen
kam er zu einem See, blank wie geschliffner Stahl.

Rings blühten wilde Gärten, heiss und lüstern
umdufteten ihn grosse Orchideen.
und hier zuerst zwang ihn sich umzusehen
einer fremden Frau geheimnisvolles Flüstern:
Er sah das Schloss in morgensonnengolde stehen

die goldene Sonnenburg von Munsalvesche.

Und da geschah es dass ein heisses Schauern
sein Auge bannte an die roten Mauern.
er hielt, gestützt auf seiner Lanze Esche

und starrte stumpfen Blicks, in dumpfem Trauern
und dunkel ahnend den verscherzten Thron
zur goldenen Sonnenburg von Munsalvesche —

Erst als die Nacht hereinbrach, ritt er irr davon.

[Karl Gustav] Vollmoeller: *Parcifal. Die frühen Gärten.*
Berlin: S. Fischer, 1903

An jenem Abend traf zum letztenmal
er in dem Hohlweg unter Tannengrauen
den falben Reiter und den eisengrauen
und bei dem Abstieg in ein Wiesenthal
lockten ihn Zauberbilder schöner Frauen —
doch seiner blauen Sterne unbeirrter Strahl

durchbrach die Stämme, wo der glutgestreifte
Waldsee ihm Schauer der Erinnrung gab:
da liess der Reiter Zweifel von ihm ab
und der die Sense nach sich schleifte.
Er hielt gestützt auf den getreuen Stab
und sah wie Wald und See in wildem Bogen schweifte

zum Berg der glühte wie geschmolzenes Eisen.

Schon wiesen Türme ihm und flammenhelle
lodernde Zinnen die verheissene Stelle
und schon empfangen in den innern Kreisen

sank er zum Kuss auf der geweihten Schwelle
und betete verzückt zum höchsten Licht
und hörte die verklärten Wesen preisen

Und schaute Gott von Angesicht zu Angesicht.

fahrung bleibt er jedoch in einem lediglich erweiterten ästhetischen Zirkel befangen.

In den Jahren von 1897 bis 1900 schrieb der spätere Filmpionier und technische Konstrukteur Karl Vollmoeller einen Gedichtzyklus *Parcival*, der im Jahre 1902 in Mailand veröffentlicht wurde. Vollmoeller, der dem George-Kreis nahe stand, beginnt mit der Situation des Frageversäumnisses. Parcival blickt zurück auf das »Heilige Schloss des Gral«, »die goldene Sonnenburg von Munsalvesche«. Jetzt erst ahnt er dunkel, was er verloren hat und reitet »irrend davon«. Es ist der Augenblick, in dem Parcival sein unbewusstes Einssein mit sich selber verliert, hofmannsthalisch gesprochen: von der Präexistenz in die Existenz aufbricht. Anlass dafür ist »einer fremden Frau geheimnisvolles Flüstern«. Es ist die Begegnung mit dem Anderen, mehr als das Erlebnis der Gralprozession oder gar der Qual des Amfortas, was ihn zum Umschauen, zum Zurückblicken bringt. Das nächste Gedicht zeigt einen Rückblick auf seinen Fortritt von zu Hause: er sieht sich nicht nach der Mutter um und bricht ins Reich seiner Träume auf. Es sind »die rauschenden Wälder am Morgen«, und »schimmernde Teiche, Dunst und Rohr«, »weisse Waldfrauen« und »blasse Elfen«, das Märchenland, das keine Geschichte hat: »Was weiss deine siegende Thorheit«. Doch zu diesem Märchenland gehört auch der dunkle Bereich, aus dem »nachts Irrlichter steigen«, so dass seine ursprüngliche frohe Zuversicht erlahmt. Er begegnet der »fremden Frau« (es ist Sigune), deren Augen und deren »dunkle Worte« ihn in Zukunft begleiten. Durch sie erfährt er von seiner Geschichte und was er, ohne es zu wollen, angerichtet hat. Das Leben umfasst Hell und Dunkel, »Wollust, Entsetzen, Süßigkeit, Grauen, Umarmen, Erwürgen«. Die nächsten beiden Gedichte sind aus der Perspektive Parcivals gesprochen. Die dunkle Seite des Lebens ängstigt ihn, das alte Einssein hat er verloren, aber ein neues findet er nicht: »Mir entfremdet und kühl und stumm Menschen und Dinge beide«. Die Begegnung mit der Königin, ihre gemeinsame Lust, erscheint ihm als heilig wie »Kelch und Hostie«, vermag aber seine Sehnsucht nicht zu befriedigen. Im neu gewonnenen Glück sehnt er sich nach den Bitternissen »der Ganzheit des Lebens«, das im Stillen zu ihm spricht, von der Lust und der »tausendhaften Qual«. In der Blutstropfenszene vergegenwärtigt er sich seine Frau und ihre erste Begegnung. Den Verrat an dem, was man liebt, spiegeln zwei Gedichte aus anderen Stoffkreisen, *Gwennole* (aus dem Sagenkreis um die Stadt Ys) und *Meleager und Atalanta*. Parcivals Weg wird wieder aufgenommen, er wählt »des heldenhaften Lebens That und Frucht« und nicht die Liebe. Zwei Gesellen singen das Lied von der Reinheit des Liebens, die nicht im Kampf gewonnen wird, sondern auf der Pilgerschaft. Er geht durch »wirre Hafengassen«, wo eine Dirne einen Sohn von ihm erbittet und er diese Erfahrung zu machen gewillt erscheint. Seine Suche, seine Einsamkeit, seine Orientierung an seinem »blauen Stern« führt ihn schließlich doch wieder zur Gralburg, wo er »Gott von Angesicht zu Angesicht« schaut. Parcival ist hier der einsame Sucher nach dem Lebensganzen, das er besessen, aber verloren hat; er muss durch alle Bitternisse hindurch, um dann Gott zu schauen – der Gral ist das Leben in seiner Einheit der Gegensätze, in seinen Schönheiten und Furchtbarkeiten. Es geht Vollmoeller um die Erfahrung des Lebens, die mit magischen Bildern beschworen wird. In dieser Ganzheit verschmelzen Handeln und Traum: »Tat ist Traum und Traum ist Tun«.

Ernst Stadlers Gedicht *Parzival vor der Gralburg* von 1912 (veröffentlicht 1914 unter der Überschrift *Der Spiegel*) greift ebenfalls die Situation des Gralversagens auf. Anders aber als bei Hofmannsthal ist nicht die Wendung zum (ästhetischen) Sozialen die Konsequenz, sondern ein innerer Aufruf zur Selbsterfahrung durch umfassende Welterfahrung. Töricht ist der Held, wenn er den Sinn des

Parzival vor der Gralsburg

Da ihm die erznen Flügel dröhnend vor die Füße
klirrten,
Fernhin der Gral entwich, und Brodem feuchter
Herbstnachtwälder aus dem Dunkel sprang,
Sein Mund, in Scham und Schmerz verirrt,
indessen die Septemberwinde ihn umschwirrten,
Mit Kindesstammeln knieend jenes Traums entrückte
Gegenwart umrang,

Da sprach zu ihm die Stimme: Töriger, schweige!
Was sucht dein Hadern Gott! Noch bist du unversühnt
und fern vom Ziele deiner Fahrt –
Wirf deine Sehnsucht in die Welt! Dein warten
Städte, Menschen, Meere: Geh' und neige
Dich deinem Gotte, der dich gütig neuen Nöten
aufbewahrt.

Auf! Fort! Hinaus! Ins Weite! Lebe, diene, dulde!
Noch ist dein Tiefstes stumm – brich Furchen in den
Fels mit härtrer Schmerzen Stahl!
Dem Ungeprüften schweigt der Gott – Wie Blut und
Schicksal dunkel dich verschulde,
Dich glüht dein Irrtum rein, und erst den Schmerz-
gekrönten grüßt der heilige Gral.

Brüssel Ernst Stadler

Ernst Stadler: *Parzival vor der Gralsburg*. In: E. S.: *Der Aufbruch*.
Leipzig: Weisse Blätter, 1914

Lebens in Gott sucht – der Sinn des Lebens ist das Leben selbst; die Ichfindung ist nur möglich im Durchgang durch Prüfung und Schuld. Nicht nur die transzendente Sinngebung, auch die soziale wird abgewiesen zugunsten einer rauschhaften Lebensintensität, deren Existentialität durch den Schmerz verbürgt wird: »Wie Blut und Schicksal dunkel dich verschulde, / Dich glüht dein Irrtum rein, und erst den Schmerzgekrönten grüßt der heilige Gral.« Das ist eine Reaktion auf die Trivialität des alltäglichen Lebens, spiegelt die Erfahrungen der Vorkriegszeit von der »flachen Unbedeutendheit« in Gesellschaft und Politik, die nur durch intensives, schmerzhaftes Leben des Lebens zurückgelassen werden kann. Dieser pathetische Heroismus führt über George auf Nietzsche zurück, ohne dass Stadler den Genuss des Leidens reflektiert; er überspielt ihn in dithyrambischer Expressivität. Nicht das Mitleiden, sondern der Selbstgenuss des Leidens zeichnet diesen Gralhelden aus.

Vornehmlich die Lyriker arbeiten frei mit Motiven der Gralliteratur, die aus der gesamten mittelalterlichen Tradition genommen werden, aber den Bezug auf Wagners *Parsifal* zumeist vermeiden. Schließlich gibt es Werke, die in mehr oder weniger genauer Anlehnung an mittelalterliche Quellen den Stoff neu bearbeiten und für die jeweiligen Zeitumstände neu interpretieren.

Erwin Guido Kolbenheyer schreibt mit *Montsalvasch* in den Jahren 1910/11 einen Zeitroman. Der Titel ist an Wagners Namensform angelehnt, das Motto jedoch kommt aus dem VI. Buch von Wolframs *Parzival*: »ay Munsalvaesche, jâmers zil! wê daz dich niemen trœsten wil.« Schon der Untertitel »Ein Roman für Individualisten« zeigt die Auffassung Parzivals als eines einsamen Suchers, der durch schmerzliche Erfahrungen lernt, dass er den verborgenen Sinn des Lebens in sich selber finden muss. Hauptfigur ist Ulrich Bihander, ein junger Student, der nach Gymnasialzeit und Militärdienst bei der Kavallerie seine Erfahrungen an der Universität macht, eine Liebesbeziehung mit der Studentin Martha eingeht und seinen Weg zwischen der platten Nützlichkeit des alltäglichen Lebens und einer höheren Sinngebung sucht.

Der Roman beginnt mit einer Eisenbahnfahrt, die als Signum des modernen Lebens im Vergleich zu der mit bewusstem Sprachprunk geschilderten Landschaft steht und gleichzeitig Übergangsritus ist von der entfremdeten Zeit auf der Schule und dem »tauben Jahr« beim Militär zur Universität, wo Ulrich seine Sehnsucht nach Ganzheit, nach Einheit mit sich selbst meint verwirklichen zu können. Von äußeren Zielen wie einem Brotberuf wendet er sich ab, um »ein Mensch« zu werden. Das ist nur möglich in einer Haltung der Offenheit für das Leben; die Unerfahrenheit, die Torenhaftigkeit ist die Chance für die Erfahrung des Wesentlichen. Während Ulrich zunächst glaubt, in der Wissenschaft eine Möglichkeit dazu zu finden, erkennt er aber bald, dass sie nur tote Tatsachen bietet und fühlt sich vom völkisch nationalen Gehabe der Studentenverbindungen abgestoßen, weil dort ein überständiges Standesbewusstsein und ritualisierte Vorstellungen vom Deutschtum gepflegt werden, das er anders, nämlich in der großen kulturellen Tradition verankert sieht. Er nimmt Wohnung bei einem alten Finanzrat, der trotz seiner Kauzigkeit so etwas wie ein Mentor für ihn wird, mit Ironie auf seine hochfliegenden Pläne reagiert, aber seine aus Lebenserfahrung gewonnenen Erkenntnisse aphoristisch mitteilt: »Tödlich ist nur das Wort, alles andere ist Übergang« (S. 55). Die Desillusionierung durch die Buchgelehrsamkeit will Ulrich bei einem Aufenthalt im Hause seiner Mutter in einem westböhmischen Kurort durch eine stärkere Hinwendung zur Natur kompensieren. Er trifft dabei auf eine Jugendgespielin und fühlt sich zu ihr hingezogen, erkennt aber bald, dass es sich lediglich um sexuelle Begierde, nicht jedoch um das handelt, was er unter Liebe versteht. Lydi ist der Prototyp der modernen oberflächlichen Frau, die nebenbei künstlerische Techniken übt, aber vornehmlich daran interessiert ist, ihre Attraktivität auszuspielen und ihre Wirkung zu genießen. Sie wird mit ihrer Familie und deren Freunden zum Inbegriff einer reichen, aber platten Zwischenwelt. Als neue Perspektive tritt die Studentin Martha in sein Leben, die Nichte des Finanzrats, die ebenfalls bei ihm Wohnung nimmt. Sie ist die »neue Frau« im Sinn der Zeit, eine engagierte Frauenrechtlerin, die an der Universität eine entsprechende Organisation aufbauen will. Sie fasziniert Ulrich in ihrer Bestimmtheit und Entschlossenheit, ihre Anziehungskraft geht von ihrer Persönlichkeit und nicht von ihrer Geschlechtlichkeit aus, wie im Fall von Lydi. In ihren Augen ist Ulrich ein »Stimmungsmensch«, ein »Gewissensgrübler«. Beide setzen sich über ihre jeweiligen Ziele auseinander, die Gleichberechtigung von Mann und Frau, die Liebe und die Ehe als Ursache der Ungleichheit und der Abtötung aller höheren Bestrebungen. Trotz unterschiedlicher Ansichten fühlt sie sich zu diesem Sinnsucher hingezogen und ergreift die Initiative für einen ersten Kuss. Jetzt glaubt Ulrich, den Sinn des Lebens gefunden zu haben, an dem er als »törichter Parzival« (S. 229) bisher vorbeigegangen ist. Es kommt zu einer Liebesbeziehung zwischen beiden, die zu einer Schwangerschaft Marthas führt. Die Sexualität erscheint als Naturkraft, als Lebensprinzip, das Ganzheit zu schenken scheint. Als Kontrast wirkt der Kopf einer Statue mit Zügen Lydis, den diese Ulrich schickt: die ästhetische Transformation bleibt ohne Wirkung auf ihn. Das Leben muss offen gelebt werden, die sinnliche Erfahrung darf nicht in die alten Formen zurückführen. Ulrich aber ist sofort bereit, seine Ziele aufzugeben und sich in die bürgerliche Gesellschaft einzugliedern, Martha zu heiraten und das Kind zu erziehen. Er lässt sich von seiner Mutter das Erbe auszahlen, um die Mittel für die Familiengründung zu haben. Martha jedoch nützt ihre Beziehungen zu einer feministisch engagierten

Ärztin und lässt das Kind abtreiben, denn sie hätte damit ihre Ziele und ihre Freiheit wie auch die Offenheit für das Leben preisgegeben. Der Finanzrat macht Ulrich diese Entscheidung verständlich, und er erkennt, dass der Rückzug in die Geborgenheit von Familie und Liebe keine Lösung für ihn sein kann. Im Schlussbild erscheint eine leuchtende Wolke, »wie eine Burg anzuschauen«, es ist Montsalvasch, das reine Ideal einer unabhängigen Persönlichkeit, zu dem Ulrich wieder auf dem Weg ist. Er hat in der Wissenschaft, vor allem in der Philosophie, die Überwindung des Mechanisch-Alltäglichen gesucht und nicht gefunden; auch die Liebe hat keine Erlösung von Institutionen und Konventionen geschenkt, die Wirklichkeit mit Hilfe eines Anderen ganz zu werden, setzt diesen für die eigenen Ziele ein, erst der Verzicht darauf gibt beiden Freiheit. *Montsalvasch* ist ein Roman für Individualisten, die die Autonomie des Ichs über den darwinistischen Zwang der Arterhaltung stellen und Ehe und Kinder als Vernichtung des Ichs betrachten. Der Gral (dieses Wort fällt im Roman nicht) ist der Mensch selber, sein Leben ist die Suche nach dem Ich, die äußeren Umstände sind es, die von der Erkenntnis ablenken. *Montsalvasch* setzt sich mit den Idealen der Frauenbewegung auseinander, die die Ehe als Beeinträchtigung der Unabhängigkeit verstanden hat, die Ausrichtung auf Heim, Familie und Kinder als Rückfall in die Unselbständigkeit.

Vergleichbar aus männlicher Perspektive ist ein Brief von Alfred Mombert vom 10. Januar 1895: »Der Umstand, ob man Kinder hat oder nicht hat, ist maßgebend für die Weltanschauung. Die darwinische ist die des Vaters; die der göttlichen Herkunft hat ein Kinderloser ausgebrütet. Ich bin kinderlos und hoffe es bleiben zu können; stehe daher auf dem Standpunkt der Unvergänglichkeit meines Ich's und seiner *Fertigkeit* a priori. Ich bin Anfang und Ende. Mein Leben – das ich mir nicht auf den Zeitraum von 10000 Jahren beschränkt denke – ist Selbstbetrachtung. Erweiterung des Bewußtseins: *Entschleierung* des heiligen Graals, der in mir ruht. Dieses Entschleierungsstreben ist mein *körperl.* Wesen. Ihr ›Kulturberuf‹, Erich, und andererseits Ihr Streben nach ›Bewußtwerden‹, paßt mir wie eine plumpe Arbeiterfaust auf ein lichtes Götterauge. Einerseits Vater – andererseits Anfang und Ende – ›Alles in der Welt ist *Keim wie Frucht*‹ – ich glaub's nicht! – Weil ich eben kinderlos bin. Ich frage Sie nun: ist man es seinem *Ich* schuldig, zu heiraten? Am Ende ist die Ehe ein rein philosophischer, ein Erkenntnisakt? Vielleicht ist aber auch die Kinderzeugung *der wahre Sündenfall*, die teilweise Vernichtung des Ich's (soweit, als man dadurch ›Keim‹ wird) – Ehemann oder Junggeselle? – ›*Aber die Liebe ist das Trübe*‹ – das ewige Wort! unausschöpfbar! Das Welträtsel in *einem* Wort. Anfang und Ende: der ewige Cirkel.« Lou Salomé hat eine ähnliche Haltung in ihrer Novelle *Fenitschka* von 1898 an der Titelheldin aufgezeigt, die den geliebten Mann verlässt, um ihre Entwicklungsmöglichkeiten und damit ihren Selbstwert zu bewahren. Kolbenheyers Martha möchte in der Welt tätig sein, und Ulrich akzeptiert dies unter großen Mühen. Erst 1897 konnten Frauen in Wien studieren, Martha ist also eine sehr zeittypische Gestalt. Der Erzähler nimmt Partei für eine gemäßigt moderne Bewegung, kritisiert die Radikalfeministinnen, zeigt aber eine Gleichberechtigung der Geschlechter als Ideal. Doch sie ist nur die Voraussetzung der Selbstfindung in einer komplexen Welt.

Kolbenheyers Roman reagiert auf eine Erfahrung der Moderne als Entfremdung im alltäglichen Leben wie in der Tagespolitik, selbst in der Wissenschaft. Weder die Natur, noch die körperliche und auch nicht die geistige Liebe können die ersehnte Ganzheit stiften. Selbst die Kunst – die Literatur wie die Musik – kann nur Anregungen geben: Bach ist ein Prophet der Ganzheit, Beethoven das wichtigste Vorbild als »Heiliger«, doch jeder muss sich selbst in den Himmel retten. Die Vorstellung Parzivals als des ewigen Suchers (der deswegen nicht selten mit Faust parallel gesetzt wird) gibt das hier nur anspielungshaft herangezogene mythische Modell. Kolbenheyer hat die Problematik der Ganzheitssuche gerne in historische Gestalten wie Paracelsus projiziert und ist damit bekannt geworden. Er galt in der Zeit des Nationalsozialismus als einer der völkischen Autoren. *Montsalvasch* aber ist völlig frei von aller Mythisierung des Volkhaften oder Christlichen, im Gegenteil, die von dem Helden entwickelten Erlösungsphantasien durch Philosophie, Natur oder Liebe erweisen sich letztlich als untauglich; auch die Aneignung der Kultur bleibt nur impulsgebend, der Individualist ist immer auf der Suche.

Die Erfahrung der technischen und zivilisatorischen Moderne um die Wende vom 19. zum 20. Jahrhundert führt zu einer Fülle von Reaktionen, die von unkritischer Bewunderung und Aneignung bis zur völligen Absage gehen. Es gibt eine Fülle unterschiedlichster Strömungen und Gegenentwürfe. Einer der erfolgreichsten ist der Rudolf Steiners, der mit seiner 1913 gegründeten anthroposophischen Gesellschaft bis heute wirksam ist. Steiner geht von der Kritik an der materialistischen und positivistischen Moderne aus und entwickelt ein alternatives Weltbild, das seine Wurzeln im deutschen Idealismus und in der organischen Weltauffassung Goethes hat (Steiner hat sieben Jahre am Goethe-Schiller-Archiv in Weimar gearbeitet). Sein triadisches Geschichtsbild ist eine Weiterentwicklung romantischer Konzeption: aus einem paradiesischen Zustand der Einheit mit der Natur und mit sich selbst geht der Mensch in einen Prozess der Entfremdung hinein, der im griechischen Altertum beginnt und seinen Tiefpunkt im Egoismus und im Nützlichkeitsprinzip des 19. Jahrhunderts erreicht. Dieser Weg ist jedoch notwendig, und Steiner verschließt sich nicht der Faszination der Moderne und der in ihr entbundenen geistigen Kräfte. Diese Tendenzen müssen jedoch überwunden werden zugunsten einer neuen Ganzheit, in die die geistigen Kräfte der Moderne eingegangen sind. Steiner wollte so die Antwort auf die spirituellen Bedürfnisse des Menschen geben, die die technische und zivilisatorische Moderne nicht bereitstellt. Er lehnte allerdings nicht nur das mechanistische Weltbild der Naturwissenschaften ab, sondern auch die Kritik von Ernst Mach am mechanistischen Weltbild, weil selbst dessen phänomenologische Naturwissenschaft keine Möglichkeit eröffnet, die Dinge in ihrer wahren Wesenheit zu verstehen. Sowohl der positivistische Mechanismus wie die phänomenologische Kritik können Mensch und Natur nicht vereinen. Steiner verwarf auch den subjektiven Mystizismus, wie er z. B. von der theosophischen Gesellschaft proklamiert wurde. Er wollte eine allgemein nachvollziehbare Philosophie entwickeln, die über die wahrnehmbare Wirklichkeit zu einer umfassenden Erfahrung der Welt vordringt. Kronzeuge dafür ist ihm Goethe mit seiner Verbindung von wissenschaftlicher Forschung und umfassender Erkenntnis. Symbol für eine allumfassende kosmische Macht ist für Steiner der Gral, der gleichzeitig Zentrum eines esoterischen Kults ist. Der *Parzival* Wolframs von Eschenbach ist für ihn der Roman des Suchers nach der Erkenntnis der höheren göttlichen Macht. Er vergleicht deshalb das Goetheanum in Dornach einerseits mit dem griechischen Tempel als dem Haus des Gottes, andererseits mit dem Graltempel, in dem der Gral die Sehnsucht nach dem Unbestimmten und Geheimnisvollen für die Gemeinde verkörpert. Sein Bau aber umschließt einen anderen »Gral«, nämlich das Streben des modernen Menschen nach dem Gleichgewicht zwischen Gruppengeist und Individualität, wobei das Ziel das Erwachen zum individuellen Bewusstsein bleibt. Der *Parzival* verkörpert einen vergleichbaren Weg zwar in einer anderen Zeit, kann aber Vorbild für den neuzeitlichen Erkenntnissucher sein.

Im Jahre 1889 entwarf der Historiker, Schriftsteller und Komponist Richard Kralik für seinen Onkel, den Inhaber der namhaften Glasmanufaktur Lobmeyr in Wien, eine »Parcivalserie« mit einem fast siebzig Zentimeter hohen Pokal, einer Schale von fünfundvierzig Zentimetern Durchmesser und einer kleinen Kanne sowie zwei Fußbechern. Auf dem Pokal ist Titurel mit dem Graltempel (nach Albrechts *Jüngerem Titurel*) dargestellt, das Heiligtum bildet zugleich den Deckel des Gefäßes. Auf der anderen Seite ist Christus in einem Gehäuse zu sehen, das vom Gralkelch gekrönt wird, in den die Taube eine Oblate hineinlegt. Die Schale enthält Episoden aus der Vorgeschichte des Grals: den Sturz Luzifers, dem dabei ein Edelstein aus der Krone bricht (*Wartburgkrieg*), aus dem der Gral wird; er gelangt in die Obhut der Heiligen Drei Könige, dann wird er Abendmahlsgefäß und schließlich Passionsreliquie mit Jesu Blut. Die Folge schließt mit der Überbringung des Grals nach Britannien. Kralik hat sich mit den mittelalterlichen Zeugnissen des Gralmythos intensiv beschäftigt und im Jahre 1907 eine poetische Zusammenfassung unter dem Titel *Die Gralsage* herausgegeben. In paargereimten Versen gibt er eine große Synthese der Gral- und Artussagen vom *Jüngeren Titurel* über *Erec* und *Iwein*, den *Tristan* und die *Crône* bis zum *Lohengrin*. Der Gral, der Stein aus Luzifers Krone, gelangt in den Schatz der iranischen Könige, zum Becher geschliffen kommt er zu Melchisedech, dann zu Salomo, König Meldur, Herodes, Salome, die das Blut Johannes des Täufers darin hält. Nikodemus gibt ihn Joseph von Arimathia und dieser gründet die Graltafel, aber Gott nimmt das heilige Gefäß wegen der Sündhaftigkeit der Gralleute zurück und übergibt ihn den neutralen Engeln. Von diesen gelangt er an Titurel, der den Tempel baut. Merlin gründet die dritte Tafel, die Tafelrunde des Königs Artus, und für sie soll der Gral gefunden werden. Parzival wird Gralkönig, doch auch dort in Salvaterre kann der Gral nicht bleiben, er wird nach Indien gebracht, schließlich aber entrückt:

Der Gral als säkulares liturgisches Gerät
Verkleinerte Nachbildung des Bühnenkelchs der Bayreuther *Parsifal*-Inszenierung von 1888
(Geschenk Cosima Wagners an Adolf von Groß)

Der Gral als exquisite Kunstgewerbe-Schüssel mit Gralmotiven
Ludwig Lobmeyer (um 1880)

Als Gleichnis hohen Strebens sage
Noch fürder bis in unsre Tage
Vom heilgen Gral die hohe Sage.

Die *Gralsage* ist das Geschichts- und Geschichtenbuch des Gralbundes, eine »Weltparabel« (Vorwort), die durch deutsche Dichter des 13. und des 19. Jahrhunderts (Wagner) zum Symbol »des Geistigen« gemacht wurde – ein »Reich des Todes und zugleich des ewigen Lebens«, das in den Verirrungen der gegenwärtigen Welt das Bleibende verkörpert, aus dem sich das kulturelle Leben erneuern soll.

Kralik war die führende Gestalt bei der Gründung des österreichischen Gralbundes im Jahre 1905 und dessen Monatsschrift *Der Gral* (seit Oktober 1906), die von dem Journalisten und Autor Franz Eichert (*Wenn der Gral erglüht*) herausgegeben wurde. Diese Aktivitäten sind in die kulturelle Erneuerungsbewegung der Jahrhundertwende einzuordnen. Es ging um ein umfassendes bildungspolitisches Programm für den seit der Gründung der Christlichen Partei (1893) auch politisch erstarkten Katholizismus; Ziel war die Schaffung einer spezifisch katholischen Literatur im Rahmen der Kirche und in der Treue zu ihren Institutionen, vor allem zum Papsttum. Es sollte bewiesen werden, dass die hier vertretenen Ideale nicht (wie die öffentliche Meinung behauptete) Kunst verhindernd, sondern im Gegenteil Kunst befördernd wirken konnten. *Der Gral* bezog daneben Position in einem innerkonfessionellen Streit: auf der einen Seite waren die Reformkatholiken um die Zeitschrift *Hochland*, die eine eigentlich katholische Literatur ablehnten, als Konzept allenfalls Literatur von katholischen Autoren gelten lassen wollten und »Unterhaltungsbelletristik« förderten; auf der anderen Seite standen die Autoren und Bildungsreformer um Kralik, die gerade die katholischen »Formen, Stoffe, Ziele, Perspektiven, Offenbarungen, Erhebungen«, kurz: christliche Themen und Visionen zum Gegenstand der Literatur machen wollten. Es ist kein Zufall, dass der Mythos des Grals hierfür bemüht wurde. Der Gral als spirituelles Ganzheitssymbol »idealen Lebens und Strebens« sollte die Einheit von Liebe, Kunst und Glauben verkörpern. In der Monatsschrift publizierten Autoren wie Enrica von Handel-Manzetti, Johannes Jörgensen u.a. Es wäre nicht richtig, die Bestrebungen um Kralik lediglich als Rivalitätskämpfe zwischen ohnehin unbedeutenden kulturell pro-

Heft 7 · 31. Jahrgang · April 1937

Der Gral

Katholische Monatsschrift für Dichtung und Leben

Der Gralritter auf dem steilen Weg
Titel der katholischen Kulturzeitschrift *Der Gral*

vinziellen Gruppen abzutun. Der Gralbund gehört zu den kultur- und bildungspolitischen Bestrebungen, die in einer in viele Phänomene zersplitterten Moderne, die in ihrem Technizismus und Relativismus aller Werte als bedrohlich erfahren wird, integrativ wirken und eine Ausrichtung an überzeitlichen Werten darbieten wollten.

Die Geschichte der Monatsschrift wird später von Friedrich Muckermann bestimmt, der sie aus dem künstlerischen Bereich stärker in eine philosophische und politische Auseinandersetzung mit dem Materialismus und v. a. dem Bolschewismus (den er in der Gefangenschaft im Krieg erlebt hatte) führte. Dadurch ergab sich in den Jahren 1931/32 für eine kurze Phase eine gewisse Sympathie mit als idealistisch verstandenen Bestrebungen innerhalb des Nationalsozialismus im Kampf gegen den Bolschewismus. Muckermann erkannte jedoch bald den antikirchlichen und totalitären Charakter des Nationalsozialismus und nahm eine entschiedene Gegenposition ein. Er ging 1934 ins Exil nach Holland. Die Zeitschrift erschien unter verschiedenen Herausgebern noch bis März 1937 und bekämpfte weiterhin den Materialismus und Bolschewismus, hielt sich aber mit direkter Kritik am Regime deutlich zurück. Literarische Texte gaben einer vom christlichen Standpunkt wertenden Literaturkritik Raum, die versuchte, einen gemäßigt nationalen Standpunkt mit Kritik am Germanenkult zu verbinden. Bis zur Einstellung zeigten die Hefte einen stilisierten roten Berg mit dem Graltempel und einem Ritter, der noch sehr am Anfang des Weges nach oben stand.

Um die Jahrhundertwende können zwei verschiedene Typen der Gralliteratur unterschieden werden: Einer, in dem der Gral als Ganzheitssymbol für eine nicht zersplitterte einheitliche Welt, sei es eher in philosophischem oder auch im christlichen Sinne steht, und ein anderer Typ bei dem nicht der Gral, sondern der Gralheld als ewiger Sucher nach Einheit mit sich selbst das Paradigma bietet.

Eduard Stucken vereint in seinen Dramen aus dem Artuskreis, die er im Jahre 1924 zu einer Folge *Der Gral, ein dramatisches Epos* zusammenstellt, beide Dimensionen. Der Chronologie nach das erste Drama ist *Gawân, ein Mysterium* aus dem Jahre 1902. Stucken greift hier auf das mittelenglische Gedicht *Sir Gawain and the Green Knight* zurück, in dem Gawan eine Mut- und Treueprobe bestehen muss. Bei Stucken bildet der Artushof das Eingangstableau, mit einer hymnischen Rede des Königs auf das Weihnachtsmysterium und die Jungfrau Maria. Damit wird eine religiös mystische Erotik beschworen, die als Gegenbild zur weltlichen Liebe figuriert. Der grüne Ritter, eine Schreckensgestalt, fordert zu einer Aventiure auf: dem Kopfabschlagspiel. Erst solle ein Ritter ihm den Kopf herunterschlagen, dann aber selbst ihm für das Gleiche zur Verfügung stehen. Gawan geht darauf ein, doch der grüne Ritter nimmt seinen Kopf in die Hand und der fordert den Artusritter auf, in die Grüne Kapelle zu kommen. Gawan nimmt auf dem Weg Unterkunft bei Bertulak de Hautdessert, dessen Frau Marie an Schönheit die Jungfrau Maria überbietet, wie sie Gawan auf seinem Schild führt, und in die er sich verliebt. Als ihr Mann am nächsten Morgen zur Jagd aufgebrochen ist, versucht sie, ihn mit einem Kuss zu verführen; Gawan aber empfindet sie dadurch als »Teufelin« (das Vorbild Wagners ist deutlich). Marie bietet Gawan einen Gürtel, der ihn vor dem Schlag des Grünen Ritters beschützen soll. Er will ihn ihr schließlich wiedergeben, weil er sich durch die Gabe an sie gebunden fühlt, jedoch wird er durch die Rückkehr Hautdesserts daran gehindert. In der Grünen Kapelle verzichtet er allerdings darauf, den Gürtel zu tragen, und legt ihn vor dem Madonnenbild nieder. Als der Grüne Ritter zuschlägt, wird das Bild lebendig und hindert den tödlichen Streich: »Ich bezeuge: rein ist seine Seele«. Gawans Schwanken ist verziehen, er darf leben. Der Grüne Ritter enthüllt sich als der Tod; er war auch Hautdessert, und

Gawan hat die Prüfung bestanden: »Du hast das Leben besiegt und den Tod überwunden«, sagt das Marienbild, das die Züge von Marie Hautdessert trägt; die doppelte Marie, die himmlische und die irdische Liebe sind eins. »Das Leben«, das besiegt werden muss, ist die als niedrig verstandene Sinnlichkeit, gewonnen ist der Gral, der Gawan von einem »in Weiß gekleideten Mädchen-Engel« zum Trank gereicht wird. Die Sphäre der Religion ist die der Kunst, das Sakrale ist das Ästhetische und das Ästhetische ist das Heilige; das Leben ist eine Gefahr, die zu überwinden ist. Stucken steht damit ganz in der Tradition der ästhetischen Moderne und ihrer Feier der *l'art pour l'art* in religiösem Ton. Das Leiden (das in Wagners *Parsifal* zentral ist) berührt den Raum der heiligen Kunst nicht – und damit bleibt auch das Soziale, sei es im Leiden, sei es im sinnlichen Begehren, ausgeschlossen vom Gral der Kunst.

Aus dem Gralzyklus war *Lanval* vom Jahre 1903 ebenfalls ein bedeutender Theatererfolg. Er bearbeitet einen »Mahrtenehestoff« (Verbindung mit einem andersweltlichen Partner) der Autorin Marie de France aus der zweiten Hälfte des 12. Jahrhunderts und bezieht zusätzlich Momente aus dem mittelhochdeutschen *Ritter von Staufenberg* ein. Aus dem Jahr 1909 stammt der *Lancelot*, der bei der Veröffentlichung von 1924 das Schlussstück bildet. Weitere fünf Dramen entstanden zwischen 1913 und 1924, sie haben die Geschichte Merlins von seiner Geburt bis zum Einschluss in die Weißdornhecke (*Zauberer Merlin*) zum Gegenstand, hinzu tritt *Tristram und Ysolt* aus dem Jahre 1916. Ob Stucken weitere Stücke geplant hat, den Zyklus auf zehn oder gar zwölf Teile erweitern wollte, ist unklar; der *Lancelot* bietet einen konzeptionellen Abschluss. Das Ziel ist ein Reich der Versöhnung, eine Art drittes Weltalter, in dem Galahad den Gral gewinnt.

Stucken war mit seinen frühen Stücken ein viel gefeierter Autor. *Gawân* wurde 1907 am Münchener Hoftheater uraufgeführt, nachgespielt von Max Reinhardt 1910 in den Berliner Kammerspielen; dort wurde auch ein Jahr später der *Lancelot* uraufgeführt. Später war Stucken mit seinem hochmythischen Mexikoroman *Die weißen Götter* ein Kultautor der zwanziger Jahre. Der Bilderreichtum und die prunkvolle, oft rein dekorative Sprache dürften zu seinen frühen Erfolgen viel beigetragen haben. Nach dem Weltkrieg war es wohl gerade die sprachliche Ornamentik, die überholt wirkte, denn die Utopie einer Welt, die auf selbstlose Liebe gegründet ist, wäre nicht überholt gewesen. Die preziöse Ästhetisierung jedoch stand quer zu den aktuellen literarischen Strömungen.

Stuckens eigentliches Graldrama ist der *Lancelot*. Hier ist der Gral (die Smaragdschale, in der Joseph von Arimathia Jesu Blut auffing) jedoch nicht Symbol der Erlösung; diese vollzieht sich vielmehr durch das Liebesopfer eines Menschen. Lancelot, der beste Ritter, ist in sündhafter Leidenschaft an Ginover gebunden, die ihn einst während der Abwesenheit ihres Mannes verführt hat. Er leidet unter dieser Liebe, aber er kann sich nicht von ihr befreien. Sie ist eine Verkörperung der Frau Venus, und wie für Tannhäuser gibt es für Lancelot eine zweite lichte Frauengestalt: Elaine, die Tochter des kranken Gralkönigs Amfortas. Sie liebt Lancelot, seit sie ein kleines Mädchen war, hat ihm ihren Ärmel als Feldzeichen geschenkt und, als er auf den Tod hin verwundet ist, pflegt sie ihn gesund. Lancelot aber kann sie nicht lieben; sie ist ihm zu erhaben und fern, und er weist sie ab, reißt auch ihren Ärmel von seinem Helm. Doch ihre reine Liebe hat ihm erneut die Sündhaftigkeit seiner Leidenschaft für die Königin bewusst gemacht, und er erhofft Rettung durch den »heiligen Gral«, der die Anfechtung vernichten kann. Vor dem Gral muss er, so erzwingt es Amfortas, seine Sünde bekennen und ihr auf ewig abschwören. Als er jedoch die Liebesbeziehung mit Ginover nicht bereuen kann, erklärt ihn Amfortas für verdammt, und wiederum wie Tannhäuser will Lancelot wieder zu Frau Venus. Elaine ist barmherziger als der Gral, sie läuft Lancelot nach. Ihm hat man gesagt, dass ihn Ginover erwarte, und Elaine, dass sie ihre Unschuld opfern müsse, um Lancelot zu retten. Daher schlafen beide miteinander. Als Lancelot seinen Irrtum erkennt, will er sich und Elaine töten, jedoch wird die Intrige aufgedeckt. Hintergrund ist eine Prophezeiung, dass ein Sohn aus der Verbindung der Graltochter mit dem besten Helden König Amfortas und die Gralburg erlösen könne: »Durch die Gralmaid kommt vom Leuen der Leopard«. Lancelot sieht in Elaine eine Möglichkeit der Rettung, aber er kann seine Treue gegenüber der Königin nicht brechen. Ginover, die von der erschlichenen Liebesnacht Lancelots mit Elaine erfahren hat, lässt sie, als sie mit ihrem Sohn Galahad nach Camelot kommt, zurückweisen. Diese Intrige ruft wieder einmal den Verdacht des Königs wach, der sich jedoch durchringt, seinem besten Freund Lancelot und seiner Frau zu vertrauen. Elaine klagt mit ihrem Sohn vor der Tür, Lancelot, von Gewissensbissen gepeinigt, öffnet schließlich, um ihr wenigstens sein Mitgefühl zu zeigen, aber sie ist verschwunden. Lancelot will Elaine heiraten, um sich endgültig von dem Liebeszwang der Königin zu befreien, jedoch kommt eine Barke mit der Leiche Elaines, die einen Brief hält; Artus verliest ihn: sie ist an ihrer Liebe zu Lancelot gestorben, weiß aber, dass ihrer beider Sohn Galahad das »dritte Gesetz« bringen wird. Der Liebestod des Mädchens hat Lancelot von seiner fatalen Bindung befreit. Er lässt ein Münster über ihrem Grab erbauen und geht auf Pilgerfahrt ins Heilige Land. Der Gral hat abgedankt, erlösen kann nur die von jeder Selbstsucht freie Liebe, deren Frucht der Gralheld ist, der den Gralkönig heilen und das Land wieder fruchtbar machen wird.

Stucken hat hier im Wesentlichen Motive von Malory aufgegriffen. In der Gestalt von Elaine sind zwei Figuren aus der *Prosa-Lancelot*-Tradition verbunden. Sie wird identifiziert mit der »Dame von Astolat«, die Lancelot selbstlos liebt und aus Liebe zu ihm stirbt. Die Tochter des Gralkönigs hat auch in der Tradition die »mystische« Liebesnacht mit Lancelot, in der der Gralheld Galahad gezeugt wird. Durch die Verbindung beider kann Stucken den neuen Helden aus dem liebenden Selbstopfer hervorgehen lassen und damit den Gral als Erlösungsmythos ablösen. Anregungen dafür mag die Geschichte von Parzivals Schwester im *Lancelot-Graal-Zyklus* gegeben haben: sie opfert sich für eine kranke Burgherrin und stellt sich damit in die Nachfolge Christi. Die religiösen Momente bleiben im *Lancelot* jedoch eher dekorativ: der Gral als Schale mit Jesu Blut zeigt ein Kind, das sich in den Schmerzensmann verwandelt (dieses Motiv kommt bei Malory aus der *Queste*). Aber die grenzenlose Liebe Elaines wird nicht in der Nachfolge Christi begründet, sondern erscheint als menschlich-übermenschliche Kraft.

Stucken hat seinen Gralzyklus nicht vollendet, der *Lancelot* steht jedoch zu Recht am Ende, denn er bietet eine Perspektive, die über den Gral hinausführt. Die reine selbstlose Liebe ist das Höchste, ist Stuckens Gral. Dass die leidenschaftliche Liebe und der Gewinn des Grals einander entgegenstehen, gehört zu den Konstituenten des Gralmythos seit dem *Prosa-Lancelot*. Hier jedoch ist diese Zweipoligkeit, wenn nicht aufgegeben, so doch reduziert. Zwar erlischt der Gral, als Lancelot sich weigert, seine Liebesbeziehung mit der Königin in der Vergangenheit als unwert zu erklären, aber es gibt eine andere Erlösungshoffnung durch die reine Liebe von Elaine. Nicht der Gral eröffnet die neue Perspektive, sondern sie in ihrer Erwählung Lancelots zu ihrem Helden. Dieses Aufbrechen der Fixierung auf die sexuelle Schuld zeigt sich auch am Beispiel von Amfortas, denn seine Verwundung resultiert nicht aus einem Liebesabenteuer. Stucken greift vielmehr auf die von Malory überlieferte Geschichte vom *dolorous stroke* zurück: Amfortas wird von Balan mit der heiligen

Lanze verwundet, als der König seine Beherrschung verliert und Balan wegen der Tötung seines Bruders angreift. Die Verwundung ist also nicht Strafe für eine sexuelle Verfehlung, sondern für ein Vergehen gegen die Friedfertigkeit im Austragen von Konflikten, die die Gralgemeinschaft verlangt. Die »dritte Zeit« sollte also eine Ära der Friedfertigkeit und der reinen selbstlosen Liebe sein in einem Reich, in dem nicht mehr Begehren und Gewalt das Verhalten der Menschen zu einander bestimmen, sondern die Liebe. Ob Stucken dafür den Gral als Symbol noch gebraucht hätte, bleibt offen; eigentlich hat er im *Lancelot* schon abgedankt.

Die Beschäftigung mit dem Gralmythos bedeutete immer auch eine Auseinandersetzung mit dem Werk Richard Wagners und die dauernde Präsenz von Wagners *Parsifal* auf den deutschen Bühnen und natürlich vor allem in Bayreuth wirkte sich hindernd auf eine Neugestaltung aus. Im Unterschied zu den kurzlebigen Erfolgen auf dem Buchmarkt oder im Sprechtheater sorgte der an der Tradition ausgerichtete Spielplan der Opernhäuser für die Gegenwart und eine je neue Auseinandersetzung mit dem Werk Wagners. Seit der Uraufführung wurde der *Parsifal* in Bayreuth immer wieder auf den Spielplan gesetzt, die Inszenierung Wagners selbst überarbeitet und das Bühnenbild des III. Aktes blieb sogar bis zur Neuinszenierung 1934 in Verwendung, weil auf ihm noch das »Auge des Meisters geruht«. Nach dem Ende der Schutzfrist im Jahr 1914 spielten nahezu sämtliche großen Bühnen den *Parsifal* (Berlin, Dresden, Leipzig, Wien, Hamburg, München, Paris, New York, Boston); die Aufführungen blieben jedoch nicht nur wegen der großen Anforderungen an die Interpreten, sondern auch wegen der darin gesehenen religiösen Botschaft herausragende Ereignisse und waren zumeist der Osterzeit als bedeutungsvoller Heilszeit vorbehalten. Die großen ausländischen Bühnen hatten den *Parsifal* beständig im Programm, die Pariser Oper 1931,

1933 und 1935 (einundzwanzigmal), die Metropolitan Opera in den vierziger Jahren nahezu jährlich, auch die Mailänder Scala in den Jahren 1944, 1948 und 1951. Nach dem Krieg gingen Berlin und Stuttgart mit Neuproduktionen im Jahre 1950 voran.

Von der Usurpierung des Wagnerschen Werks durch die Deutsch-Nationalen blieb auch der *Parsifal* nicht verschont, obwohl er sich weit weniger dafür eignete als die zur »Nationaloper« erhobenen *Meistersinger* oder der mit als national verstehbaren Phrasen aufwartende *Lohengrin*. Ein Symbol für diese schiefe *Parsifal*-Rezeption ist der Trauerkommers der Wiener Studentenschaft zu Wagners Tod am 5. März 1883, an dessen Schluss der spätere Protagonist der Wiener Moderne, Hermann Bahr, im Namen Wagners den »großdeutschen Gedanken« proklamierte: Österreich sei Kundry, »die des Erlösers – Parsifal Deutschland – harrt«. Hermann Bahr wurde der Universität verwiesen. In ähnlichem Sinne feierte Houston Stewart Chamberlain bei seinem ersten Besuch in Wahnfried Adolf Hitler am 30. September 1923 als künftigen Retter Deutschlands, als neuen Parsifal. Hitlers Einstellung zu Wagners »Bühnenweihfestspiel« war zwiespältig. Es war die letzte der großen Wagneropern, die er kennenlernte, denn in seiner Wiener Zeit wurde das Werk aufgrund der Schutzfrist dort nicht gespielt; Hitler besuchte den *Parsifal* daher erst in München und dann in Bayreuth. Er hörte sich Aufführungen von Wagners Werken immer an, wenn er Zeit hatte, besuchte die Bayreuther Festspiele regelmäßig, verstand seine Wagnerliebe jedoch als private Neigung und inszenierte sie auch so. Die Parteibonzen in die Aufführungen zu bekommen, funktionierte meist nicht, und dass er Göring durch den Besuch des *Parsifal* angesichts von dessen Schwanenmord von der Jägerei abbringen wollte, ist nicht mehr als eine Anekdote. Welche Rolle der *Parsifal* für Hitler persönlich gespielt hat, ist umstritten. Er hat ihn regelmäßig im Rahmen der Bayreuther

Festspiele besucht, aber Äußerungen zum Werk gibt es nur sehr wenige. Im Jahre 1936 sagte er, nachdem er das Vorspiel in der Aufnahme aus dem Jahre 1927 unter Carl Muck auf dem Grammophon gehört hatte; »Aus Parsifal baue ich mir meine Religion«, was sich am ehesten auf die durch *Parsifal* erneuerte elitäre Gemeinschaft der Gralritter und vor allem auf deren ästhetisch-sakrale Überhöhung beziehen lässt. Im Gespräch mit dem Danziger Senatspräsidenten Hermann Rauschning äußerte er sich ähnlich, wobei seine Ablehnung der christlichen Mitleidsreligion deutlich wird. Hitler hat in das Werk eine Blutmystik hineingeheimnisst, die mit seinem Rassenglauben vermittelbar war, aber nur eine schwache Stütze im *Parsifal* selbst findet. Für Wagner ist der *Parsifal* ein Erlösungsmythos, der vom Helden Triebbeherrschung verlangt, die im Sinne der entsprechenden Obsession des späten 19. Jahrhunderts sexuell gefasst ist. Wenn er von der Reinigung des Mythos spricht, so meint er die Wiederherstellung des Ursprünglichen aus der Entstellung jüdisch-christlicher Überlieferung von Jesus; dennoch benutzt er das christliche Ritual wegen seiner Repräsentationskraft zur Darstellung des Mythos. Hitler lehnte gerade das Mitleid als Einstellung ab, nicht so sehr Ritual und Repräsentanz, was seinem Sinn für die Inszenierung des Mythischen als ästhetisches Spektakel entgegenkam. Es gibt auch keine Indizien dafür, dass Hitler aus dem *Parsifal* eine elitäre Geheimideologie geschöpft habe, die er wegen dieses arkanen Charakters niemandem mitteilen wollte. Zu Hitlers Geburtstag spielte man *Lohengrin* und *Meistersinger*, auch zu Hitlers Besuch in Rom im Jahre 1938 ließ Mussolini den 2. Akt *Lohengrin* aufführen, nicht den *Parsifal*. Es ist nicht glaubhaft zu machen, wie Hans Jürgen Syberberg annimmt, dass Hitler den Endsieg mit *Parsifal* gefeiert hätte. Dafür wäre doch am ehesten Beethovens Neunte Symphonie infrage gekommen, denn nicht Wagner war der eigentliche Staatsmusikant des Dritten

Reiches, sondern Beethoven, wie ein Blick auf die Programme der Symphoniekonzerte und die der Rundfunkanstalten schnell belegt.

Die Präsenz des Wagnerschen Werks auf den Bühnen ging seit der Mitte der zwanziger Jahre langsam, aber stetig, zurück. Daran änderte auch die Machtübernahme durch die Nationalsozialisten wenig. Zwar war Wagner bis in die Spielzeit 1938/39 der meistgespielte Komponist, aber Verdi holte mehr und mehr auf und überrundete ihn in der Spielzeit 1939/40 deutlich. An dritter Stelle stand seit 1935/36 Puccini, der später von Lortzing überholt wurde. Der Blick auf die Beliebtheitsskala der Opern macht das Phänomen der Zurückdrängung Wagners noch deutlicher. Ist 1932/33 Wagner noch mit dem *Fliegenden Holländer*, dem *Tannhäuser*, den *Meistersingern* und dem *Lohengrin* auf den Plätzen 3 bis 6, so taucht 1938/39 mit dem *Lohengrin* erst auf Platz 12 eine Wagneroper auf, in der Spielzeit 1942/43 beherrschen Puccinis Werke die Statistik und unter den zwölf beliebtesten Opern ist überhaupt keine von Wagner. Der *Parsifal* war nie eine Publikumsoper, er gehörte in der Osterzeit zum bürgerlichen Erbauungsritual. Selbst mittlere Häuser wie die in Darmstadt und Freiburg, Graz oder Königsberg brachten zu Ostern den *Parsifal*. Vor dem Siegeszug der Schallplatte mit ihren Operngesamtaufnahmen in den fünfziger Jahren war dies neben den regelmäßigen Radio-Übertragungen von den Bayreuther Festspielen oder gelegentlich einer Festaufführung aus einem der führenden Häuser die einzige Möglichkeit, Opern kennenzulernen. Während jedoch vor allem *Holländer* und *Lohengrin*, aber auch die *Meistersinger* und der *Tannhäuser*, selbst die *Walküre* regelmäßig von kleineren Häusern gespielt wurden, blieb der *Parsifal* eine besondere Anstrengung, nicht zuletzt der großen Chor- und Orchesterbesetzung wegen. Die Bewertung der Aufführungsziffern ist von Vorurteilen, die von der Einschätzung Wagners als ideologischem Vorkämpfer oder sogar heimlichem Begründer des Dritten Reiches gespeist sind, nicht frei: wenn zu Ostern 1938 17 Theater im Deutschen Reich 47 Aufführungen vom *Parsifal* veranstalteten, so kamen doch die meistgespielten Werke auf 450 bis 500 Abende. Die Gesamtzahl der Wagneropern in dieser Spielzeit betrug mit 1402 in etwa das dreißigfache, so dass man dem *Parsifal* eine zwar wichtige, aber von den Zahlen doch eher marginale Rolle im Kulturprogramm zuschreiben kann. Anders sah es natürlich in Bayreuth aus. Seit der Uraufführung ist der *Parsifal* dort das wichtigste Werk gewesen, nicht zuletzt, weil er für die akustischen Verhältnisse des Festspielhauses konzipiert wurde. Bis zum Jahre 1939 wurde er 228-mal in Bayreuth gespielt; in weitem Abstand folgen der gesamte *Ring des Nibelungen* mit 55 und die *Meistersinger* mit 54 Aufführungen. Die Bayreuther Festspiele wurden im Dritten Reich nicht nur wegen Hitlers privater Wagnerliebe gefördert, sondern auch, um die Akzeptanz des Nationalsozialismus bei den Intellektuellen im Ausland (und in Deutschland selbst) zu stützen; nicht ohne Grund wurde großer Wert auf die Übertragung der Festspiele durch ausländische Rundfunkanstalten gelegt, in den Wochenschauen wurde die Eröffnung der Festspiele ausführlich gezeigt. Im Jahr 1951 eröffnete Wieland Wagner die wiederbelebten Bayreuther Festspiele mit dem am wenigsten belasteten (und eigentlich dem Festspielhaus vorbehaltenen) Werk, mit seiner prägenden Inszenierung des *Parsifal* im Neubayreuther Stil, die in ihrer Abstraktion seine eigenen früheren Entwürfe als unfrei und traditionsgebunden erscheinen lässt. Die Wahl des *Parsifal* war der Ausnahmestellung des Werkes im Rahmen des Festspielprogramms ebenso geschuldet wie der Tatsache, dass er, im Unterschied zu Wagners anderer repräsentativer Festoper, den *Meistersingern*, gerade ideologisch nicht vereinnahmt worden war.

15. Kapitel

Der Gral verschwindet: Dorst, Handke und Muschg

Nach dem obligatorischen politisch engagierten Theater der sechziger Jahre des 20. Jahrhunderts entstand Ende der siebziger ein neuer Mythenbedarf. Vorbereitet wurde dies durch die begeisterte Aufnahme von Tolkiens *Herr der Ringe* in Deutschland Mitte der siebziger Jahre, und, in dessen Gefolge, von Terence Hanbury Whites *The Once and Future King* (dt. *König auf Camelot*). Peter Zadek und Tankred Dorst entwickelten den Plan, in der Hamburger Fischmarkthalle eine theatralische Adaption von White aufzuführen. Das Projekt scheiterte, Dorst aber schuf daraus seine Szenenfolge *Merlin oder Das wüste Land*, veröffentlicht 1981, uraufgeführt im gleichen Jahr in Düsseldorf. T. H. Whites Roman aus dem Jahre 1939 geht stofflich im Wesentlichen auf Malory zurück, er ist geprägt vom Pazifismus der 1930er Jahre: Arthur verkörpert die Zivilisation gegen die Barbarei, die runde Tafel soll die Egoismen und Nationalismen überwinden und eine neue politische Kultur Kriege verhindern. Diese Grundanlage ist bei Dorst weiterhin spürbar, er greift jedoch außerdem auf Wolframs *Parzival* zurück, kannte auch Immermann, zitiert Tennyson, und für die Merlingestalt wurde Heinrich Zimmers Mythenanalyse *Abenteuer und Fahrten der Seele* (engl. 1957, dt. 1961) wichtig. Dorsts *Merlin* ist zunächst ein Lesedrama (es gibt ihn auch als Hörbuch), aus dem der Regisseur einzelne Szenen herausheben muss. Es ist in vier Teile gegliedert: Merlins Geburt – die Tafelrunde – der Gral – Untergang, und umfasst 97 Szenen, von denen nur 64 dialogisch gestaltet sind; 25 beschreiben einen Vorgang, der in stummes Spiel umsetzbar wäre, während acht lediglich erzählen und eigentlich gar nicht für die Bühne bestimmt sind. Dorst montiert Versatzstücke, er zitiert umfangreiche Passagen von Tennyson, daneben Troubadourlieder und endet mit einer Aria aus Henry Purcells *Indian Queen*. Den Rahmen bietet die Geschichte von Merlin, von seiner Geburt bis zur Einschließung in der Weißdornhecke; hier ist sicherlich das Drama von Immermann von Einfluss gewesen, das Dorst schon vorher gelesen hatte. Die arthurische Welt geht unter, das Böse siegt, Galahad als Christusnarr der Nächstenliebe wird zwischen den gegnerischen Armeen von Artus und Mordred zermalmt. Parzival tritt in 14 Szenen auf, die fast wie ein Spiel im Spiel wirken und von Dorst daher auch später zu einem eigenen Stück weiterentwickelt wurden, das Robert Wilson 1986 in Hamburg auf die Bühne brachte. Dorst ruft die bekannten Stationen nach Wolfram ab: das Gespräch mit Herzeloyde, die Begegnung mit den Rittern, die er für Engel hält, der Tod der Mutter; er trifft auf Jeschute, die er nicht einmal sexuell begehren kann, und kommt zum Artushof. Die Ermordung Ithers ist mit großer Eindringlichkeit gestaltet. Dorst stellt die Grausamkeit des Toren nachdrücklich heraus und übernimmt daher nicht die Siguneszene Wolframs, die Parzivals natürliches Mitleid gezeigt hatte. Sein Parzival ist kein reiner Tor, sondern von natürlicher Grausamkeit, unfähig zu jeder Art von Kommunikation. Er will daher nicht dem geselligen Artus, sondern einem größeren Herren dienen und sucht mit zunehmendem Fanatismus Gott. Auch Blanchefleur (der Name nach Chrétien) kann ihn nicht halten, er bricht wieder auf zur Suche, begegnet Merlin, den er »grob und unbarmherzig« behandelt, kommt zur Gralburg und stellt die Frage nicht: »Es ging mich ja nichts an«. Dorst unterstreicht wieder die Mitleidlosigkeit des Helden, seinen Autismus. Er will die Welt verwüsten, was übrig bleibt, müsste dann eigentlich Gott sein. Dorst entwickelt hier eine Perspektive, die bei Wolfram angelegt ist: auch sein Parzival sieht nur die »militärische« Möglichkeit der Annäherung an den Gral, er kämpft in zahllosen Turnieren, besiegt, wie er vor Feirefiz prahlt, eine nicht endenwollende Anzahl an Gegnern und steht am Schluss da, wo er als Kämpfer begonnen hatte: vor der Verwandtentötung. Auch der mittelalterliche Parzival ist stark auf sich selber fixiert, kämpft ohne genau hinzuschauen gegen Gawan, weigert sich Feirefiz gegenüber, als erster seinen Namen zu nennen, und bleibt auch Condwiramurs' Entbehrungen gegenüber wenig sensibel. Parzival bot sich als Kandidat für den monomanisch fixierten menschenfernen Sucher geradezu an. Dorst macht die Begrenztheit all seiner Figuren schmerzhaft deutlich, am schmerzhaftesten gerade bei der durch die Tradition besonders (und über Gebühr) geadelten Figur Parzivals. Das »wüste Land« ist eigentlich sein Inneres, und seine Initiation, dass er »den Menschen erkennt« und mit »wie Ich!« reagiert, ist desillusionierend. Wenn alle Menschen so selbstbezogen wie er und unfähig zur Wahrnehmung des Anderen sind, erklärt sich der Untergang der Gesellschaft. Es kommt zur Begegnung mit Galahad, dieser befindet sich »auf der anderen Seite des Gletschers«. Blanchefleur legt sich zu Parzival und versucht, ihn zu trösten. Er gelangt also nicht zu einem Ziel; ob die Liebe statt des Grals (wie bei Muschg) ihm einen Lebenssinn geben kann, bleibt offen. In einer später ausgeschiedenen Szene erscheint der Gral als kitschiger Souvenirartikel: Blanchefleur und Parzival, alt geworden, sitzen in der neogotischen Gralburg und erinnern sich daran, dass Parzival einst die Schale gewonnen hat. Jetzt wird sie zur Erinnerung in billigen Nachahmungen auf der Straße verkauft. Dorst hat für die veröffentlichte Fassung darauf verzichtet, den Gral der Lächerlichkeit preiszugeben, sondern ihn im Ungefähren als Objekt einer sinnlosen Suche, aber ohne jede Motivationskraft für menschliches Handeln belassen. Galahad kommt in sieben Szenen vor, er ist ein ebenso unberührter wie auch unberührender Gralritter. In

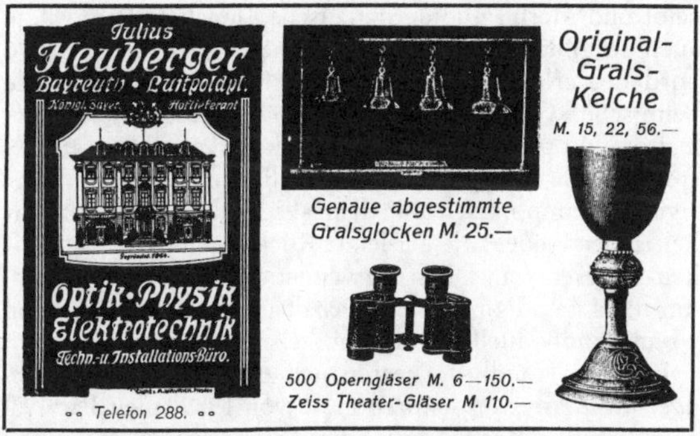

Gralrequisiten als kitschige Souvenirartikel von den Bayreuther Festspielen

Aus einem *Handbuch für Festspielbesucher* von 1911

der Szene 65 wird erzählt, dass er den Gral (ein schimmerndes Licht) gesehen habe, aber wenn er dann als »wahnsinniger Tänzer« mit Dornenkrone und Wundmalen christusgleich auftritt, wird er von den Heeren zermalmt. Die Menschenliebe erweist sich als wirkungsloser Irrsinn. Lancelot erscheint in 23 Szenen, seine »vernünftig-unvernünftige« Liebe zu Ginevra bestimmt die Gestalt. Die Liebe, wie es in einer Korrespondenz zwischen Ginevra und Isolde (Quelle dafür ist Malory) erscheint, wird von beiden nicht als blinde Leidenschaft, sondern im Gefühl ihrer Verantwortung, das heißt für Ginevra: vor Artus, gelebt. Artus ist der Träger der politischen und menschlichen Utopie, diese wird jedoch durch die Aggressivität der Menschen zerstört. Auch die Liebe vermag nicht zu retten, im Zitat aus Purcell heißt es: »Love has more pow'r and less mercy than faith«. Der ausgleichende Politiker Artus, der Krieger Mordred, die Liebenden Lancelot und Merlin und der fanatische »Idealist« Parzival, ja auch der Märtyrer Galahad, alle scheitern. In der Szene 96 wird der erloschene Zwergplanet Erde beschrieben, die heimischen Götter kehren zurück, »die Geschichte widerlegt die Utopie«. Mit diesem Zitat kann man Dorsts Endspiel umschreiben, es endet in völliger Resignation, aber eigentlich unpolitisch mit dem »Lied über die Grausamkeiten der Liebe«, die der letzte Rückzug von Menschlichkeit gewesen war. Dorst verwendet die alten Geschichten, um ihres paradigmatischen Gehalts willen: an ihnen kann ein überindividuelles Gesetz aufgezeigt werden.

In Peter Handkes Theaterstück *Das Spiel vom Fragen oder die Reise zum sonoren Land* von 1989 spielt Parzival eine wichtige Rolle. Seine Entwicklung vom sprach- und fragenlosen Toren über den Frager zum Sprecher hat eine andere Struktur als die der übrigen Figuren. Handke stellt vier Paare auf die Bühne, die einander zugeordnet sind: der Schauspieler und die Schauspielerin als junges Paar, das alte Paar, der Mauerschauer und der Spielverderber sowie, deutlich davon abgehoben, der Einheimische und Parzival. Bei allen Figuren findet ein analoger Prozess statt zwischen den Polen der Differenz und der Einheit. Schauspieler und Schauspielerin beginnen als Fremde, nähern sich einander an, tauschen für einen Augenblick die Identität als Mann und Frau und werden dann zur Einheit. Das alte Paar beginnt als Doppelgänger, entwickelt sich auseinander, tritt in Gegensatz und erreicht wieder die Einheit. Auch beim Mauerschauer und Spielverderber nehmen beide jeweils etwas von dem Anderen auf. Der Einheimische aber und Parzival entwickeln sich komplementär: der Einheimische beginnt wissend, Parzival hingegen sprachlos; in einem Initiationsprozess lernt er sprechen und wird dann von Schauspieler und Schauspielerin mitgenommen. Der Einheimische ist am Schluss ohne Fragen, hört auf zu sprechen und produziert nur noch Töne auf der Harmonika. Das Stück entwickelt keine Psychologie der Figuren, sondern ist modellhaft, was durch Momente des Spielens im Spiel (darauf weisen schon die Rollenbezeichnungen von Schauspieler und Schauspielerin) unterstrichen wird. Die Großstruktur ist die der Reise, also die eines Prozesses, wie er skizziert wurde; innerhalb desselben läuft das Spiel vom Fragen auf unterschiedlichen Ebenen und mit den verschiedenen Akteuren ab. Parzival verkörpert also den Mythos vom Fragen und Suchen: das Fragen ist ein notwendiger Durchgang zur unbegrifflichen Erfahrung im Lauschen auf den Klang. Parzivals Prinzip des Fragens wird jedoch abgelöst durch die Fraglosigkeit des Mauerschauers. Zu Beginn kann Parzival nicht sprechen, wenn man ihm Fragen stellt, reagiert er nur mit zumeist gewalttätigen Aktionen, schlägt mit einer Kette, geht auf die Anderen los. Als er schließlich anfängt zu sprechen, kommen nur Redensarten aus seinem Mund, vom »Vater unser« über »$E = mc^2$« bis zu »O wäre ich nie mehr allein«. Es ist nur Sprachmüll, was er im Kopf hat. Der Spielverderber nimmt die Redensarten auf, um zu demonstrieren, dass das Gerede »jede Frage erstickt«. Das Fragen ist krank geworden, »aus allen unseren Zufälligkeiten muss wieder eine Notwendigkeit werden«. Parzivals Initiation vollzieht sich daher wortlos. Der Einheimische lässt aus einer Säule »die Sonoritäten der Zivilisation« ertönen, und Parzival spricht jetzt ganz einfache Worte »Wind, Himmel, Staub, Wasser« so, dass sich bei ihnen »mit dem Wort zugleich auch die Sache« zu bilden scheint. Es ist die paradiesische Sprache, die er gefunden hat, die Sprache, in der Zeichen und Bedeutung eins geworden sind, die Sprache der unmittelbaren Kommunikation ohne den Umweg über das Zeichen. Auf einen Einheitsmythos jenseits der Sprache also steuert die Reise ins »sonore Land« zu. Der Einheimische hat am Schluss »keine Fragen mehr«, er bläst nur auf seiner Harmonika und hört die gleichen Töne als Antwort: »er lauscht; bläst weiter; lauscht neuerlich: Sein Spiel wird beantwortet.« Er hat die Sprache jenseits der Sprache gefunden, das »sonore Land« ist der Bezirk der metasprachlichen asemantischen Einheit. In seinem nächsten Stück *Die Stunde, da wir nichts voneinander wußten* (1990) hat Handke auf die Sprache völlig verzichtet und nur ein stummes Spiel vorgegeben. Diese Vorgabe vollzieht sich jedoch, wie auch im *Spiel vom Fragen*, mit Hilfe der Sprache und bleibt somit im Zirkel von Zeichen und Bedeutung gefangen. Dieser wird allerdings durch die Strukturorientierung überwunden: die Struktur, die auf eine fraglose Einheit der Paare bzw. des Einheimischen mit sich selbst zuläuft, erzeugt im Zuschauer Einheitsgefühle, die nicht vom Wort transportiert werden. Handke sucht mit sprachlichen Mitteln etwas Ähnliches zu erreichen wie Wagner mit musikalischen, jedoch bleibt für ihn als Autor das Material der Sprache ein Problem. Das wird darin sichtbar, dass das Spiel vom Fragen fast ganz aus vorgeformtem sprachlichen Material besteht und als philosophisch-literarisches Quiz verstanden werden kann, indem es Sätze von Heidegger und Wittgenstein, Zitate von Dante, Tschechow, Raimund bis zu Pete Seeger und dem Fragebogen der FAZ, den »Marcel Proust zweimal in seinem Leben ausgefüllt hat«, zu entdecken gibt. Diese vorgeformte Sprache mit den durch sie transportierten vorgegebenen Vorstellungen ist jedoch nicht als bildungsbürgerliches Spiel mit der Tradition zu verstehen, sondern soll eine Art Rauschen erzeugen, das die evozierten Probleme aus der Tradition ableitet und damit einen besonderen Dignitätsanspruch für sie begründet. Für den Autor bedeutet dies, dass er sein Schreibspiel als Spiel vom Befragen der Tradition inszeniert, und seine Reise, seine Welterkundung in der Literatur, zu einem Einheitserlebnis im Augenblick des Schreibens führt. Es ist der Moment, in dem das Fragen in die »Offenbarung« (S. 134) umschlägt. Das *Spiel vom Fragen* zeigt die Notwendigkeit der Suche, das Ziel bleibt, mit Hilfe des Fragens zum Verstummen zu kommen. Die Schauspieler nehmen Parzival mit, weil er das Prinzip des Fragens verkörpert, das dann durch die Klänge (»Sonoritäten«) abgelöst wird (S. 146–160). Der Parzivalmythos, wie er hier verwendet wird, ist der Mythos der Einheitssuche durch das Fragen. Diese Einheit, diesen »Gral« findet aber nicht Parzival, sondern der Autor: Handkes Gral ist die Erfahrung des Schaffens. Ganz im Unterschied zu Dorst und Muschg gibt es für Handke die Offenbarung der Einheit, sein Stück ist mehr als hundert Jahre nach Wagners *Parsifal* eine Renovation des Einheitsprinzips, die nicht trivial ist.

Mehrere Jahrzehnte hat sich Adolf Muschg mit Wolframs *Parzival* beschäftigt. Das Ergebnis erschien im Jahre 1993, ein tausend Seiten starker Roman: *Der Rote Ritter. Eine Geschichte von Parzivâl.* In Ablauf und Details folgt er weitgehend Wolfram, schiebt aber viele Erläuterungen des Erzählers ein, die sich mit der mittelalterlichen Kleidung, dem Umgang mit Jagdfalken, den Turnierregeln und Tugendlehren beschäftigen. Im Unterschied zu Dorst und Handke zielt Muschg auf eine epische Entfaltung; er zitiert die Tradition nicht, sondern erzählt sie neu. Hinzu kommen Anspielungen auf viele literarische Texte und zeitgeschichtliche sowie kulturelle Dinge, so dass der Quizcharakter mindestens so ausgeprägt ist wie bei Handke, hier jedoch eine ganz andere Funktion hat: er soll den gebildeten Leser vergnüglich unterhalten. Das haben ihm einige Kritiker auch übel genommen und sein Werk einen »Professorenroman« genannt. Muschg übernimmt damit jedoch nur ein Verfahren, dass sein Vorbild, Wolfram von Eschenbach, ebenfalls benutzt hatte: den mythischen Stoff zu aktualisieren mit Zitaten aus »moderner« Literatur von Heinrich von Veldeke und Hartmann von Aue, Walther von der Vogelweide u. a. und durch Anspielungen auf mehr oder weniger zeitgenössische Ereignisse. Wie Wolfram kostet Muschg den Reiz dieser inszenierten Spannung zwischen der zeitlosen Geschichte und der Zeitbedingtheit der gegenwärtigen Erzählung aus. Muschg liefert jedoch nicht einen aktualisierten Wolfram, sondern setzt eigene Akzente: die Artusgesellschaft erscheint als disfunktional, eine Gruppe von Menschen, die Ritter spielen, obwohl das längst ein überlebtes Modell ist. Das Gegenbild ist Parzivâls Feind Lähelin, ein moderner Marktwirtschaftsmann, der etwas von Geld versteht und den Gral kaufen will in klarer Erkenntnis, dass die Welt ein Bedeutungssymbol brauchen kann. Die Gralgesellschaft, die schon bei Wolfram Züge von Starrheit und Abgeschlossenheit hatte, ist bei Muschg lebens- und liebesfeindlich geworden. Als Parzivâl sie am Schluss reformieren will, erweist sich das als unmöglich, und die Gralleute wandern lieber nach Indien aus. Für den Gral greift Muschg auf die von Robert von Boron initiierte Version als Schale zurück, lässt sie aber aus einem Stein aus Luzifers Krone geschaffen sein (dies kommt aus dem »Wartburgkrieg«, wird auch bei Dorst verwendet). Die Darstellung Parzivâls ist von Muschgs psychologischen Interessen geprägt: nicht die Genealogie, sondern ein mütterlicher »Auftrag« ist das Movens seiner Gralsuche. Herzeloyde will ihn dem Gral zuführen, und diese Entscheidung wird in der Elternkonstellation psychologisch begründet. Herzeloyde erlebt, dass Gahmuret sexuell noch an Belakane gebunden ist; die daraus resultierende unbewusste Ablehnung ihres Mannes führt dazu, dass sie Parzivâl stark an sich bindet, ihn von der väterlichen Lebensform des Ritters zu entfremden sucht und ihn auf ihre Herkunft aus dem Gralbereich prägt. Parzivâls Weg besteht in der Befreiung von der Elternprägung durch Leben, Leiden und Suchen. Nach der Verfluchung durch die Gralbotin legt er das Rittertum ab und widmet sich niederen Diensten, um einen eigenen Weg zwischen den beiden elterlichen Aufträgen – Rittertum und Gral – zu finden, eine soziale Problematik der feudalen Führungsschicht ist damit nicht angesprochen. Parzivâl überträgt die problematische Beziehung seiner

Eltern auf seine eigene Beziehung zu Condwir Amurs, so dass er sie für die Gralsuche verlässt. Doch am Schluss scheint er seinen eigenen Weg gefunden zu haben. Das 100. Kapitel, das noch im Inhaltsverzeichnis angeführt ist, fehlt – Muschg suggeriert einen offenen Schluss, der Leser müsste es selber schreiben! Parzivâl verlässt die unreformierbare Gralburg und zieht mit Condwir Amurs und seinen Söhnen davon. Das 99. Kapitel schließt mit einem idyllischen Bild der Kleinfamilie, es bleibt offen, ob das ironisch gemeint ist und Parzivâls eigener Weg in der Übernahme vorgeprägter banaler Verhaltensmuster besteht oder ob Muschg das Gelingen der Selbsttherapie des Helden gerade in der Übernahme konventioneller (moderner) Rollen und damit seiner Gesellschaftsfähigkeit zeigen will. Das fehlende Schlusskapitel setzt jedoch zumindest ein Fragezeichen.

Muschg sieht sein Schreiben als therapeutischen Prozess für sich selbst und für seine Leser, er möchte sie mitnehmen auf den Sucheweg nach einer eigenen Identität und wie diese aussieht, muss jeder für sich selber finden, oder mit den Worten des Romans: »Jeder behält sein Geheimnis für sich, sagte er, dann haben wir es gemeinsam«.

Der Gralmythos erweist sich auch in unserer Zeit als literarisch ungemein produktiv. Allein wenn man die beiden diametral unterschiedlichen Gestaltungen von Handke und Muschg betrachtet: auf dieser Seite die Psychologisierung der Suchergestalt, die schon seit hundert Jahren fasziniert hat, auf jener die Neubelebung des Einheitsmythos mit neuen Inhalten. Jenseits der Trivialität der Fantasy-Literatur, die sich natürlich auch immer wieder des Grals bemächtigt hat, gibt es noch anscheinend fruchtbare Länder.

16. Kapitel

Gralkino: Syberberg, Rohmer, Boorman, Gilliam

Gralfilme gibt es schon lange, und es ist kein Wunder, dass Wagners *Parsifal* als die alles überstrahlende Gestaltung der Gralllegende im 19. Jahrhundert am Anfang steht. Nach dem *Gralraub* der Metropolitan Opera Weihnachten 1903 und dem großen Erfolg gab Thomas Edison eine Verfilmung von acht Szenen aus dem »Bühnenweihfestspiel« bei Edwin S. Porter in Auftrag: ein Stummfilm einer Oper, zu der man sich eine Aufführung der entsprechenden Szenen auf dem Klavier vorstellen muss. Der fehlende Vokalpart wurde, wie in Stummfilmen häufig, durch übertriebenes Spiel der Akteure andeutungsweise kompensiert. Die Dekors lehnen sich an die Beschreibungen Wagners bzw. die Bayreuther Bühnenbilder an. Im Jahre 1912 unternahm eine italienische Produktion Ähnliches (ebenso wie für den *Siegfried*). Mit dem Tonfilm wartete man bis in das Jahr 1953, um sich Wagners Oper anzueignen; die künstlerisch bedeutendste Adaption aber ist die von Hans-Jürgen Syberberg, zum 100. Jahrestag der Uraufführung des Werkes im Jahre 1982 entstanden. Syberberg benutzt nicht nur filmische Traditionen von Eisenstein bis Ken Russell, sondern bezieht sich auch auf die Bühnentradition von Wagners Werk von der Uraufführung bis Neubayreuth in den Formen von Wieland Wagner bis hin zu Patrice Chéreau (1976). Als Soundtrack benutzt er die eigens zu diesem Zwecke hergestellte Studioaufnahme mit dem Philharmonischen Orchester Monte Carlo unter Armin Jordan, die sich in ihrer schlanken unpathetischen Musizierweise vom üblichen Bayreuther Weihestil entfernt hält. Sänger und Darsteller sind nur in zwei Fällen (Gurnemanz: Robert Lloyd; Klingsor: Aage Haugland) identisch, in den anderen Fällen übernehmen

Schauspieler die Darstellung, wobei eine Diskrepanz zwischen optischer Erscheinung und akustischer Realisierung zum Teil bewusst eingesetzt wird; noch am wenigsten bei der von Yvonne Minton mit dramatischem Engagement und entsprechender Anstrengung gesungenen Kundry und ihrem visuellen Pendant Edith Clever: beide verzichten auf das Klischee der sinnlichen Verführerin, zeigen den Helden vielmehr im Bann der Mutterfixierung. Der Dirigent Arnim Jordan spielt den Amfortas (gesungen von Wolfgang Schöne); allein das Bewusstsein, dass er nicht an zwei Stellen zugleich sein kann, distanziert den Zuschauer von der emotional schmerzhaft eindringlichen Partie des leidenden Gralkönigs. Die stärkste Diskrepanz stellt Syberberg im Fall des Titelhelden her: Reiner Goldberg singt mit strahlender Kraft, wird aber optisch vertreten zunächst durch den sehr knabenhaft jungen Michael Kutter, dann durch die ebenfalls sehr androgyn wirkende Karin Krick: Parsifal sei eine Idee, hat Syberberg gesagt, daher hat er kein Geschlecht. Der Film beginnt mit einem Vorspann zu einer Musikcollage v. a. aus der Kundryszene des II. Akts und den Gralglocken; es erscheint Kundry mit ihrer Kristallkugel, die die Vision der Ereignisse zu enthalten scheint. Syberberg schließt den Film mit einem bildlichen Pendant: in einer Schale (Ist es die Kugel? Ist es der Gral?) liegt das Bayreuther Festspielhaus, Ort der Uraufführung des *Parsifal*, des »Bühnenweihfestspiels« und des Kunstwerks der Zukunft. Der Blick geht über verwüstete Landschaften auf alten Postkarten (»the waste land«) zu den Bühnenbildern von Paul von Joukowsky für die Uraufführung zur von Puppen dargestellten Vorgeschichte des *Parsifal* (Amfortas erhält den Gral, wird von Kundry verführt, von Klingsor verwundet), während das Vorspiel erklingt. Als durchgängiger Spielort dient dann die riesige Totenmaske (20 x 5 m) Wagners, die eine falsche Einheit des Ortes vorspiegelt. Der *Parsifal* ist eine Reise durch Wagners Kopf. Die einzelnen Elemente sind beweglich,

Kundry (Edith Clever) versucht Parsifal
Szenenfoto aus dem *Parsifal*-Film von Hans-Jürgen Syberberg (1982)

stellen Berge, Höhlen, Schluchten und das Innere des Graltempels zur Verfügung. Syberberg zitiert Kunstwerke ersten und zweiten Ranges, Bilder von Caspar David Friedrich und Hieronymus Bosch, die Zeichnungen von Paul von Joukowsky, Wagnerillustrationen des 19. Jahrhunderts. Im Graltempel gibt es eine Gralträgerin, die aussieht wie die Statue der Fides am Strassburger Münster; im II. Akt die Köpfe Wagners, Ludwigs II., Nietzsches, Marx' und Aischylos', die auf die vielfältigen Bezüge des Werkes anspielen. Surrealistisches wechselt mit Realistischem; so sind die Blumenmädchen verführerische Frauen und nicht Ikonen der Werbung wie auf den Monitoren von Harry Kupfers zweiter Berliner Inszenierung. Syberberg findet immer wieder ergreifende, ungewöhnliche, anregende Bilder, von denen das des doppelten Parsifal das enigmatischste ist. Syberberg hat es nicht selbst interpretieren wollen, sondern die Sinnfindung dem Zuschauer überlassen. Indem Parsifal als androgyn einmal in männlicher, dann in weiblicher Gestalt gezeigt wird, repräsentiert er die Idee des Menschlichen jenseits der Geschlechtlichkeit, sozusagen eine Konsequenz von Wagners unvollendeter Schrift *Über das Weibliche im Menschen*. Die Verwandlung findet im Moment der Verführung statt: nimmt hier Parsifal die Weiblichkeit der Kundry in sich auf, verschmilzt er mit der Mutter? Oder führt seine Erkenntnis dessen, was die Wunde des Amfortas bedeutet, zur »Feminisierung«, die man in ebenjener erblicken kann? Syberberg sieht im weiblichen Parsifal jedenfalls den »besseren Teil Kundrys«, der sich dem Bösen in ihr widersetzt; er weist damit eine Bedeutung des Weiblichen als des schlechthin Verderblichen ab. Der männliche Parsifal ist der verletzbare; im Augenblick, als ihn der Speer Klingsors trifft und ihm eine Wunde wie Amfortas' zufügt, wird er wieder zum jungen Mann. In weiblicher Gestalt aber erlöst er den König und die Gralgesellschaft Eine feministische Interpretation etwa, dass die Erlösung eines Mannes, der einseitig männlichen Gesellschaft, nur vom ganzen Menschen, sei es vom Mann oder vor allem von der Frau, kommen kann, liegt im Blick auf Wagners frühere Werke nahe; mit Syberbergs Interpretation kann man den Schluss des *Parsifal* von seinem misogynen Missverständnis befreien. Kundry legt sich zu Amfortas auf die

Bahre, zum Tod erlöst, die Wagner-Maske öffnet sich, der männliche und weibliche Parsifal erscheinen in Umarmung, die »utopische Erlösung des zweigeteilten Lebens« (Syberberg), mit der auch Wagner selbst erlöst erscheint. Der Regisseur weiß natürlich, dass der *Parsifal*-Autor gestorben ist, während er *Über das Weibliche im Menschen* schrieb. Doch das Finale enthält auch Apokalyptisches: der Graltempel ist vereist und die Vision des Festspielhauses verweist auf die Usurpation Wagners durch Hitler. Diese wird in Syberbergs Hitler-Film bildlich und musikalisch thematisiert, u. a. durch das Bild des von Hubert Lanzinger im Jahre 1935 als Gralritter gemalten »Führers« und durch *Parsifal*-Musik: Syberberg hätte den Film gern *Der Gral* genannt, um die Ästhetisierung und Mythisierung der Politik durch den Nationalsozialismus zu benennen.

Syberbergs Bilderwelt, und das ist der einzige Einwand, überwältigt nicht nur den Zuschauer, sondern auch die Musik, die zu einem Phänomen zweiten Ranges herabgestuft ist, obwohl er alles der Musik unterordnen wollte. »Aber Musik sichtbar zu machen, wie noch nie gehört« (Syberberg), Wagner als eigentlichen Filmemacher mit anderen (unzulänglichen) Mitteln zu verstehen, bedeutet letztlich doch die Dominanz des Bildes. Damit wird der Regisseur Wagners Werk zweifellos nicht gerecht, jedoch bleibt sein Film eine der wichtigsten und bereicherndsten Auseinandersetzungen mit Wagners an Bezügen und Andeutungen so überreichem letzten Opus.

Filme, die sich auf die mittelalterlichen Fassungen des Gralstoffes beziehen, gibt es, von unbedeutenden Ausnahmen abgesehen, erst seit den siebziger Jahren des 20. Jahrhunderts. Unter ihnen sind zwei französische Autorenfilme, Robert Bressons *Lancelot du Lac* (1973) und *Perceval le Gallois* von Eric Rohmer (1978). Bressons Film sollte zunächst *Le Graal* heißen, was die Produzenten ablehnten, weil der Gral nur als Hintergrund für den Niedergang

Neu-mittelalterliches Gralritual
Szenenfoto aus dem Film *Perceval le Gallois* von Eric Rohmer (1978)

der Artusreiches erscheint; und so erscheint er auch nur als Hintergrund für die Credits zu Beginn. Die Welt ist ohne Sinn, das Rittertum ziellos; am Schluss ist buchstäblich nur ein großer Schrotthaufen von Ritterrüstungen übrig, auf dem Lancelot, mit dem Namen »Guenivère« auf den Lippen, zusammenbricht. Bresson lehnt sich inhaltlich an die *Mort Artu* an, die hier keine Hoffnungsperspektive durch die mögliche Wiederkehr des Königs erhält. Bresson zeigt eine zu Ende gehende Welt ohne Transzendenz. Dem entspricht seine Verweigerung der Schaulust sowohl was die Ausstattung wie das Spiel der Laien-Akteure, die sich wie Puppen bewegen, angeht. Die Bilder zeigen nur Abläufe, weder psychologische noch gar historische oder transzendente Ursachen. Nicht ganz so konsequent ist Eric Rohmer, der, trotz seines Verzichts auf den Kostüm- und Ausstattungsprunk der traditionellen Mittelalterfilme, sich ein harmonisches, stilisiertes Mittelalter schafft. Die Dekorationen, stets als Kulissen erkennbar, zitieren Buchmalerei und auch den *style troubadour* des 19. Jahrhunderts. Rohmer benutzt eine neufranzösische Übersetzung von Chrétiens *Perceval*, lässt die Verse von den Darstellern und von einem Chor z. T. aus dem Off sprechen, und schafft somit eine bewusste Distanzierung von dem Pseudorealismus der kommerziellen Filme. Für den fehlenden Schluss Chrétiens findet Rohmer eine ebenso überraschende wie einleuchtende Lösung: er lässt die zweite Serie der *Gauvain-Abenteuer* fort und schließt an die Karfreitagsepisode beim Eremiten ein mittelalterliches Passions- und Osterspiel an. Perceval erlebt mit der Auferstehung Christi eine innere Neugeburt und reitet als ein Verwandelter in die Welt. Die Verwendung von Handgebärden aus mittelalterlichen Illuminationen, von altfranzösischen Untertiteln und mittelalterlicher Musik schafft eine weitere starke Stilisierung und Distanzierung. *Perceval le Gallois* spekuliert über Darstellungsmöglichkeiten, vielleicht sogar Aufführungssituationen im Mittelalter. Dieser Film ist ein Diskurs über das Medium, keine existentielle Auseinandersetzung mit der Gralproblematik. Daher ist er gut als Mittelalterfilm für die »Gebildeten unter den Verächtern« geeignet, denn in seiner Sparsamkeit stellt er das andere Extrem zu Syberbergs Bilderfülle dar; andererseits verweigert er sich, wie dieser, dem klassischen Identifikations- und Einfühlkino.

Das Letztere bezieht sich, seinem Produktionsland USA entsprechend, stärker auf Artus und seine Herrschaft als die französischen und deutschen Filme, von denen die Parzival-Adaption für den Fernsehschirm durch Richard Blank im Jahre 1980 erwähnenswert ist. Den Prototyp des kommerziellen Artus- und Gralfilms stellt *Excalibur* von 1981 dar, in der Regie von John Boorman, Skript von Rospo Pallenberg. Das im Titel genannte Artusschwert als

Symbol der Herrschaft, sein Gewinn und Verlust umspannen die Handlung. Boorman gibt im Abspann als seine Quelle Malory an, jedoch ist das nur eine Authentisierung durch die im angelsächsischen Raum am stärksten präsente mittelalterliche Fassung der Artus- und Grallegende. Die Handlung hält sich nur in wenigen Punkten an den *Morte Darthur*, konzeptionell bestimmend sind der Zivilisationspessimismus von T. H. White und T. S. Eliot und des Letzteren Bezug auf Jessie L. Westons Buch: *From Ritual to Romance* mit seinem Verständnis des Grals als eines vorchristlichen Fruchtbarkeitssymbols. Im Unterschied zu Malory ist nicht Galahad, sondern Perceval der Gralheld. Seine Suche ist nicht getrieben von der Wiedergutmachung eines Fehlers oder dem Wunsch nach Erkenntnis, sondern der Loyalität zu Artus. Artus ist krank, das Land verfällt; er ist zugleich der König der Tafelrunde und der kranke Fischerkönig, seine Krankheit die Krankheit des Landes. Percevals Gralsuche führt durch Unwetter und Wüsten, vorbei an verdorbenen und verstorbenen Rittern; als er auf Bestreben Mordreds gehenkt werden soll, erlebt er eine Gralvision ohne jede christliche Dimension, ein paganes Ritual. Nach weiteren Gefahren und übermenschlichen Strapazen sieht er den Gral zum zweiten Mal. Auch jetzt wird er gefragt, ist nicht er der Frager: »Was ist das Geheimnis des Grals, wen bedient man damit?« – »Dich, mein Herr« – »Wer bin ich?« – »Du bist mein Herr und König. Du bist Artus«. Die Umkehr der Fragesituation ist logisch, nicht Perceval soll Gralkönig, sondern die Artusherrschaft soll gestärkt und geheilt werden. Es geht nicht um die Ablösung eines kranken Herrschers, sondern um seine Wiedereinsetzung. Perceval erkennt die Identität von König und Land: »Hast Du das Geheimnis gefunden, das ich verloren habe?« – »Ja. Du und das Land, ihr seid eins.« Die Identität von König und Land erweist den König als mythisches Wesen, als Verkörperung der überindividuellen Landesherrschaft. Boorman hat also den mutmaßlichen

Die Ritter der Kokosnuß
Foto aus dem Film von Monty Python (1975)

ursprünglichen Gralmythos, der sich auf die Herrschaftserwählung und Ausübung bezieht, restituiert. Die Heilung des Königs ist jedoch nur von kurzer Dauer. Im heroischen Endkampf gegen Mordred geht alles unter, der König wird entrückt, Perceval als einziger Überlebender wirft Excalibur zurück in den See. Doch eine Hoffnung bleibt: es wird dem König, der einst kommen wird, wieder zur Verfügung stehen. Der mit Wagner- und Carl-Orff-Musik begleitete Film entwickelt ein starkes historisches Pathos und huldigt dem Fantasy-Film mit der Heraushebung Merlins und seiner magischen Kräfte. Der Film ist keine politische Parabel, hat aber eine politische Dimension. Er reflektiert die gesellschaftliche Stimmung nach dem Untergang »Camelots« durch die Ermordung Präsident Kennedys am 22. November 1963, den Skeptizismus hinsichtlich der Möglichkeiten einer gerechten Herrschaft angesichts der zynischen Machtausübung des Präsidenten Ronald Reagan. Bei aller Sympathie für den guten König Artus muss man jedoch festhalten, dass er kaum bei der Herrschaftsausübung gezeigt wird, sondern ein mythischer König ohne Bodenhaftung bleibt. Der Schluss mit der traditionellen Hoffnung auf die Wiederkehr eines gerechten Königs lässt jedoch die Utopie einer guten Herrschaft offen und die heroische Loyalität Percevals, die ganz dem amerikanischen Leitbild des einsamen Kämpfers für das Gute entspricht, nicht als letztlich sinnlos erscheinen.

Wäre *Monty Python and the Holy Grail* (Terry Gilliam/ Terry Jones) nicht sechs Jahre älter als *Excalibur*, könnte man sagen, dass es sich dabei um die perfekte Parodie des Boormanfilms handelt. Tatsächlich bezieht er sich jedoch auf die älteren Mittelalterfilme aus Hollywood. Es ist ein Film über den Film, Satire und Farce, aber mehr als Klamauk. Es wird vorgezeigt, wie Mittelalter »gemacht« wird. Das Pferdegetrappel, durch Aufeinanderschlagen von Kokosnussschalen imitiert, liefert den Titel für die deutsche Fassung: *Die Ritter der Kokosnuß*. Der Film inszeniert sich als »das Buch zum Film« mit Kapitelüberschriften. Die Sprache unterläuft das oft hohle Pathos der kommerziellen Mittelalterfilme. Die charismatische Herrschaft des Königs wird von einer Bauersfrau infrage gestellt. Arthur: »Ich bin euer König!« Frau: »Nun, ich habe euch nicht gewählt.« Arthur: »Könige wählt man nicht.« Frau: »Ja, wie bist du denn König geworden?« Arthur: »Die Dame vom See (Engelsgesang) hielt in ihrem Arm, der in den reinsten glänzenden Samt gekleidet war, Excalibur hoch aus der Tiefe des Wassers, was bedeutete, dass ich, Arthur, durch göttliche Vorsehung Excalibur führen sollte (Gesang hört auf). Deshalb bin ich euer König.« Frau: »Hör zu. Merkwürdige Frauen, die in Teichen liegen und Schwerter verteilen, bilden keine Basis für ein Regierungssystem. Die höchste Exekutive stammt von einem Mandat der Masse der Bevölkerung, nicht von einer absurden wässrigen Zeremonie.« Für den Gral ist in einer solchen Welt kein Platz, allenfalls in einer ironischen Nische: er ist lediglich die Entschuldigung für die Ritter, nicht in die Langeweile Camelots zurückkehren zu müssen, sondern auf permanenter Abenteuerfahrt durch die Welt zu ziehen.

Schon im Jahr 1915 wurde der Gralmythos zum Hintergrund eines in der Gegenwart spielenden Films gewählt: *The Grail* ist im zeitgenössischen Bankermilieu angesiedelt. Die wohl bedeutendste moderne Graladaption ist *The Fisher King* von 1991 von Terry Gilliam und Richard LaGravenese, der das Skript verfasst hat. Schon der Titel nimmt expliziten Bezug auf den Gralmythos, und ziemlich genau in der Mitte des Films steht die Erzählung vom Fischerkönig, der den Gral ergreifen wollte, dabei eine Verwundung erlitt und dahinsiechte, bis ein Narr zu ihm kam. Der reichte ihm einen Becher Wasser, der neben seinem Bett stand. Der König trank das Wasser und war gesund. »Wie konntest du finden, was ich so lange suchte?«, fragte er. »Ich sah, daß du durstig warst.« Der Gral symbolisiert also das mitmenschliche Handeln, Wagners Mitleidsethik gibt den Horizont, ohne dass das ausgesprochen würde. Der reine Tor ist Parry (Kurzform von Perceval), ein geistig gestörter Obdachloser. Er rettet Jack das Leben, beide werden Freunde. Ihre Biographien sind, ohne dass sie es wissen, miteinander verflochten. Jack, ein früherer Radiomoderator, der in einer Sendung Telefonate provokant und flapsig beantwortete, hatte einmal einem an der Gesellschaft verzweifelnden Anrufer geraten, die Leute, die ihn störten, doch einfach umzubringen, ohne zu ahnen, dass dieser das in die Tat umsetzen würde. Bei dem mörderischen Amoklauf ist die Frau des Geschichtslehrers Parry ums Leben gekommen. Seither hat er sich in die Ritterzeit zurückgeträumt, lebt in einem unterirdischen Schacht mit allerlei Mittelaltergerümpel, darunter dem Foto eines Milliardärs, in dessen Regal ein silberner Kelch steht: der Gral, der ihn heilen könnte. Jack ist an den Folgen seines zynischen Rats fast zerbrochen; er trinkt, arbeitet nicht mehr und seine Beziehung zu seiner Freundin ist dabei, zu scheitern. Aus seiner Dankbarkeit gegenüber Parry wird bald, nahezu wider Willen, eine Freundschaft, denn der reine Tor wirkt als Katalysator von Menschlichkeit und Freundlichkeit. Doch er wird vom Roten Ritter verfolgt, eine Personifikation der blutigen Katastrophe. Parry kann nicht zu der scheuen und wenig attraktiven Lydia finden, die er von Ferne liebt. Jack will ihm zusammen mit seiner Freundin helfen. Die oft komischen und rührenden Situationen dieser Hilfsaktionen bringen beide mehr zu sich selbst und zu einander. Als alles zu gelingen scheint, taucht wieder der Rote Ritter auf und Parry erlebt die traumatische Ermordung seiner Frau noch einmal in aller (und für den Zuschauer schockierenden) Intensität. Er fällt in todesähnliche Starre; Jack will ihn erlösen. In heroischem Einsatz erklimmt er auf mittelalterliche Weise das burgähnliche Haus des Milliardärs und holt den Gral. Parry gesundet, kommt mit Lydia zusammen, die Paare sind vereint; am Schluss liegen die beiden Freunde nackt im Central Park und singen einen Cole-Porter-Song. Sie haben einander befreit aus den Zwängen der alltäglichen Lieblosigkeit: wer anderen hilft, hilft letztlich sich selbst, so ist die fast triviale Botschaft. New York ist das wüste Land und die märchenhafte Abenteuerwelt, der Gral eine Schultrophäe; was zählt, ist der Prozess der Erneuerung für alle Beteiligten. Der Bezug auf den Gralmythos ist ein Spiel mit der Tradition, ohne auf ein bestimmtes literarisches Werk einzugehen, sondern nur auf sich selbst. Der Gral als Objekt ist trivial, nicht aber das, was er symbolisiert. Daher steht die Fisher-King-Parabel im Zentrum, und zu den Besitztümern Parrys gehört ein Manuskript mit dem Titel: *The Fisher King*. Terry Gilliam hat nach *Monty Python* seine Sicht radikal geändert: bleibt der ältere Film noch der Dekonstruktion des Mythos in postmoderner Attitüde verpflichtet, so ist *The Fisher King* eher dem magischen (neuen) Realismus der neunziger Jahre zuzuordnen.

Als Publikumsfilm bleibt *The Fisher King* bestimmten Prinzipien Hollywoods verpflichtet: die Konzentration auf zwei herausragende Akteure mit den Frauen als beigeordneten Figuren, die stereotypen Glücksvorstellungen von Freundschaft und Liebe, die heroische Aktion des Hauptdarstellers beim Raub des Grals und die klischeehafte Sicht auf die Obdachlosen als die menschlicheren Menschen. Es gibt poetische und grausame Bilder, Fantasy-Momente, komische Situationen und anrührende, die sich von der Konventionsgebundenheit der üblichen Hollywoodfilme entfernen. So ist eine eigenständige filmische Adaption des Gralmythos gelungen, die sich auf die Tradition bezieht, sie jedoch nicht reproduziert.

Eine Distanzierung von der Mischung aus Beliebigkeit und Pathos bleibt in Steven Spielbergs Fantasy-Adaption des Gralmythos in *Indiana Jones and the Last Crusade* unverkennbar. Ist der Gral bei Gilliam Symbol der Menschlichkeit, so wird er dort zum eigentlich leeren Objekt, das nur die Handlung vorantreibt, einem McGuffin. Spielberg inszeniert den »Schwert- und Zauberfilm« mit Comic-Elementen (Hut und Peitsche statt Helm und Schwert, Wegweiser und Motorrad statt Lanze und Pferd), um ihn neu drehen zu können. Diese Selbstreflexion des Genres hat zwar einen eigenen cineastischen Reiz, dient aber letztlich der Legitimation vordergründiger Abenteuerhaftigkeit eines Heroic-Fantasy-Films.

Epilog

Der Mythos ist das Unabgeschlossene, Auslegungsbedürftige, es gibt keine richtige oder falsche Repräsentanz, jede Zeit sucht die ihre, und meint zu wissen, welche Deutung falsch ist, vielleicht sogar, welche die einzig richtige ist. Der Gang durch die Geschichte anhand des Mythos vom Gral in seinen Gestaltungen in den Künsten zeigt, wie immer wieder »ein« Gral gefunden wird. Und ein anderer noch auf seinen Parzival wartet.

*

grölen Vb, ›mißtönend schreien, brüllend singen‹; mnd. *graôlen* ›Feste feiern, lärmen‹, auch *gröôlen* ›lärmen, schreien‹. In dieser durch Umlaut (vgl. jüngere nd. und md. Mundartformen) und Verdumpfung des Stammvokals zu erklärenden Form findet sich das im Nd. heimische Verb seit dem 17. Jh. in hd. Texten, ist aber erst im 19. Jh. (vielleicht durch studentischen Sprachgebrauch begünstigt) allgemein verbreitet (daneben *gröhlen* als Schreibvariante). Mnd. *grālen* ist abgeleitet von mnd. *Gaā* ›lärmende Festlichkeit in den Städten‹ (zunächst als bürgerliche Nachahmung ritterlicher Turnierspiele mit entsprechend geschmücktem Festplatz, auf dem ein die Gralburg darstellender Bau errichtet wird), ›Herrlichkeit, Pracht, Glanz‹, dann überhaupt ›lautes Vergnügen, Lärm‹. Dem mnd. Substantiv liegt mhd. *gruôl* ›heiliger wundertätiger Gegenstand‹ als Symbol des höfischen Rittertums (s. *Gral*) zugrunde, doch können mnd. *graôl* ›Groll, Unruhe, Aufruhr‹, *gral*(*le*) ›zornig, böse, ergrimmt‹ (beide ablautend neben den unter *Groll* und *grell* behandelten Wörtern, s. d.) auf die Bedeutungsentwicklung eingewirkt haben.

(*Etymologisches Wörterbuch des Deutschen*, Bd. 1: *A–L*, 2. Aufl., durchges. und erg. von Wolfgang Pfeifer, Berlin 1993, S. 480.)

Literaturhinweise

1. Ausgaben

Der *Peredur* ist (zusammen mit anderen Erzählungen aus den *Mabinogion*) auf deutsch erschienen: *Keltische Erzählungen vom Kaiser Arthur*, aus dem Mittelkymrischen übertr., mit Einf., Erl. und Anm. vers. von Helmut Birkhan, Tl. 1, Kettwig 1989. – Eine englische (unkommentierte) Übersetzung bietet: *The Mabinogion*, trans. by Jeffrey Gantz, London 1981.

Chrétiens *Perceval* gibt es in einer zweisprachigen Ausgabe mit Erläuterungen und Einführung: Chrétien de Troyes, *Le Roman de Perceval, Ou: Le Conte du Graal*, Afrz./Dt., übers. und hrsg. von Felicitas Olef-Krafft, Stuttgart 1991 (Universal-Bibliothek 8649). – Die Fortsetzungen: *The Continuations of the Old French »Perceval« of Chrétien de Troyes*, hrsg. von William Roach, 5 Bde., Philadelphia 1949–83. – In Übersetzungen von Konrad Sandkühler: *Gauwain sucht den Gral*, Stuttgart 1959; *Irrfahrt und Prüfung des Ritters Perceval*, Stuttgart 1960; *Perceval der Gralskönig*, Stuttgart 1964.

Wolframs *Parzival* liegt in drei sehr gut lesbaren zweisprachigen Ausgaben vor: Wolfram von Eschenbach, *Parzival*, Mhd./Nhd. von Wolfgang Spiewok, 2 Bde., Stuttgart 1994 (Universal-Bibliothek 3681, 3682); Wolfram von Eschenbach, *Parzival*, mhd. Text nach der 6. Ausg. von Karl Lachmann, übers. von Peter Knecht, Berlin / New York 1998. – Mit Erläuterungen: Wolfram von Eschenbach, *Parzival*, nach der Ausg. Karl Lachmanns rev. und komm. von Eberhard Nellmann, übertr. von Dieter Kühn, 2 Bde., Frankfurt a. M. 1994.

Die neueste Ausgabe von Roberts *Estoire* in Vers- und Prosaversion: Robert de Boron, *Joseph d'Arimathie*, hrsg. von Richard O'Gorman, Toronto 1995. – Zweisprachig: Robert de Boron, *Le Roman du Saint-Graal* (afrz./dt.), übers. und eingel. von Monica Schöler-Beinhauer, München 1981. – In Übersetzung von Konrad Steinkühler: Robert de Boron, *Die Geschichte des Heiligen Gral*, Stuttgart ^{3}1979.

Die Prosafassung des *Perceval* Roberts: *The Didot »Perceval«. According to the Manuscripts of Modena and Paris*, hrsg. von William Roach, Philadelphia 1941. – Die Prosa-Trilogie auf englisch:

Merlin and the Grail: Joseph of Arimathea, Merlin, Perceval, übers. von Nigel Bogaart, Woodbridge 2001. – Der *Joseph* in modernem Französisch von Alexander Micha, Paris 1995. – Teilübersetzung des Prosa-Perceval von Emanuelle Baumgartner: *Merlin et Arthur: le Graal et le royaume*, Paris 1989.

Der altfranzösische *Prosalancelot* ist greifbar in: *Lancelot. Roman en prose du XIII*[e] *siècle*, hrsg. von Alexandre Micha, Bd. 1–9, Paris/Genève 1978–83. – Die nichtzyklische Lancelot-Fassung in: *Lancelot de Lac. The non-cyclic Old French Prose Romance*, hrsg. von Elspeth Kennedy, 2 Bde., Oxford 1986.

Der deutsche Prosa-Lancelot: *Lancelot*, hrsg. von Reinhold Kluge (Bd. 4. bearb. von Hans-Hugo Steinhoff und Klaudia Wegge), Bd. 1–4, Berlin 1948–97 (Deutsche Texte des Mittelalters 42, 47, 63, 80). – Nur die Lancelot-Teile zweisprachig: *Lancelot und Ginover. Prosalancelot I, II*, hrsg. von Reinhold Kluge, übers. und komm. von Hans-Hugo Steinhoff, Frankfurt a. M. 1995. – Die *Queste* in englischer Übersetzung: *The Quest of the Holy Grail*, transl. by Pauline Maud Matarasso, London 1969 [u. ö.]. – Die *Mort Artu*: *The Death of the King Arthur*, transl. with an Introd. by James Cable, London 1972.

Der *Vulgata-Zyklus* mit den Textfassungen des *Post-Vulgata-Zyklus* in englischer Sprache: *Lancelot-Grail: The Old French Arthurian Vulgate and Post-Vulgate in Translation*, hrsg. von Norris J. Lacy, 5 Bde., New York / London 1993–96.

Von Heinrichs von dem Türlin *Crône* ist der erste Teil der Neuausgabe erschienen: Heinrich von dem Türlin, *Die Krone* (*Verse 1–12281*), hrsg. von Fritz Peter Knapp und Manuela Niesner, Tübingen 2000. – Für den Gesamttext ist die alte Ausgabe heranzuziehen: *Diu Crône von Heinrich von dem Türlin*, hrsg. von Gottlob Heinrich Friedrich Scholl, Stuttgart 1852. – Es gibt lediglich eine englische Übersetzung: *The Crown. A Tale of Sir Gawein and King Arthur's Court*, übers. von John Wesley Thomas, Lincoln/London 1989.

Der *Jüngere Titurel* liegt nur im schwierigen Mittelhochdeutsch vor, hrsg. von Werner Wolf und Kurt Nyholm (Berlin 1955ff.); die Handschrift H hat Kurt Nyholm herausgegeben (Berlin 1995). – Wolframs *Titurel* ist herausgegeben und detailliert kommentiert von Joachim Heinzle: *Stellenkommentar zu Wolframs »Titurel«*, Tübingen 1972 sowie: Wolfram von Eschenbach: Titurel. Hrsg., übers. und mit einem Stellenkomm. sowie einer Einf. vers. von

Helmut Brackert und Stephan Fuchs-Jolie. Berlin / New York 2002, 2003 auch als Studienausgabe.

Der erste und dritte Teil des *Buchs der Abenteuer*: Ulrich Füetrer, *Das Buch der Abenteuer*, Tl. 1: *Die Geschichte der Ritterschaft und des Grals*, hrsg. von Heinz Thoeben, Göppingen 1997. – *Lannzilet Str. 1–1122*, hrsg. von Karl-Eckhard Lenk, Tübingen 1989; *Lannzilet Str. 1123–6009*, hrsg. von Rudolf Voß, Paderborn [u. a.] 1996. – Sein *Prosa-Lannzilet* ist hrsg. von Arthur Peter, Stuttgart 1885.

Malorys *Le Mort Darthur* nach dem Winchester Manuskript: *The Works of Sir Thomas Malory*, hrsg. von Eugene Vinaver, Oxford 1947. – Die deutsche Übersetzung von Caxtons Druck von Hedwig Lachmann erschien in Leipzig 1913 in 3 Bänden, die von Helmut Findeisen 1977 in Frankfurt a. M. Es gibt diverse neuenglische Fassungen.

Bodmers Bearbeitungen sind nicht wieder nachgedruckt; Fouqués Adaption wurde hrsg. von Frank Rainer Max (Hildesheim 1997).

Richard Wagners *Lohengrin* und *Parsifal* sind mit Dokumenten und Varianten greifbar in der Ausgabe: Richard Wagner, *Musikdramen*, Hamburg 1971 (Taschenbuchausg. München 1981). Unter den zahllosen Schallplattenaufnahmen sind nach wie vor die Studioproduktion des *Lohengrin* von 1964 unter Rudolf Kempe (EMI) und der Mitschnitt der Bayreuther *Parsifal*-Premiere von 1951 unter Hans Knappertsbusch (Philips) empfehlenswert.

Der mhd. *Lohengrin* wurde zuerst mit einer rezeptionsgeschichtlich wichtigen Einleitung hrsg. von Joseph Görres, Heidelberg 1813. – Eine moderne kommentierte Edition: Thomas Cramer, *Lohengrin. Edition und Untersuchungen*, München 1971.

Konrads von Würzburg *Schwanritter* ist zweisprachig greifbar in: *Der Schwanritter. Deutsche Verserzählungen des 13. und 14. Jahrhunderts*, hrsg. und aus dem Mhd. übertr. von Hans-Joachim Gernentz, Berlin 1972.

Alfred Tennysons *Idylls of the King* sind am besten greifbar in: *The Poems and Plays of Tennyson*, London 1953 [u. ö.]. – Übersetzt wurde nur eine Auswahl (Tennyson ist in Deutschland nie richtig »angekommen«): Alfred Tennyson, *Königsidyllen*, dt. von H. A. Feldmann, ill. von Gustav Doré, Berlin 1882, Hamburg ^{2}1890; A. T., *Königs-Idyllen*, übers. von Werner Scholz, Berlin 1867.

2. Sekundärliteratur

Ich verweise nur auf Buchproduktionen, nicht auf wissenschaftliche Zeitschriftenaufsätze, in denen sich die ältere und die aktuelle Diskussion spiegelt. Sie sind zumeist in den kommentierten Ausgaben bzw. in den genannten Buchveröffentlichungen verzeichnet.

Leider gibt es in deutscher Sprache kein Studienbuch zum Gral mit älteren und neueren Aufsätzen wie: *The Grail. A Casebook*, hrsg. von Dhira B. Mahoney, New York / London 2000. Oder zu Perceval/Parzival: *A Casebook*, hrsg. von Arthur Groos und Norris J. Lacy, New York / London 2002 (enthält auch Beiträge zu *Peredur*, Malory, Tennyson, Wagner und Filmen). – Über die französischen Gralromane orientiert der *Grundriß der romanischen Literatur des Mittelalters*, Bd. IV,1,2: *Le roman jusqu'a la fin du XIIe siècle*, Heidelberg 1978/84. – Einzelinterpretationen zu Wolfram, Heinrich von dem Türlin und Albrecht in: *Mittelhochdeutsche Romane und Heldenepen*, hrsg. von Horst Brunner, Stuttgart 1993; Volker Mertens, *Der deutsche Artusroman*, Stuttgart 1998 (berührt sich z. T. mit dem hier Vorliegenden). – Auf Ursprungstheorien und neuzeitliche Adaptionen geht ein: *Graal et modernité*, hrsg. von Yolande de Pontfarcy, Paris 1996.

Kapitel 1

Zu Kapitel 1 ist das nachgedruckte Buch von Konrad Burdach, *Der Gral*, Stuttgart 1938, als Einführung nach wie vor wichtig. – Zur keltischen These: Roger Sherman Loomis, *The Grail. Form Celtic Myth to Christian Symbol*, Cardiff / New York 1963; Jean Frappier, *Le Roman Breton, Perceval ou le Conte du Graal*, Paris 1953. – Zur indogermanischen: Jean-Paul Burre, *La quête du Graal: du pagamisme indo-européen à la chevalerie chrétienne*, Paris 1993. – Den Zusammenhang zwischen dem *Peredur* und den französischen Fassungen untersucht Glenys Goetinck, *Peredur. A Study of Welsh Tradition in the Grail Legends*, Cardiff 1975. – Zum Zusammenhang zwischen den deutschen und französischen Fassungen: Elisabeth Schmid, *Familiengeschichten und Heilsmythologie: die Verwandtschaftsstrukturen in den französischen und deutschen Gralromanen des 12. und 13. Jahrhunderts*, Tübingen 1986.

Kapitel 2

Die konzise Einführung von Emmanuelle Baumgartner in *Chrétien de Troyes, Le conte du Graal*, Paris 1999, bietet eine abgewogene Position. – Spezielle Bezüge verfolgen: Brigitte Cazelles, *The Unholy Grail. A Social Reading of Chrétien de Troyes's »Conte du Graal«*, Stanford 1996; Pierre Gallais, *Perceval et l'initation. Essai sur le dernier roman de Chrétien de Troyes, ses correspondences »ortientales« et la signification anthropologique*, Orléans [2]1998.

Kapitel 3

Den besten Zugang mit Diskussion von Forschungspositionen und umfangreichen Hinweisen auf Sekundärliteratur sowie einer differenzierten *Parzival*- und *Titurel*-Interpretation gibt: Joachim Bumke, *Wolfram von Eschenbach*, Stuttgart [7]1997. – Die Gralszene selbst wird kommentiert in: Christa-Maria Kordt, *Parzival in Munsalvaesche. Kommentar zu Buch V/1 von Wolframs »Parzival« (224,1–248,30)*, Herne 1997. – Zum *Titurel* die neue Untersuchung von: Uta Drecoll, *Tod in der Liebe – Liebe im Tod. Untersuchungen zu Wolframs »Titurel« und Gottfrieds »Tristan« in Wort und Bild*, Frankfurt a. M. [u. a.] 2000.

Kapitel 4

Es gibt keine Monographie zu Robert, zur Orientierung eignet sich der Artikel im *Grundriß der romanischen Literaturen des Mittelalters*, Bd. IV,1: *Le roman jusqu'a la fin du XIIe siècle*, Heidelberg 1978, S. 369–376. – Literaturangaben finden sich außerdem in der neuesten Ausgabe (s. S. 268).

Kapitel 5

Die Gralproblematik wird abgehandelt bei: Michèle Remakel, *Rittertum zwischen Minne und Gral. Untersuchungen zum mittelhochdeutschen Prosa-Lanzelot*, Frankfurt a. M. 1995; Monika Unzeitig-Herzog, *Jungfrauen und Einsiedler. Studien zur Organisation der Aventiurewelt im »Prosalanzelot«*, Heidelberg 1990, geht ebenfalls darauf ein, dort finden sich auch Angaben zu wichtigen Aufsätzen.

Kapitel 6

Zwei Studien diskutieren die Position des Gralabenteuers auf hohem Niveau: Johannnes Keller, *»Diu Crône« Heinrichs von dem Türlin. Wunderketten, Gral und Tod*, Bern 1997; Arno Mentzel-Reuters, *Vröude. Artusbild, Fortuna- und Gralkonzeption in der »Crone« des Heinrich von dem Türlin als Verteidigung des höfischen Lebensideals*, Frankfurt a. M. [u. a.] 1989.

Kapitel 7

Der *Jüngere Titurel* ist in Bezug auf die Gralthematik nur in einer großen Monographie behandelt worden: Klaus Zatloukal, *Salvaterre. Studien zu Sinn und Funktion des Gralsbereichs im »Jüngeren Titurel«*, Wien 1978.

Kapitel 8

Zu Malory gibt es ein Studienbuch: *A companion to Malory*, hrsg. von Elizabeth F. Archibald und A. S. G. Edwards, Cambridge 1996. – Zu Füetrer ist folgende Monographie empfehlenswert: Bernd Bastert, *Der Münchener Hof und Ulrich Füetrers »Buch der Abenteuer«. Literarische Kontinuität im Spätmittelalter*, Frankfurt a. M. [u. a.] 1993.

Kapitel 9

Zu Bodmer bleibt die Studie von Max Wehrli, *Johann Jakob Bodmer und die Geschichte der Literatur*, Frankfurt a. M. / Leipzig 1936, die klassische Monographie. – Zum Mittelalterbild und seinen Voraussetzungen: Albert M. Debrunner, *Das güldene schwäbische Alter. Johann Jacob Bodmer und das Mittelalter als Vorbildzeit im 18. Jahrhundert*, Würzburg 1996; Felix Leibrock, *Aufklärung und Mittelalter. Bodmer, Gottsched und die mittelalterliche deutsche Literatur*, Frankfurt a. M. [u. a.] 1988 (weniger aspektreich); auf ihn geht auch oberflächlich ein: Claudia Wasielewski-Knecht, *Studien zur deutschen Parzival-Rezeption in Epos und Drama des 20. Jahrhunderts*, Frankfurt a. M. [u. a.] 1993.

Kapitel 10

Es gibt keine moderne Monographie zu diesem Thema. Zur Orientierung dient: Wolfgang Golther, *Parzival und der Gral in der Dichtung des Mittelalters und der Neuzeit*, Stuttgart 1925; einige Bemerkungen bei Wasielewski-Knecht, *Studien zur deutschen Parzival-Rezeption in Epos und Drama des 20. Jahrhunderts*, Frankfurt a. M. [u. a.] 1993.

Kapitel 11

Zu Wagner informiert nach wie vor am umfassendsten: *Richard-Wagner-Handbuch*, hrsg. von Ulrich Müller und Peter Wapnewski, Stuttgart 1986. – Zum mhd. Lohengrin: Regina Unger, *Wolfram-Rezeption und Utopie. Studien zum spätmittelalterlichen bayerischen »Lohengrin«-Epos*, Göppingen 1990. – Zu Wagners romantischer Oper: *Lohengrin*, hrsg. von Michael Soden, Frankfurt a.M. 1980; tendenziöser ist: *Richard Wagner, Lohengrin. Texte, Materialien, Kommentare*, hrsg. von Attila Csampai, Reinbek 1989. – Zur Aufführungs- und Rezeptionsgeschichte: Isabella Kreim, *Richard Wagners »Lohengrin« auf der deutschen Bühne und in der Kritik*, München 1983.

Kapitel 12

Eine politische Interpretation des *Parsifal* bietet: Udo Bermbach, *Der Wahn des Gesamtkunstwerks: Richard Wagners politisch-ästhetische Utopie*, Frankfurt a. M. 1994. – Viel Material und (etwas einseitige) Deutungen in: *Richard Wagner, Parsifal. Texte, Materialien, Kommentare*, hrsg. von Attila Csampai und Dietmar Holland, Reinbek 1984. – Materialreich: *Parsifal*, hrsg. von Michael von Soden, Frankfurt a. M. 1983. – Zur Bühnengeschichte enthält (neben einigen Aufsätzen) der (aus dem Französischen adaptierte) »Opernführer« *Wagner, Parsifal*, hrsg. von Ulrich Driner, München 1990, Statistiken und Abbildungen.

Kapitel 13

Zu Tennyson gibt es lediglich englischsprachige Untersuchungen: Roger Simpson, *Camelot Regained. The Arthurian Revival and Tennyson 1800–1849*, Cambridge [u. a.] 1990. – Laura Cooner Lambdin / Robert Thomas Lambdin, *Camelot in the Nineteenth Century. Arthurian characters in the poems of Tennyson, Arnold, Morris, and Swinburne*, Westport (Conn.) [u. a.] 2000. – Die Wege und Abwege der bildlichen Graldarstellung sind am besten in folgenden Katalogen zu finden: *Der Gral. Artusromantik in der Kunst des 19. Jahrhunderts* (*Katalog*), hrsg. von Reinhold Baumstark, München 1995; *Auf der Suche nach dem Gral* (*Katalog*), hrsg. von Wolfgang Storch, Berlin 1991; Michael Koch, *Tafelaufsatz »Der Gral« von Theodor Heiden und Anton Seder*, Berlin 1994. – Als englischsprachige Untersuchung ist zu empfehlen: Muriel Whitaker, *The Legends of King Arthur in Art*, Woodbridge 1990.

Kapitel 14

Auf Kralik und Kolbenheyer geht (etwas oberflächlich) ein: Claudia Wasielewski-Knecht, *Studien zur deutschen Parzival-Rezeption in Epos und Drama des 20. Jahrhunderts*, Frankfurt a. M. [u. a.] 1993. – Zu Otto Rahn äußert sich (auf nicht ganz wissenschaftlichem Niveau): Hans-Jürgen Lange, *Otto Rahn und die Suche nach dem Gral*, Engerda 1999. – Die für die Anthroposophie folgenreiche psychologische Interpretation: Emma Jung / Marie-Louise von Franz, *Die Graalslegende in psychologischer Sicht*, Olten ^{2}1983. – Zu Stucken allgemein gibt es die nun schon ältere Studie: Ingeborg Carlson, *Eduard Stucken. Ein Dichter und seine Zeit*, Berlin 1978.

Kapitel 15

Allgemeines und spezielle Interpretationen finden sich bei: Claudia Wasielewski-Knecht, *Studien zur deutschen Parzival-Rezeption in Epos und Drama des 20. Jahrhunderts*, Frankfurt a. M. [u. a.] 1993; Anke Wagemann, *Wolframs von Eschenbach »Parzival« im 20. Jahrhundert*, Göppingen 1998. – Die Diskussion von Handkes Stück fand eher in Einzelaufsätzen und Rezensionen statt; als

Buchveröffentlichung sind heranzuziehen: Gerhard Pfister, *Handkes Mitspieler. Die literarische Kritik zu »Der kurze Brief vom langen Abschied«, »Langsame Heimkehr«, »Das Spiel vom Fragen«, »Versuch über die Müdigkeit«*, Bern 2000; Petra Heyer, *Von Verklärern und Spielverderbern. Eine vergleichende Untersuchung neuerer Theaterstücke Peter Handkes und Elfriede Jelineks*, Frankfurt a. M. 2001.

Kapitel 16

Syberg hat seinen Film kommentiert: *Parsifal: Ein Film-Essay*, München 1982. – Der Mittelalterfilm war Gegenstand von Aufsätzen und Sammelbänden, jedoch bisher nur in englischer Sprache: *Cinema Arthuriana*, hrsg. von Kevin J. Harty, New York 1991; [Bd. 2:] *King Arthur on Film. New Essays on Arthurian Cinema*, Jefferson/London 1999.

Zum Autor

Volker Mertens, geboren 1937, studierte deutsche und englische Philologie, deutsche Volkskunde und Musikwissenschaft an den Universitäten Freiburg i. Br., Göttingen und Würzburg. Er promovierte 1966 über *Das Predigtbuch des Priesters Konrad* und habilitierte sich mit *Gregorius Eremita* 1976 in Würzburg. Seit 1977 ist er Professor für Ältere deutsche Literatur und Sprache an der Freien Universität Berlin. Gastdozenturen führten ihn nach Frankreich, Tschechien und China. Seine Veröffentlichungen umfassen den Bereich der mittelalterlichen und der neueren deutschen Literatur sowie den der Musik (vor allem Richard Wagner). Hinzu kommen regelmäßig Beiträge für Programmhefte und -bücher sowie Radiosendungen beim Sender Freies Berlin.